电力行业"十四五"规划教材

高等教育电气与自动化类专业教材

U0643006

电价理论与实务

主　编　加鹤萍　刘敦楠
副主编　许小峰
参　编　杨　素

中国电力出版社
CHINA ELECTRIC POWER PRESS

内 容 提 要

自 2015 年新一轮电力体制改革启动以来，我国电力市场建设快速推进，取得了积极成效，发电、输电、用电等电价发生了深刻变化。本书系统性阐述了电价理论与实务相关内容，主要包括电价概述、电价的经济学基础、管制定价理论与方法、管制条件下的上网电价、输配电价、管制条件下的销售电价、市场定价理论与方法、面向"双碳"目标的绿色电力市场与需求侧资源发展及电力市场与电价发展展望。

本书可作为相关专业高年级本科生和研究生教材，也可供电力市场及电价领域的广大科研和工程技术人员参考。

图书在版编目（CIP）数据

电价理论与实务 / 加鹤萍，刘敦楠主编． -- 北京：中国电力出版社，2025．7． -- ISBN 978-7-5198-9936-3

Ⅰ．F407.61

中国国家版本馆 CIP 数据核字第 2025FY1508 号

出版发行：中国电力出版社
地　　址：北京市东城区北京站西街 19 号（邮政编码 100005）
网　　址：http://www.cepp.sgcc.com.cn
责任编辑：张　旻
责任校对：黄　蓓　王小鹏
装帧设计：郝晓燕
责任印制：吴　迪

印　　刷：固安县铭成印刷有限公司
版　　次：2025 年 7 月第一版
印　　次：2025 年 7 月北京第一次印刷
开　　本：787 毫米×1092 毫米　16 开本
印　　张：9.75
字　　数：232 千字
定　　价：45.00 元

前　　言

自 2015 年新一轮电力体制改革启动以来，我国电力市场建设快速推进，取得了积极成效，发电、输电、用电等电价发生了深刻变化。随着"碳达峰、碳中和"和"构建新型电力系统"等目标的提出，电力市场体系建设被赋予了支持新能源加速发展、推动电力系统低碳转型、支撑新型电力系统构建的新任务。电价是我国电力市场化改革的核心内容之一，与国计民生和电力工业可持续发展息息相关，电价相关政策历来备受社会各界关注。

本书聚焦于电价理论与实务相关内容，共分为 9 章，涵盖电价概述、电价的经济学基础、管制定价理论与方法、管制条件下的上网电价、输配电价、管制条件下的销售电价、市场定价理论与方法、面向"双碳"目标的绿色电力市场与需求侧资源发展、电力市场与电价发展展望等内容。第 1 章介绍电价概述，主要包括电价职能、电价体系、电价机制等；第 2 章阐述电价相关的经济学基础知识，主要包括马克思主义经济学理论、均衡价格理论、管制经济相关理论、福利经济学理论等；第 3 章介绍管制定价理论与方法，主要包括传统管制定价、现代激励性管制定价、我国管制电价方式等；第 4 章介绍管制条件下的上网电价，主要包括火电、水电、新能源、核电等不同发电类型的上网电价；第 5 章阐述输配电价，主要包括我国输配电价发展历程、输配电价分摊方法及传导机制；第 6 章介绍管制条件下的销售电价，主要包括其确定方法及相关电价机制设计等；第 7 章阐述市场定价理论与方法，主要包括电力市场概述、典型电力市场价格形成机理、电力市场批发价格及零售价格等；第 8 章聚焦"双碳"目标下的绿色电力市场发展，主要阐述在"双碳"目标下的绿色电力市场及电力需求侧资源定价；第 9 章阐述电力市场与电价发展展望。

本书可作为相关专业高年级本科生和研究生教材，也可供电力市场及电价领域的广大科研和工程技术人员参考。

在本书的编写过程中，作者参阅了很多国内外有关资料和文献，得到了行业知名专家的指导和帮助，在此表示感谢！最后，感谢课题组的多位研究生对本书文字校稿付出的努力。

限于编者水平，本书难免存在疏漏与不足之处，恳请广大读者批评指正。

编　者
2025 年 2 月

目　　录

《电价理论与实务》数字资源

第 1 章 电 价 概 述

电价是电力商品价格的总称，是电能在电力企业参加市场经济活动，进行交易结算时的货币表现形态，是价值规律的表现形式，它对电力商品的生产、供应和消费等方方面面起到不同的作用。因为电力在生产、供应和消费等环节的独特性和电能的准公共性，在电价制定时，除了要考虑一般商品的共性外，还要考虑其特殊属性。与一般商品价格理论相比，电价的相关基础知识更为复杂。本章将从电价职能、电价体系，以及电价机制等方面进行阐述。

1.1 电 价 职 能

电价的职能，即电价的功能或作用，具有客观性，通常既不随人们的认知水平变化而改变，也不受社会制度和条件变化的影响。电价的职能主要有：价值反映职能、效益核算职能、信息传递职能和宏观调节职能四个方面。其中，最基本的职能是价值反映职能，具有稳定性（不会被社会制度和生产关系变化所影响）、普遍性（存在于所有价格中）和原始性（其余三个职能由该职能所派生）；而效益核算、信息传递和宏观调节等职能则是建立在价值反映职能的基础上。

1.1.1 价值反映职能

价值反映职能是电价所具备的功能之一，它指的是价格能够有效地反映电力商品的价值大小。这一职能使用一定量的货币作为度量标记，用来表示电力商品的价值量，也可以理解为将商品的价值转化为一定量的货币来表达，以满足参与商品生产和交换活动的个人或团体的需求。

在市场交换的过程中，商品的价值是由所蕴含的量化社会劳动所体现的。不同商品的价值取决于其中包含的社会劳动的多少。为满足社会不断增长的物质文化需求，电力企业也必须付出不同程度的社会劳动。换句话说，这种不同程度的社会劳动对应着不同的服务成果，从而构成了不同电力商品价格的基础。

电价作为电力商品价值的货币表现，使用货币作为衡量电力商品价值的尺度，其结果即为电价的价值反映。价值反映职能是价格的最基本职能，其目的是使价格尽可能准确地反映商品的内在价值量。然而，在电力行业的实践中，尤其是在电力行业逐步市场化的条件下，电价有时高于价值，有时低于价值，常常不能准确反映价值。从长期来看，高于价值的部分和低于价值的部分会相互抵消，使平均值大致等于价值。因此，电价对电力商品价值的反映是相对的，其中存在着电价与电力商品价值之间的不一致可能性。

1.1.2 效益核算职能

效益核算职能是指电价被用于计量和核算电力企业经济效益的功能。在电力行业市场化背景下，电力企业的生产和经营需要注重经济效益。然而，如果使用实物指标（即价值指标），就无法比较各种产品的经济活动效果，因为不同产品的生产过程中即便是同一产品消耗的原材料，在使用价值上各不相同，计量单位也不同。所以，无法将实物指标进行综合比较，而电价具有价值反映职能，因此电价成为经济效益核算的工具。

在经济活动中，价格作为企业交易结算的重要工具发挥着关键作用，通过价格确定电力企业的销售收入，而销售收入减去成本即可确定企业的盈利状况，基于此再进行经济效益的核算和分析。效益核算职能引发了对电价水平的关注。通过核算，可以评估电价水平的合理性，并预测未来电价水平的高低。

1.1.3 信息传递职能

信息传递职能是指价格作为信息的媒介，其对传递经济信息起到关键作用。在信息经济时代，信息贯穿企业经营的各个环节，是其中的重要因素。没有信息时或信息不畅通时，企业将会无法进行有效竞争和生产活动。

在国民经济体系中，价格是信息传递工具中最灵活的。电价作为一个信息节点连接着产销电能的电力企业与购买电能的用户。电价的信息传递职能主要体现在向电力企业传递供求、成本、盈利等各个方面的信息，为企业的经济决策提供依据；同时也向用户传递信息，引导用户做出合理的用电选择；此外，电价也传递社会总供给与总需求、生产结构、消费水平与消费结构等方面的信息，为政府宏观决策提供重要依据。因此，价格在传递经济信息方面扮演着至关重要的角色。

价格作为一种信号，具有自动引导资金等资源的流向和流量的功能，从而更好地促进资源优化配置。高价格在一定程度上意味着存在获利机会、供给短缺，这会引诱投资者进入市场、增加供给。反之，低价格在一定程度上意味着获利较少，这会促使现有厂商将资金转向更具盈利潜力的行业，从而减少供给。

1.1.4 宏观调节职能

宏观调节职能指的是价格对电力投资、生产以及不同地区或实体之间实现调节的能力。价格具备直接或间接的自动调节功能，是国民经济发展的重要经济杠杆。电价在电力工业的发展、建设、生产、供应和消费等方面扮演着重要的调节角色。电价的调节职能建立在价值反映的基础上，并与信息传递职能密切相关。当电价上涨或高于电力商品价值时，由于利润驱动，电力生产规模扩大，导致电力供给增加；相反情况亦然。电价调节着电力工业的再生产运行状况、电力商品的供求平衡，同时调控生产资料和劳动力在各部门之间的分配。

电价对于国民经济和社会生活的各个方面至关重要，在市场经济条件下，电价在实现资源优化配置、引导社会生产和能源消费等方面发挥着重要作用。电力商品是生产、生活必需品，也是社会经济生活的重要生产要素，具有需求刚性。电价的调节作用不仅可以影响经济单位的收入、生产和消费，还能够对需求进行调控。举例来说，在偏远地区的电力建设成本远高于城镇地区，若从成本回收的角度考虑，偏远地区的电价应远高于城镇地区的电价；然而，考虑到电力普遍服务的重大民生意义，偏远地区的电价一般不高于城镇地区的电价，这是由于电力普遍服务是由国家制定政策，由电力经营企业具体实施，确保所有用户都能以可承受的价格，获得可靠的、持续的基本电力服务，其中呈现的"交叉补贴"实际上就是电价调节职能的结果。

总的来说，电价的核心职能是反映价值，其他职能则是在这基础之上演绎而来，从不同角度深化和延伸了电价的基本功能。只有当价格合理地反映价值时，电价才能发挥效益核算的作用，传递市场信号，调节生产、供给和消费。如果缺乏效益核算功能，企业和社会的经济效果就无法被客观地反映，社会的生产和需求无法通过价格的波动来实现动态平衡。倘若缺乏宏观调节功能，经济与社会利益将难以协调，而社会公平的目标也将难以实现。电价的四种职能既相互联系，又相互对立。价格公平与价格效率的矛盾性决定了电价的四种职能之间存在对立统一关系，它们必须在矛盾的统一体中共同发挥作用。

1.2　电　价　体　系

电价体系是对电价组合及其结构的总体描述。目前我国电价体系主要由生产经营环节电价、计价方式和电价类别等组成。生产经营环节电价指按发电、输配电和售电等不同生产经营环节而进行的电价分类；计价方式是指电费结算的计量模式，主要包括按电量和按容量计价等方式，称为电量电价和容量电价；电价类别指各生产经营环节用于实际交易结算的不同种类的电价。

1.2.1　生产经营环节电价

按照电力生产经营环节将电价分成上网电价、输配电价和销售电价三部分，如图 1-1 所示。

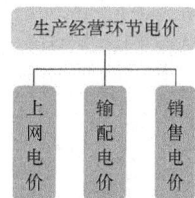

图 1-1　生产经营环节电价

1. 上网电价

上网电价，即发电上网电价，是指发电企业与购电方进行上网电能结算的电价。上网电能的计量点通常是在发、输电资产的产权分界处或发电厂出口。

上网电价一般按照标杆电价或市场化批发电价确定。标杆电价是由政府价格主管部门在某省或地区根据发电项目经济寿命周期，按照合理补偿成本、合理确定收益和依法计入税金的原则核定的统一电价标准。其中，发电成本为社会平均成本；合理收益以资本金内部收益率为指标，按长期国债利率加一定百分点核定。需指出的是，通过政府招标确定上网电价的，按招标确定的电价执行。此外，电力市场化改革后，进入市场的发电机组上网电价由市场决定。根据不同的电源结构和能源发电技术的特点，上网电价可以划分为火电、水电、风电、核电、太阳能和生物质能发电上网电价等多个类别。

2. 输配电价

输配电价是电网企业提供接入系统、联网、电能输送和销售服务的价格总称。输配电价体系包括共用网络输配电服务价格、专项服务价格、辅助服务价格。其中，共用网络服务价格通常按居民、农业、大工业、一般工商业等不同用户分类，以及按330千伏、220千伏、110千伏、35千伏、20千伏、10千伏和小于 1 千伏等不同电压等级分类；专项服务价格是指电网经营企业利用专用设施为特定用户提供服务的价格，分为接入价、专用工程输电价和联网价三类；辅助服务价格特指向用户收取的部分费用（列入系统运行费）。

输配电价由政府制定，实行统一政策，分级管理。考虑"合理成本、合理盈利、依法计税、公平负担"，输配电价按照"准许成本加合理收益"原则，分电压等级核定，如图 1-2 所示，以有利于引导电网投资、完善电网结构、促进区域电力市场的建立和发展，满足国民经济和社会发展的需要。

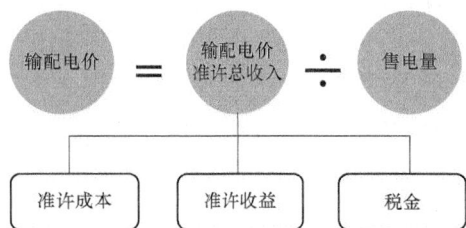

图 1-2　输配电价制定原则

输配电价改革是我国电力体制改革的"四梁八柱"之一，核心要义是将输配电价从形成机制上与发、售电价格分开，将电力垄断环节与竞争领域隔离。2015 年出台《输配电定价成本监审办法（试行）》、2016 年出台《省级电网输配电价定价办法（试行）》，经过三个监管周期，机制和水平不断优化。2023 年 5 月 11 日，国家发展改革委正式印发第三监管周期省级电网输配电价、区域电网输电价格、抽水蓄能容量电价政策文件，标志着第三周期输配电价核价工作顺利完成。

3. 销售电价

销售电价是指电网经营企业向终端用户销售电能的价格，也称用户电价，类似于普通商品的销售价格，是商品生产、流通和消费过程中发生的费用在终端用户之间分摊的结果。

销售电价直接反映了电能的需求结构，它将生产者的信息传递给消费者，并在用户具有选择权的市场中将消费者的信息反馈给生产者。不同用户的消费方式会导致不同的生产成本，通过复杂的销售电价体系，最终实现成本在各类用户之间的合理分摊。2023 年，国家发展改革委印发《关于第三监管周期省级电网输配电价及有关事项的通知》，明确用户用电价格逐步归并为居民生活用电、农业生产用电及工商业用电（除执行居民生活和农业生产用电价格以外的用电）三类，如图 1-3 所示。尚未实现工商业同价的地方，用户用电价格可分为居民生活、农业生产、大工业、一般工商业用电四类。

我国销售电价中包含国家重大水利工程建设基金、农网还贷资金、可再生能源发展基金、大中型水库移民后期扶持资金和城市公用事业附加费等政府性基金以及与产业政策相符合的政策性交叉补贴，电价客观上存在工商业补贴居民、城市补贴农村、高电压等级补贴低电压等级等政策性交叉补贴的情况。具体来说，按照用电负荷特性，居民用户处于电网末端，且又大多在系统用电高峰时用电，其供电成本远高于工商业用户。但多

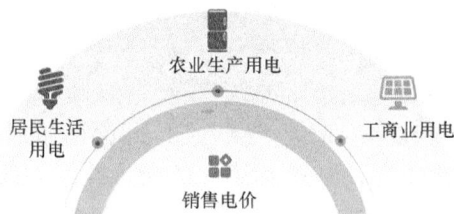

图 1-3　销售电价分类

年来，为保障民生、扶持农业发展，我国对居民、农业等用电实行低电价政策，由工商业用户承担较高电价，由此形成政策性交叉补贴。适度的交叉补贴，有利于落实国家宏观政策，保障电力普遍服务；但如果交叉补贴过重，则不利于引导用户合理消费和公平负担。

1.2.2　计价方式

计价方式主要适用于销售电价，是指电费结算时采用的计量模式。大致分为三类：①按照用电设备的容量进行计费，即定额电价；②按照用电设备的实际耗电量计费，即单一制电价；③综合考虑用电设备的容量和耗电量两者的计费方式，即两部制电价。

1. 定额电价

定额电价是指不考虑用电设备的耗用电量和用电时间，只按用电设备容量大小乘以设备单位容量的电价［单位：元/（千瓦·月）］计收电费。这种电价制度不需计量表计，核算方便简单，我国曾在部分用户中采用这种电价制度。在定额电价下，相同容量的用户，不论其用电时间的长短、用电量的多少，只收同等的电费，因而电费得不到合理负担，且容易引起浪费电能现象，目前基本上已废除，不再采用。

2. 单一制电价

单一制电价，也称单一电量电价或一部制电价，它随电压等级不同而不同，是以用户安装的电能计量装置的实际千瓦时数为计费依据，其电价仅以实际用电量计算电费，且不管用电量多少均为一个单价，电费与用电度数成正比。由于它与用户的实用电量联系在一起，用电越多，所付电费也越多。单一制电价的计价方式较为简便，适用于小负荷用电和负荷不易调整的用户的用电价格，如居民生活用电。

3. 两部制电价

与单一制电价相比，两部制电价是将与容量对应的基本电价（或容量电价）和与用电量对应的电度电价（或电量电价）结合起来决定电价的制度。电力企业向用户供电的成本包含固定费用和变动费用两部分。固定费用代表用户随时需用、可即时提供电能所做的各项准备所耗费的成本，而变动费用则表示实际提供给用户的电能的成本。通过这种两部制电价体系确保了电力企业能够满足用户的电能需求，并确保准备成本和实际供电成本的合理分摊。

基本电价（或容量电价）反映了电力企业成本中的容量成本，即固定费用部分。计算基本电费时，按照用户设备容量（千伏安）或用户最大需量（千瓦）为单位，用户每月支付的基本电费仅与其设备容量或需量相关，与实际使用电量无关。电度电价（或电量电价）代表了电力企业成本中的电能成本，即变动费用部分，反映了供电的可变成本大小及其回收情况。在两部制电价中，用户的实际用电量越小，其平均电价越高；反之，用电量越大，该用户的平均电价越低。在计算电度电费时，以用户实际使用的电量为单位，而基本电价和电度电价之和就是用户应支付的全部电费。这种划分方式确保了电力企业的成本能够合理分摊，同时让用户根据实际电量使用情况来决定其电费。

1.2.3　电价类别

电价类别指各生产经营环节用于实际交易结算的不同种类的电价。例如，上网电价按电源可分为火电上网电价、水电上网电价和核电上网电价等。销售电价按照用户类别与用电特性的不同，可以分为多种类别电价。随着社会经济的发展，电价类别越来越多，如分时电价、可中断负荷电价、居民阶梯电价、脱硫电价等。以下介绍分时电价和可中断负荷电价。

1. 分时电价

分时电价（Time-of-use Electricity Price，TOU）是指根据电网负荷的变化情况，将电力系统的一个运行周期（通常为一天 24 个小时）划分为高峰、平段和低谷等多个时段，并对各时段制定不同的电价水平。通过提高高峰时段的电价、降低低谷时段的电价，鼓励用户在合理时间段内安排用电，以实现削峰填谷。这种制度可提高系统的负荷率和电力资源的利用效率。

2021 年，国家发改委印发的《关于进一步完善分时电价机制的通知》要求，各地结合当地情况积极完善峰谷电价机制，统筹考虑当地电力供需状况、新能源装机占比等因素，科学划分峰谷时段，合理确定峰谷电价价差，系统峰谷差率超过 40% 的地方，峰谷电价价差原则上不低于 4∶1，其他地方原则上不低于 3∶1。各地要在峰谷电价的基础上推行尖峰电价机制，尖峰电价在峰段电价基础上上浮比例原则上不低于 20%。

分时电价的实行反映了电能在不同时间段之间的差价，体现了市场经济的原则。为满足用户的用电需求，电网必须相应地提供电力供应和储备容量。不同时间段的电能需求和生产成本也会有所不同。因此，消费者在使用不同时间段的电能时，应支付不同的电价，这既符合商品的价值规律，也体现了公平负担原则。

2. 可中断负荷电价

可中断负荷（Interruptible Load）是指供电公司与用户签订的合同，允许在系统高峰时段电力供应不足时，供电公司有权根据合同暂时中断用户的部分负荷来减少高峰时段的电力需求。可中断负荷管理已在许多国家广泛应用于各个行业，包括冶金、水泥、造纸、纺织等工业用户，并取得了显著的调峰效果，使用户在电费支出方面也有所减轻。在电力紧张时期，可中断负荷成为主要的削峰方式，等同于增加了系统的备用容量，使系统负荷平稳运行，提高电力系统的经济性、可靠性，抑制了价格尖峰的出现。可中断负荷电价是为了激励用户积极参与可中断负荷管理而设立的优惠电价，对于能主动响应避峰停电的用户来说，可以享受这种电价，也被称为避峰补偿电价。

可中断负荷电价的实施体现了对用户权益的重视，以及对市场公正和公平的维护原则。从过去强制性的高峰期停电到实行"避峰有补偿"，在电力需求侧管理方面取得了显著进步。这种转变将用电管理由单向的行政管理转变为互惠的市场行为，将对企业生产造成的影响和对电力公司形象的影响降至最低。用户参与可中断负荷管理的时，不仅得到经济上的补偿，而且电力企业还能够减少发电容量、输配电投资、运行维护成本以及外购电费用。

可中断负荷电价适用于单位产值能耗大、非连续性生产的用户。在结构性缺电严重的地区，尤其需要紧急实施可中断负荷电价机制。可中断负荷管理是电力需求侧管理的重要组成部分，也是解决结构性缺电问题的重要措施之一。通过实施可中断负荷机制，可以实现多重效益。一方面，能够减少低产值效益用电企业的用电量，合理利用有限的能源资源。另一方面，可以降低调峰所需的装机容量，减少一次能源的消耗。因此，可中断负荷电价机制对于促进节能减排具有积极意义。

可中断负荷管理作为分时电价的有益补充，可以将这两种电价机制结合起来，更好地发挥电力需求侧资源参与电力调峰的作用，促进电力系统的均衡运行，实现节能减排和可持续发展的目标。

1.3 电 价 机 制

1.3.1 电价形成机制

电价形成机制是一个复杂的过程，它主要通过政府定价和市场定价两种方式来确定。目前我国处于市场化改革过渡期，政府定价和市场定价两种方式并行，形成电价"双轨制"。

政府定价是一种以电力生产和供应的成本为基础的定价方法,其核心目标是确保电力企业能够回收其运营成本,同时形成合理的利润,并且依法计入必要的税金。这种方法的优势在于它的机制相对简单明了,能够保持电价的相对稳定,提供一个有效的政策工具,用于调节经济和控制电力行业的垄断利润。然而,政府定价也存在一些缺点,比如它高度依赖于对电力企业成本的全面和细致的审查,可能导致电价调整不够灵活,难以迅速反映发电和用电成本的实时变化。此外,由于政府定价可能缺乏市场机制下的价格信号,因此在电力资源的配置效率方面可能不如市场定价高效。

市场定价是在市场竞争下主要由供求关系决定价格的定价方法,主要目标是高效配置电力资源。市场定价的优势在于价格水平可准确、及时反映电力供求关系变化,配置效率较政府定价高;缺点在于价格频繁波动形成风险,在竞争不充分的情况下容易形成价格操纵或市场失灵,需要配套严格的市场监管。市场定价是指在电力市场中,由众多市场参与者通过竞争来决定电价的方法。这种方法的核心在于供求关系的动态平衡,其主要目标是实现电力资源的高效配置,确保电力供应的灵活性和经济性。市场定价的优势在于其能够通过价格机制快速响应市场供求变化,从而引导资源向最需要的地方流动。价格的波动能够为电力生产者和消费者提供明确的信号,激励其作出相应的调整。例如,当电力需求增加时,价格上涨可以激励发电企业增加产量,同时促使消费者节约用电。这种价格信号的快速反应机制有助于提高整个电力系统的运行效率。然而,市场定价也存在一些缺点。首先,电价的频繁波动可能会给消费者和电力企业带来风险,特别是在短期内价格波动较大时,可能会对企业的运营和用户用电成本造成影响。其次,在市场竞争不充分或者存在市场操纵的情况下,电价可能无法真实反映供求关系,导致资源配置失效。为了克服这些缺点,市场定价需要配套严格的市场监管机制。2024 年 6 月 1 日发布的《电力市场监管办法》指出,国家能源局派出机构负责辖区内的电力市场监管,电力市场监管依法进行,并遵循公开、公正和效率的原则;电力市场监管的对象为电力市场成员,包括电力交易主体、电力市场运营机构和提供输配电服务的电网企业等;电力监管机构对电网企业执行输配电价格的情况进行监管,并对电力交易主体滥用市场支配地位操纵市场价格等失信行为按照有关规定作出处理。

1.3.2　电价传导机制

电价传导机制指电力商品在生产、输配以及销售过程中,某一环节(或领域)的成本或价格变化向其他环节(或领域)价格传递的内在机制。电价传导机制是电力市场运作中一个关键的经济学概念,它确保了电力系统各个环节的成本和价格能够合理地反映在终端用户的电费账单上。电价传导机制的完善与否,直接关系到电力产业的健康发展和电力资源的合理配置。电价传导机制主要包含以下三个方面:

发电成本向终端销售电价传导:发电成本是电价形成的基础,包括燃料成本(如煤炭、天然气、水力等)、设备折旧、人工费用、环保成本等。当这些成本上升时,通过有效的电价传导机制,成本的增加将通过电价调整反映到终端用户的电费上。例如,煤电联动机制通过调整电价以反映煤炭价格的变动,从而保障发电企业的合理利润,同时也使得电价更加灵活地适应市场变化。

辅助服务成本向发电主体和电力用户传导:辅助服务是指为了保障电力系统稳定运行

所提供的服务，如调频、调峰、备用等。这些服务的成本需要通过电价传导机制，合理地分摊给发电企业和电力用户。例如，通过市场机制，发电企业在提供电力的同时，也需要提供一定比例的辅助服务，其成本通过电价调整反映出来。

输配电成本在各级电网间和向终端销售电价传导：输配电成本包括电网建设、维护、损耗等费用。这些成本需要在发电企业、输电公司、配电公司以及终端用户之间合理分配。电价传导机制需要确保这些成本能够通过电价调整，公平地传递给各个环节，最终体现在用户的电费上。

科学的电价传导机制能够促进资源的合理分配，确保电力资源在不同用户、不同时间段之间合理分配；准确反映发电成本、输配电成本以及辅助服务成本的变化；保障社会公平，通过补贴、电价优惠等措施保障弱势群体的用电；适应技术进步，创新技术的发展可能会改变电力的输配方式和成本结构，电价传导机制需要能够灵活地适应这些变化。因此，科学的电价传导机制是维护用电公平的重要保障。

1.3.3 电价管理机制

在电力市场规划建设过程中需要保证电价管理的合理性，在电价管理过程中规划完善准确机制，保证相关机制的完善性和准确性，为电力市场中良性电价管理开展提供有力支持。由于电力产品具有明显特征，因此应结合电力产品特征确定定价原则和方法，在保证电价管理合理性和可靠性状况下做出调控。此外，还应结合电力市场现实状况提出电价管理机制，增强电价管理机制之间关联性和实际作用，保障电力市场电价管理的全面性和可靠性。

电力市场经济建设和实际发展对电价管理有较高要求，应在落实各项具体要求情况下协调电价管理与电力市场实际情况之间的关系。不同地区发展过程中电力需求量和电价定位存在一定差异，应在考虑各项差异表现情况下做好电力定价工作，保证电力定价原则和方法的合理性，增强电价管理在电力市场经济发展中的作用，优化电力产品定价的合理性和电价管理的实施效果。

1.3.3.1 电力产品特征

电力资源作为电力市场重要产品，结合电力产品加以分析，电力资源的主要特点之一是同时性。电能的传输速度与光速相同，发电、输电、变配电、用电是同时进行的，电能不能大量储存，电力系统的发电量需要随用户的用电量变化，必须时刻保持发电与用电的平衡。二是必不可少性。电力资源作为人们日常生活不可缺少的资源，这就应保证电力资源供给和规划的可行性，满足人们日常生活和各项工作实际开展要求。

1.3.3.2 电力定价原则和方法

1. 电力市场定价的原则

在电力市场规划过程中需要保证电价管理效果，按照电力资源供需情况合理定价，使电力定价在电价管理中的作用得以彰显。在电力定价过程中需要考虑资源有效利用原则、收益合理原则和成本补偿原则等，在各项基础原则相互配合下促使电力定价良性开展。在考虑电力资源特点和电能传输情况的条件下合理定价，避免电力资源在定价和传输使用过程中出现重复分配现象，借此保障电力行业经济管控的有效性和关联工作实际开展效果。借助标准化原则在电力定价过程中合理应用相关策略，降低电力使用成本，提高电力资源利用效率。制订电力定价政策时应借助成本补偿原则对各类风险问题有效管控，对电力生产成本准确计量，为电力定价提供有力支持。

2. 电力定价的方法

电力定价过程中涉及的方法包括边际成本定价法和平均成本定价法等方法。结合电力资源传输供给情况选择合理的电力定价方法，协调电力定价与电价管理之间关系，满足电力市场电价管理合理有效开展要求。对边际成本定价法来说，从时间层面上分为短期边际成本定价法和长期边际成本定价法。这两种定价方法应结合电力市场现实状况和电力定价供给传输情况对边际成本定价法实施优化处理。现阶段电力市场采用的边际成本定价法主要为长期边际成本定价法。对平均成本定价法来说，可以在实现电力企业和相关市场收支平衡的情况下设定电价，提高电力资源的利用率。应用平均成本法定价电力资源时，需要做好电力生产过程中平均成本分析工作，在保证电力投资收支稳定性和平衡性的同时，增强该方法在电力定价中的作用效果。

1.3.3.3　电力市场的电价管理要点

1. 电力市场全面调查

电力市场中电价管理的实施，需要在此之前做好调查分析工作，了解电力市场环境和行业发展趋势，做好电力行业发展前景预测工作，对电力市场发展和整体规划过程中各类风险问题展开全方位评估调控，调控电力市场电价管理过程中各类风险问题，体现电力市场调查分析在电价管理方案规划中的实际作用。通过多层次调查分析确定标准合理的电价管理方案，树立与电力市场经济建设相关的电价管理理念，为电力市场电价管理规范合理开展提供合理参考依据。在电力市场调查过程中就应做好关联信息归纳收集工作，提升电力市场调查和电价综合管理的作用。

2. 用电客户群体分析

电力市场电价管理时需要结合各项具体要求做好用电客户群体综合分析工作，了解不同行业在开展各项业务工作时的电力资源需求情况，合理预测电力市场规划和实际发展趋势，将用电客户群体分析在电力市场电价管理和相关机制规划中的作用有效呈现出来。在用电客户群体分析过程中可根据调研走访收集的数据信息撰写相关关联分析报告。掌握不同行业开展业务工作和实际发展过程中基本用电需求，保证电价管理合理性，彰显用电客户群体分析在电价管理中的实际作用。

3. 更新电价管理模式

电力市场中电价管理需要结合各项具体要求对相关模式实施优化创新，在标准化模式支持下降低电价管理难度和出现各类问题的可能性，针对调控电价管理风险，保障电力市场的经济效益。借助动态模式对电价管理展开全面监督管控，使电力市场电价管理面临的阻碍缺陷均得到有效处理。维持电价管理的可行性和实际作用，发挥电价管理在电力市场经济调控和实际规划中的作用，为我国电力行业经济建设和良性发展奠定坚实基础。

4. 培养电价管理人员

电力市场中电价管理的实施需要对参与到其中的工作人员展开有效培养，增强电价管理人员对电力定价原则和方法的掌握力度，引导相关人员从多个角度出发针对电价展开全方位管理，避免因人为因素干扰导致电价管理出现问题。相关人员应采用一系列标准合理方式开展电价管理工作，维持电力市场电价管理的科学性和有效性，为我国电力行业发展提供积极支持，从而保障电价管理的经济效益和实际管控力度。

1.3.3.4　电力市场的电价管理机制

1. 电价形成

电力市场的电价管理对电价形成效果有较高要求，应在落实具体要求情况下考虑各方面规章制度，为电价形成提供合理支持，在形成合理电价状况下满足电力市场电价管理要求。电力市场电价形成过程中需要考虑的机制包括政府审批机制、双方协商机制和竞争定价机制。这就应保证各项规章制度在电力定价中的作用。对政府审批机制来说，主要表现为由当地政府主导形成电价，突出传统电力市场的特点，实现电力资源合理配置和提高资源利用率的目标。通过这一机制形成电价可以增强国家政府对电力市场经济的调控力度。对双方协商机制来说，需要在双方公平自愿的状况下协商制定电价。在电力定价过程中应按照双方协商机制实施情况保障区域市场化效果，直观反映出电力市场电力供应和需求关系，突出电力市场电价的可控性和灵活性，这对维护电力市场电价稳定性和公平竞争效果有重要作用。对于竞争定价机制来说，对于买卖双方在电力市场中的交易状况有较高要求，这就应在落实各项具体要求情况下确定电价，快速反应出电力市场供应和需求关系。维持电力市场电价形成的及时性和准确性，据此开展相对应的电价管理工作。

2. 电价统计

为保证电力市场电价管理的可行性，应根据电力市场实际规划情况构建电价统计机制，加强电力营销过程中电价和相关数据信息统计力度，从而保证电价数据统计的合理性，这对保障电价定位和综合管理效果有重要作用。做好相关数据统计可以保障电价定位的科学性，并按照电力市场实际情况对电价和相关数据统计渠道展开全方位拓展，增强电力市场管理人员对社会各行业用电形式的掌握力度，为电力工作人员开展电价管理和相关数据信息综合处理提供便利支持。借助完善机制对电价数据实施有效统计，充分考虑不同用户的用电情况及其对电价的定位，考虑不同用户的实际用电量和阶段用电需求，增强统计分析与电价管理之间的协调配合力度。妥善处理电力市场管理和电力营销过程中出现的数据统计漏洞，避免电力市场电价管理在后续审核过程中出现各类风险问题。

3. 电价监管机制

自 2024 年 6 月 1 日起施行的《电力市场监管办法》，旨在维护电力市场秩序，保障电力市场的统一、开放、竞争、有序。国家能源局依照本办法和国务院有关规定，履行全国电力市场监管职责。国家能源局派出机构负责辖区内的电力市场监管。其中指出，电力监管机构可以对电力交易主体滥用市场支配地位操纵市场价格等失信行为按照有关规定作出处理，依法依规纳入信用体系，归集至能源行业信用信息平台，实施与其失信程度相对应的分级分类监管。此外，电力监管机构还对电网企业执行输配电价格的情况进行监管。

1.4　我国电价发展历史沿革

改革开放以来，我国电力工业发展迅速，其中电价改革扮演着重要角色。我国电价改革的关键性作用贯穿我国发展的各个历史时期。回顾改革历史，电价机制涉及多方主体，深刻影响电力行业的发展格局，因此改革难度较大。通过反复筹划方案，试点探索、总结推广等过程，我国电价改革实现了"迈小步、不停步"的理念。电价改革的进程大致分为五个阶段。

第一阶段是完全管制定价时期，即 1978—1985 年。该阶段电力工业面临着设备落后、可靠性低、电力短缺和发展资金不足等多方面的问题。为了满足国民经济发展的需要，电价政策在稳定总体价格水平的基础上，持续推动结构性改革，激励用户提高使用效率。通过引入国际较为普遍的两部制电价，激励用户提高用电负荷率，改变用电效率过低的局面。此外，还出台了功率因数调整电费办法，促进无功就地补偿，并推广了具有分时功能的电表，试点峰谷电价和季节电价。通过一系列措施，发电和用电效率都显著提升，极大地支持了改革开放初期的经济社会发展。

第二阶段是还本付息电价时期，即 1985—1997 年。此阶段的核心是鼓励投资和保障需求。在 20 世纪 80 年代中期，我国经济发展迅猛，各个地区都面临着严重的供电不足问题。为调动各方办电的积极性，特别是鼓励社会资本投入到电力行业中去，政府放松了上网电价的价格管制，并引入还本付息电价机制。这一机制通过核定能够覆盖融资成本和保障协议利润的上网电价和销售电价，充分调动了社会资本的办电积极性。地方自筹和利用外资筹集的电力建设资金占比提升显著，缓解了供求矛盾。1985—1997 年，全国发电装机容量增加了 2.92 倍，发电量增加了 2.76 倍，我国的电力企业管理水平也飞速提升。

第三阶段，即经营期电价时期，1997—2002 年，主要目标是避免电价飙升、推进扩大需求。1997 年亚洲金融危机爆发后，我国电力供需矛盾有所减轻，给调整电价提供了时机。上网电价方面，强调投资主体的经营责任，将还本付息电价转为经营期电价；这种模式通过综合考虑运营成本、税费和合理利润，有利于引导投资并控制电价飙升。销售电价方面，进行了农电"两改一同价"改革，将农网的经营成本由城乡用户共同承担；这一措施将改革前农村普遍超过 1 元的电价降低到约 0.56 元左右，为村镇经济蓬勃发展提供了电力保障。

第四阶段，即标杆电价时期，2002—2014 年，核心是事前定价和鼓励清洁能源发展。在这一阶段，针对电价问题，引入了标杆电价制度。该制度通过确定合理的电价标准，为电力企业提供明确的定价依据，减少市场不确定性，促进电力市场的健康发展。同时，该阶段也鼓励可再生能源的发展，以减少对传统化石燃料的依赖。这些措施有助于推动清洁能源的技术进步和经济实施，为可再生能源的发展奠定了基础。

2002 年 2 月，国务院印发了《电力体制改革方案》（国发〔2002〕5 号），作为实施厂网分开、实行竞价上网的配套政策，将电价划分为上网电价、输电电价、配电电价和终端销售电价。电价结构包括三个生产经营环节：上网电价、输配电价和销售电价。上网电价由国家确定的容量电价和市场竞价所产生的电量电价组成，输配电价由政府根据定价原则进行确定，正式形成了由上网电价、输配电价和销售电价三个生产经营环节组成的电价结构，如图 1-4 所示。

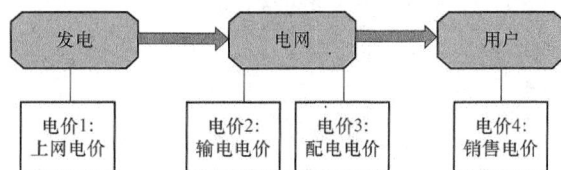

图 1-4　三环节电价结构

2005年，《电价改革办法》正式发布，将燃煤机组的上网电价形成机制从事后定价改为事前核定的标杆电价，此改动有效提升了投资效率。随后，标杆电价的范围扩大到风电、光伏、核电、生物质发电等多个领域，这也标志着"一厂一价"的结束。同时，政府还出台了征收可再生能源电价附加和逐步降低上网电价的补贴政策，很大程度上推动了我国可再生能源发展。截至2024年6月，我国新能源发电（包括风电和太阳能发电）装机规模首次超过煤电，电力生产供应绿色化不断深入。西藏、青海、四川等地清洁能源的装机容量已占本地电源总装机容量的80%以上。

第五阶段，即2015年新一轮电力体制改革至今。2015年，中共中央、国务院下发《关于进一步深化电力体制改革的若干意见》（中发〔2015〕9号），确定了"三放开、一独立、三强化"的改革基本路径以及"放开两头、管住中间"的改革框架。

首先，我国已建立完整的输配电价体系。相继发布了跨区专项输电工程、区域电网、省级电网、地方电网和增量配电网的定价办法，构建了科学合理的独立输配电价制度体系，确定了各级电网的输配电价水平。

其次，我国有序放开发用电价格，推动上网环节与销售环节电价从政府定价向市场定价的迅速转变，有效地促进资源优化配置。

再次，我国销售电价维持在全球较低水平。长期以来，我国居民生活和农业电价处于全球较低水平，在保障民生和社会稳定方面发挥了重要作用。工商业电价稳中有降，为实体经济降本减负。电价是工商业、大工业用户最为敏感的生产要素，2018—2020年我国连续三年提出降电价目标，通过综合采取降低电网环节收费、输配电价格和电力行业增值税税率等措施，降低了企业用电成本。

总体而言，近年来我国在电价改革方面取得了显著成果，通过建立完善的输配电价体系、市场化定价以及降低用能成本等措施，电力市场更加高效，用电成本得到有效控制，为经济社会发展提供了强有力的支持。

1.5 本章小结

本章首先从电价的价值反映职能、效益核算职能、信息传递职能、宏观调节职能这四大职能出发，阐述了电价对于国民经济和社会生活各个方面的重要意义。其次，从生产经营环节、计价方式和电价类别三个方面对电价体系进行阐述，按照生产经营环节进行分类，电价可以分为上网电价、输配电价和销售电价；按照计价方式进行分类，电价可以分为定额电价、单一制电价和两部制电价，其中两部制电价对于促进电力资源合理配置、优化电力成本结构以及降低企业用电成本等方面有重要意义；按照电价类别进行分类，电价可以分为峰谷分时电价、可中断负荷电价等。此外，从电价的形成机制、传导机制和管理机制三个方面介绍了电价机制。最后，阐述了我国电价发展历史沿革，电价改革在各个历史时期发挥了关键性作用。

思考题

（1）请简述电价的四种职能，并说明电能作为商品与普通商品的异同。

（2）请简述三种生产经营环节电价的内涵。

（3）请简述两部制电价的内涵及其重要作用。

（4）什么是峰谷分时电价？请简要概述峰谷分时电价的重要作用。

第2章 电价的经济学基础

经济学（Economics）是研究人类社会在各个发展阶段上的各种经济活动和各种相应的经济关系及其运行、发展的规律的学科。在电力领域，研究如何利用有限的地球资源，尽可能持续地开发成人类所需要的电能商品并合理分配，即生产力与生产关系两个方面。无论是马克思主义经济学、现代微观经济学，还是管制经济学，都将"价格"作为研究的主题，并将其贯穿整个理论体系，其中关于"价格"的论述为电价的制定提供了有益的参考。在目前的电价实践中，所有的电价政策都可以找到相应的经济学基础。因此，经济学中有关价格的理论是电价的重要基础知识，本章分析马克思主义经济学理论、均衡价格理论、管制经济相关理论、福利经济学理论等四种经济学理论，这些理论在电价的制定、政策性调整和效果评价中发挥不同作用，共同构成了电价的经济学理论基础。

2.1 马克思主义经济学理论

经济学研究的根本目的和出发点是解放和发展生产力，而马克思主义经济学主要研究解放和发展生产力，对社会历史的发展作出了重要贡献。作为马克思主义经济学的核心内容，价格理论是许多商品定价的直接依据，有必要理解与掌握马克思主义价格理论，并将其作为指导电价改革的理论基础。

2.1.1 劳动价值论

劳动价值论，是马克思主义经济学的基础，马克思主义价值理论是建立在科学的劳动价值论基础之上的。对于社会主义国家来说，劳动价值论不仅成为社会主义政治经济学的基石之一，而且成为主流社会意识形态的重要组成。

马克思的劳动价值论是综合的理论体系，涵盖了多个重要概念和范畴。此处仅对劳动价值论中最为核心的，也是对电力定价具有指导意义的内容和进行阐述。

1. 商品的二重性和劳动的二重性

商品是用来交换的劳动产品，劳动的结果就是形成商品，它是马克思主义价格理论分析的逻辑起点。劳动是价值的实体，是创造价值的唯一源泉，劳动的二重性决定了商品的二重性。

商品的二重性是指商品的使用价值和价值。商品的使用价值指商品的有用性，即商品能够用来满足人们某种需要的属性，它是商品的自然属性，体现了人与自然的关系。电能作为一种商品，能够满足人们照明、取暖等需求，具有使用价值。商品的价值是指凝结在商品中的无差别的一般人类劳动，它是商品的社会属性，体现着商品生产者相互交换劳动的社会关系。各种商品的价值只有量的差别，而无质的不同，这为不同区域之间电能的交易奠定了基础。

劳动的二重性就是指生产商品的具体劳动和抽象劳动，它是理解整个政治经济学的枢纽。具体劳动是指生产目的、劳动对象、所用工具、操作方法、生产结果等各不相同的劳动。例如为了生产电能，利用发电设备等工具，对煤炭等原料进行加工生产出电能，这种具有不同性质和不同具体形式的劳动就是具体劳动，具体劳动创造了商品的使用价值。抽象劳动是指无差别的一般人类劳动。具体劳动的种类和操作方式会随着生产力、生产专业化以及社会分工的发展而不断扩展与变化，但不管其具体形式如何千差万别，都是人的大脑、肌肉、神经、手等的生产耗费，这种撇开了具体劳动特殊性质的一般人类劳动就是抽象劳动，它创造了商品的价值。

2. 商品生产劳动形成商品价值

社会必要劳动时间是马克思主义经济学中的重要概念。能否全面准确地理解这一概念，对于正确理解马克思的劳动价值论具有十分重要的意义。

商品价值的实体是抽象劳动的凝结，价值量指的是商品中所凝结的劳动量，而社会必要劳动时间则是衡量商品价值量的起点。劳动量以劳动时间来计量，通常以小时或日等时间单位为尺度。在商品生产中，只使用平均必要劳动时间或社会必要劳动时间。社会必要劳动时间指的是在现有正常社会生产条件下，在社会平均劳动熟练程度和劳动强度下，制造某种使用价值所需的劳动时间。社会必要劳动时间的定义涉及三个因素：首先，"在现有的正常社会生产条件下"指的是物质因素，是最重要的因素，体现了生产要素中生产资料的历史递进性和现代水平；其次，"在社会平均劳动熟练程度和劳动强度下"指的是人的因素，是在物质因素已经确定的前提下决定的因素，体现了劳动者劳动在历史继承性和现代水平方面的发展；再次是"物"与"人"的结合因素（如管理制度等）。这三个因素都经历了继承、发展和创新的过程，因此社会必要劳动时间决定商品价值量的过程是市场和历史共同决定的。

2.1.2　马克思的商品价格理论

马克思批判地吸收了古典政治经济学关于劳动价值论的合理内核，创立了科学的劳动价值学说。在劳动价值学说的基础上，马克思又对价格的起源与本质、价格形成的基础以及价格运动的规律等问题进行了科学的揭示和论证，从而创立了科学的马克思主义商品价格理论，为电力商品价格的制定提供了理论依据与指导。

马克思主义价格理论的形成是价格学说发展的一个新纪元，有着丰富而深刻的内涵，本节主要从以下四个方面来介绍马克思主义价格理论的内容。

1. 价值决定价格，价格是价值的货币表现

马克思主义价格理论研究的起点是商品，商品就是用来交换的劳动产品，具有使用价值和价值两种属性。电能是商品，本身具有使用价值和价值，自然也符合马克思主义商品价格理论。

从前面的论述中可以看出，商品的价值是质和量的统一，商品的价值质是由凝结在其中的无差别的人类劳动所决定，即抽象劳动的体现；而商品的价值量则由生产该商品所需的社会必要劳动时间决定。这个价值量（社会必要劳动时间）的大小决定了商品的价格，即价值决定价格。在提出剩余价值概念后，马克思进一步将价值量表述为不变资本（C）、可变资本（V）和剩余价值（M）的总和。

然而，商品价值的内在质量和数量只能通过交换关系才能显现出来，通过外在形式才

能得到展现。商品的价值表现形式经历了简单价值形式、扩大价值形式、一般价值形式，最终达到完善的货币形式。货币是商品交换发展的产物，是衡量其他所有商品价值的尺度。马克思指出，"一种商品（如麻布）在已经执行货币商品职能的商品（如黄金）上的简单的相对的价值表现，就是价格形式"；"货币作为价值尺度，是商品内在的价值尺度即劳动时间的必然表现形式"；"商品价值表现在货币上，或者说商品价值的货币表现，就是商品价格"；"价格是物化在商品内的劳动的货币名称"。简单地说，商品的价值在交换时以货币的形式表现出来，就是商品的价格。对应到电力工业，电价是电力商品价值的货币表现，而价值则是电价的实质内容，这就是对电力商品价格的本质规定。

2. 商品价格受货币价值的影响，并呈反方向变化

价格是价值在货币中的呈现，因此，商品价格的波动自然受到货币价值变动的影响。商品价格上涨的情况是货币价值保持不变，而商品价值提高；或者商品价值不变，而货币价值降低。当商品价值与货币价值同时朝着同一方向但程度不同变化，或者朝着相反的方向变化时，商品价格也会相应地产生各种不同的变动。当商品价值与货币价值同时以相同比例地增长或减少时，商品价格将保持不变。也就是说，商品价格体现的是商品价值与货币价值的比率关系，商品价格同商品的价值成正比，而同货币的价值成反比。在商品价值不变的条件下，商品价格会因货币价值的增加而减少。

尽管商品价值是决定商品价格的首要因素，但在商品价值不变的条件下，商品价格取决于货币价值，而在纸币流通下又取决于纸币的发行量。在金属货币流通条件下，货币数量依存于商品价格，多余的货币会自动退出流通领域，不会引起商品价格的提高。在实际的社会经济生活中，充当流通手段的货币是纸币，纸币本身没有内在价值，它只是国家强制发行的价值象征。因此，商品价格的波动主要取决于流通中纸币的数量。纸币作为金属货币的代表，其价值与其发行量成反比关系：当纸币的供应量超过市场商品流通所需的金属货币量时，纸币就会贬值，导致商品价格上涨；相反，当纸币的供应量不足以满足市场商品流通所需的金属货币量时，纸币就会升值，导致商品价格下降。因此，在通货膨胀时期，电力商品的价格应能够反映物价上涨的因素，与通货膨胀率保持一致，从而体现货币价值的变动。

3. 商品价格受供求关系的影响，并自发地围绕价值上下波动

商品的价格在短期内受供求关系的影响。如果商品供应超过需求，商品就会以低于其市场价值的价格销售；相反，如果商品供应不足，也就是说，如果卖方之间的竞争压力不足以将商品量引入市场，商品就会以高于其市场价值的价格销售。正是这种供求关系的影响可能会导致商品价格与价值产生背离。

电力商品的价格随电力市场供需的变化而变化。在自由竞争的条件下，当电力商品供不应求时，电力商品价格就上涨到价值之上，而当供过于求时，电力商品价格又会下跌到价值之下。当电力商品价格高于价值时，电力商品的生产者得到额外利益，从而扩大生产，增加供给，价格就会逐渐下降；相反，当电力商品价格低于价值时，电力商品的生产者无利可图甚至亏本，从而缩减生产，减少供给，价格就会逐渐回升。因此，尽管电力商品价格随时间变化，特别是在电力市场条件下，但其始终围绕着价值而上下波动，价值是电价运动的轴心，如图2-1所示，这种价格自发地围绕着价值上下波动的运动，是价值规律发生作用的表现形式。在价格自由浮动的条件下，从全社会和长期趋势来看，高于和低于

价值的价格会互相抵消，从而价格和价值趋于一致。

4. 生产价格是商品价值的转化形式，是市场价格形成的基础

在简单市场经济下，价格是直接以价值为基础的，商品价值由生产成本和劳动者所耗费的社会必要劳动时间构成。商品的价格以此为基础，并在市场上依据供求关系、生产率变化以及货币自身价值的变动而发生变化。然而，在自由竞争和现代市场

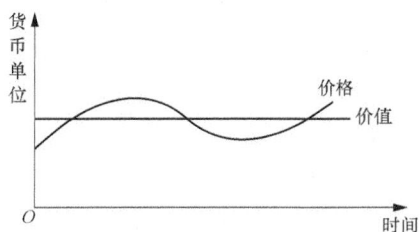

图 2-1　价值规律

经济条件下，由于不同的生产部门有着不同的资本有机构成，同时周转速度也不同，因此各部门的利润率也有高低之分。发电企业为了追逐利润，将资本从利润率较低的部门抽出，投到利润率较高的部门，并通过竞争使不同资本有机构成的资本利润率趋于一致，结果使各部门的利润率趋于平均化，从而形成平均利润率。当利润率转化为平均利润率后，利润就转化为平均利润，而商品的价值就转化为"生产价格"，生产价格变成了价格形成的直接基础，也成为市场价格波动的中心。

具体来说，不变资本（C）和可变资本（V）转化为成本，而剩余价值（M）转化为利润，即 $W=C+（V+M）=K+M=K+P$。其中，W 代表电力商品价格；K 表示成本价格，又叫生产费用或生产成本，它是生产商品耗费的不变资本价值和可变资本价值的转化形式；P 表示盈利（包括利润和税金），是剩余价值的转化形式，如图 2-2 所示。

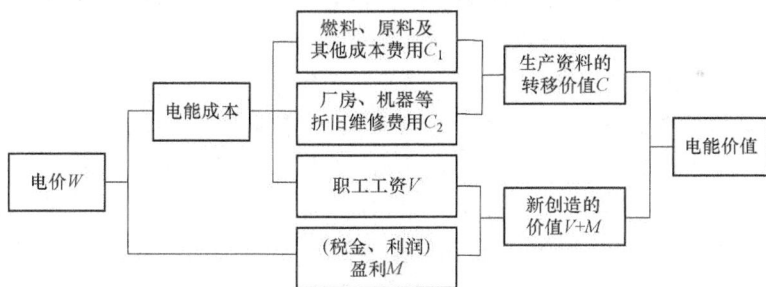

图 2-2　电价构成图

马克思主义价格理论具有丰富而深刻的内涵，揭示了价格的实质，阐述了价格变化的基本原因。其核心内容在于，价值由生产商品的无差别人类劳动形成，在这个基础上形成其价值的表现形式，进而形成交换价值的货币表现形式，即价格。生产价格是形成市场价格的基础，生产成本是价格构成中最重要的组成部分。根据马克思主义价格理论，制定价格所依据的产品成本是指生产同类产品的生产企业的部门平均成本，而不是某个企业的个别成本，这为我国发电上网标杆电价的确定提供了理论依据，标杆电价的本质符合马克思主义价格理论。随着电力市场化改革的推进，上网电价逐渐由标杆上网电价向市场化价格过渡。

2.2　均衡价格理论

在电力市场化改革背景下，西方经济学的价格理论受到广泛关注。现代西方经济

学，特别是微观经济学主要研究企业通过市场来配置资源从而实现社会福利最大化的问题。在西方经济学的价格理论中存在着生产成本论、效用价值论等众多理论，最后被统一到了均衡价格理论，均衡价格理论可以对电力市场报价以及市场出清价格的确定提供借鉴。

在均衡价格理论中，价格是由产品或服务的供给（卖方）与需求（买方）两方面共同作用而形成的。市场是买方和卖方同时相互作用形成的，是买者和卖者的集合。在这种价格形成机制下，价格不但受到不同卖方之间竞争程度的影响，还受到市场上买方需求的影响。在自发的市场价格机制调节下，供给和需求的双方都会对价格做出恰当的反应，然后双方进行较量，最终达到某种均衡，这便是均衡价格机制。

供给理论和需求理论是均衡价格理论的两大基石，供需曲线对于均衡价格的决定具有重要影响。供给产生于生产，供给曲线（Supply Curve）一般是向右上方倾斜的曲线（见图2-3）。这是因为商品价格越高，就有更多的厂商有能力或有意愿生产并出售商品，如果生产成本下降，厂商可以在某个更低的价格上提供同样数量的商品，或者在同样的价格下厂商可以提供更多的商品，这时供给曲线将向右移动（从 S 到 S_1）；当价格越低，厂商因为无利可图便会退出市场，使得供给量减少。供给曲线表明商品的价格与供给量呈同方向变动。影响供给的因素既有经济因素，也有非经济因素，供给除了受商品本身价格影响外，还受生产厂商的生产目标、相关产品的价格、生产要素的成本、生产技术水平、政府宏观调控政策等的影响。

需求产生于消费，需求曲线（Demand Curve）一般是一条向右下方倾斜的曲线（见图2-4）。这是因为在其他变量保持不变的情况下，若商品的价格越低，消费者所愿意并能够购买的商品数量就越多，即需求量越多；而当价格高的时候消费者因为无力承受这种高价，便会减少对商品的购买，需求量便减少。需求曲线表示的是商品需求量和价格之间的关系，两者呈反方向变动。同供给类似，需求受多种因素的影响，包括商品本身的价格、相关商品（替代品和互补品）的价格、消费者的收入水平、消费者的偏好、消费者对未来的预期以及政府的消费政策等。对于大部分商品来说，消费者的收入上升时，消费者对商品的需求会增加，这样会使得需求曲线向右移动（从 D 到 D_1）。

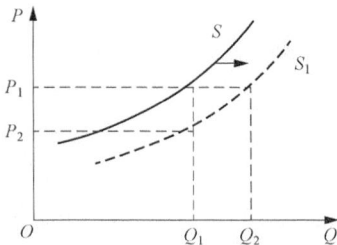

图2-3 供给曲线 　　　　　　　　图2-4 需求曲线

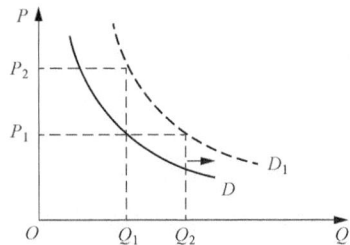

在供给曲线和需求曲线的基础上，商品的价格（均衡价格）便迎刃而解。"均衡价格"（Equilibrium Price）是指在需求和供给达到平衡时的商品价格，也就是商品的市场需求曲线与市场供给曲线相交时的价格，如图2-5所示。

图2-5中，P_e 和 Q_e 分别是均衡价格和均衡产量，E 点是均衡点。均衡价格反映了商品

的价值形成，即价格决定的过程，它是经过市场供求的自发调节而形成的。图 2-6 表示供给不变时的均衡价格变化情况。当 S 曲线不发生变化，如果需求量增加，D 曲线向右平移至 D_1，此时的价格和产量分别是 P_1 和 Q_1；如果需求量减少，D 曲线向左平移至 D_2，此时的价格和产量分别是 P_2 和 Q_2。可以发现，在供给曲线不变的情况下，均衡价格和均衡产量是同方向变化的。

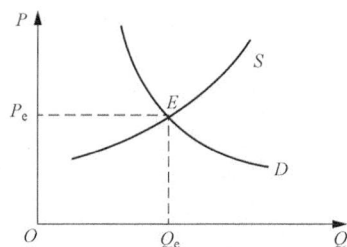

图 2-5　均衡价格示意图　　图 2-6　供给不变时的均衡价格变化情况

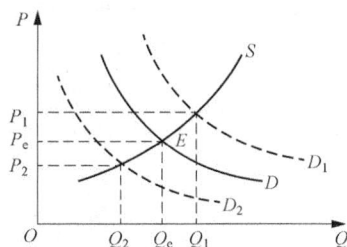

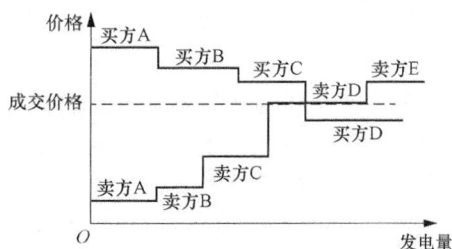

图 2-7 表示需求量不变时的均衡价格变化情况，即 D 曲线不变的情况。如果供给量增加，S 曲线向右平移至 S_1，此时的价格和产量分别为 P_1 和 Q_1；如果供给量减少，S 曲线向左平移至 S_2，此时的价格和产量分别是 P_2 和 Q_2。可以看出，在需求曲线不变的情况下，均衡价格和均衡产量是呈反方向变化的。于是，我们可以得到这样的结论：在其他条件不变的情况下，需求变动分别引起均衡价格和均衡产量的同方向的变动，而供给变动分别引起均衡价格的反方向的变动和均衡产量的同方向的变动。

以上阐述了在产量变化情况下均衡价格的变化情况。同样地，价格的变化也会对供给和需求产生影响，从而导致均衡价格和均衡产量发生变化。只有当供需达到平衡时，市场才会形成交易价格，并进行实质性的买卖活动。这个平衡状态下的价格被称为新的条件下的均衡价格。价格的波动会对供给者（厂商或生产者）和需求者（消费者或用户）的行为产生影响，两者会根据价格的变化来调整供给量和需求量，最终实现均衡。在这种状态下，供给者的生产资源得到了充分利用，需求者的需求也得到了满足，从而使得资源配置达到了最优状态。因此，市场机制通过价格的变动自发地调节交易活动，对资源配置发挥着重要作用。均衡价格理论为电力市场中买卖双方的报价以及市场出清价格的确定提供了理论基础。电力市场中的电能商品的供给曲线和需求曲线通常呈阶梯状（见图 2-8），两条曲线交点的价格即为市场出清价格，即图 2-8 中所示的成交价格。

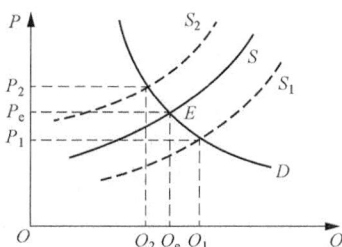

图 2-7　需求不变时的均衡价格变化情况　　图 2-8　电力市场供需曲线与市场出清价格

2.3 管制经济相关理论

长期以来，管制与竞争的关系一直是经济学研究中的热点话题，也是资源配置的两种基本机制：政府和市场。经济思想史的演变对于电力工业市场化改革具有重要的理论指导意义，并直接影响电价的形成机制，对其具有指导性作用。

2.3.1 管制的产生与发展

管制又称规制（Regulation），是政府干预市场的活动总称，管制经济学是对政府规制活动所进行的系统研究，是产业经济学的重要分支。一般来说，经济学上把政府管制分为经济管制和社会管制两类。经济管制是指对价格、市场进入和退出条件、特殊行业服务标准的控制。一般来说，是对某一个特定行业、特定产业进行的一种纵向性管制。这些行业一般具有自然垄断性等特点，如电信中的本地网络、电力中的输配电、铁路的轨道传输网络等，这些环节获得合法垄断，具有合理意义和社会效应。然而，如果其服务质量和价格不合理，可能危及消费者利益，因此，政府要在准入管制的同时进行价格管制。此外，对运输、金融证券、电台电视台等媒体的管制也属于经济管制。

2.3.2 供需弹性及其对均衡价格的影响

弹性（Elasticity）是经济学中的重要概念。在没有政府价格调控或其他调节政策的情况下，供给和需求趋于均衡，共同决定商品的市场价格和产量，价格和产量的多少依赖于供给和需求的特性，而这种特性可以通过"弹性"体现。如果存在经济变量之间的函数关系，可以对弹性进行定义，即因变量的相对变动与自变量的相对变动之比，它衡量了自变量对因变量的敏感度程度。根据不同的函数关系，弹性可以分为价格弹性、收入弹性等多种类型。本书研究电力价格，因此主要考虑价格弹性，将需求价格弹性简称为"需求弹性"，将供给价格弹性简称为"供给弹性"。

1. 需求弹性与供给弹性

需求弹性是指商品需求量的相对变动与价格的相对变动的比，它反映价格变化对商品需求的影响。假设商品的需求函数为 $Q = f(P)$，则需求弹性 e_d 可表示为

$$e_d = \frac{\Delta Q / Q}{\Delta P / P} = \frac{\Delta Q}{\Delta P} \times \frac{P}{Q} \tag{2-1}$$

由于需求量与价格呈反方向变动关系，因此需求价格弹性是负值。当价格变动趋向于零时，需求弹性 e_d 可以表示为

$$e_d = \frac{dQ}{dP} \times \frac{P}{Q} \tag{2-2}$$

从图 2-7 可以看出，需求的价格弹性不仅取决于需求曲线的斜率，还取决于价格和数量的比值。因此，随着价格与数量的变化，需求弹性会沿着曲线而变化，即不同的价格水平下用户的需求弹性不同。一般情况下，假设需求函数是线性的，即需求曲线的斜率是不变的，始终为 $-b$。那么，在靠近需求曲线的顶端处，价格高而需求量少，因此弹性的绝对值大；沿着曲线向下移动时，弹性的绝对值便逐渐减小，直至为零（见图 2-9）。由于受商品的必需程度、商品的可替代性、在总开支中的比重、时间等因素的影响，不同商品的需求弹性是有差别的。根据需求弹性绝对值的大小，可将需求弹性分为三类，即富有弹性、

单一弹性和缺乏弹性。当 e_d 的绝对值大于 1 时，称需求富有弹性（见图 2-10），特别是当 $|e_\mathrm{d}| \to \infty$ 时，称需求完全富有弹性（见图 2-11）；当 $e_\mathrm{d} = -1$ 时，称需求为单一弹性（见图 2-12）；当 e_d 的绝对值小于 1 时，称需求缺乏弹性（见图 2-13），特别是当 $|e_\mathrm{d}| = 0$ 时，称需求完全无弹性（见图 2-14）。

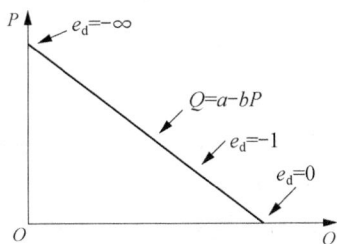
图 2-9　线性需求曲线

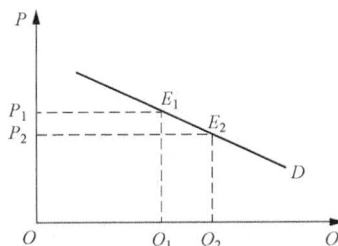
图 2-10　富有弹性

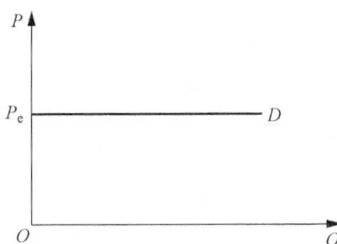
图 2-11　完全富有弹性

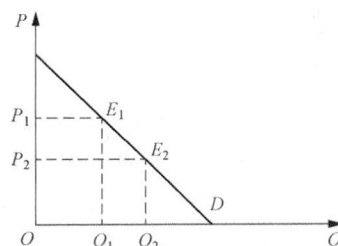
图 2-12　单一弹性

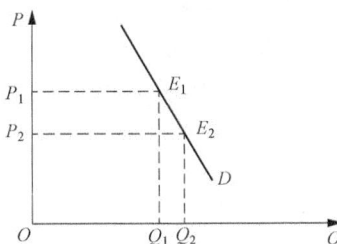
图 2-13　缺乏弹性

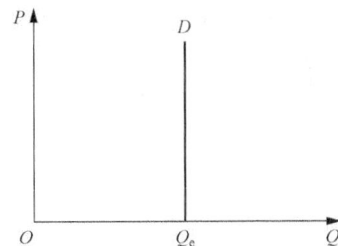
图 2-14　完全无弹性

当需求具有高度弹性时，即使价格发生微小变动，需求量也会有显著变化。在这种情况下，价格上涨会导致生产者收益的减少，相应地，消费者在该产品上的总支出会减少。相反地，当需求缺乏弹性时，价格的变动只会引起需求量的轻微变化。在这种情况下，价格上涨可以给生产者带来更多的收益，同时导致消费者在该产品上的总支出增加。当需求具有单一弹性时，价格的上涨或下跌会引起需求量相反方向的等比例变化。在这种情况下，生产者的收益保持不变，相应地，消费者的总支出也保持不变（见表 2-1）。因此，生产者可以根据产品的需求价格弹性来决定是否调整价格，以获得最大化的收益并降低经营风险。

类似地，可以给出供给弹性的定义，并进行相关分析。需要指出的是，由于供给曲线向右上方倾斜，即生产者对商品的供给量与商品价格成正向变化关系，因此供给弹性是正值。供给弹性受到进入或退出市场的难易程度、产量规模、时间等因素的影响，因此具有

表 2-1 　　　　　　　　　　　　　**需求弹性、企业收益与消费支出**

需求	价格上升		价格下跌	
	生产者收益	消费者支出	生产者收益	消费者支出
富有弹性	减少	减少	增加	增加
缺乏弹性	增加	增加	减少	减少
单一弹性	不变	不变	不变	不变

较大的差异性。与需求弹性类似，供给弹性可以分为富有弹性、单一弹性和缺乏弹性等多种情况。在供给富有弹性时，商品价格的小幅提升会引起供给量的大幅增加；在缺乏弹性时，商品价格的提升只会引起供给量的小幅增加；而在单一弹性时，商品价格的提升会使得供给量等比例的增加。从消费者的角度，商品的供给弹性越大越好，因为获得更多商品消费者只需付出小部分资金；从生产者的角度，商品的供给弹性则是越小越好，因为价格的提升并不需要额外供给很多商品，生产者便有了控制价格的利益。

2. 弹性对均衡价格的影响

从上述分析可以看出，在仅考虑一种弹性的场景下，生产者可以根据需求曲线或供给曲线的弹性大小来决定是否调整价格，以做出定价决策。然而，统筹考虑需求曲线与供给曲线时，二者之间的价格弹性相互作用将对均衡价格产生重要影响。此处，可以通过蛛网模型来分析需求弹性与供给弹性对均衡价格的影响。

蛛网模型是运用弹性原理解释某些生产周期较长的商品在失去均衡时发生的不同波动情况的一种动态分析理论。该模型假定商品的本期产量 Q_t^s 取决于前一期的价格 P_{t-1}，即供给函数为 $Q_t^s = f(P_{t-1})$；商品本期的需求量 Q_t^d 取决于本期的价格 P_t，即需求函数为 $Q_t^d = f(P_t)$。此外，该模型还假定供给函数和需求函数都是线性的。因此，蛛网模型可以用以下三个联立的方程式来表示：

$$Q_t^d = \alpha - \beta \cdot P_t \tag{2-3}$$

$$Q_t^s = -\delta + \gamma \cdot P_{t-1} \tag{2-4}$$

$$Q_t^d = Q_t^s \tag{2-5}$$

其中，α, β, δ 和 γ 为常数，且均大于零。

由式（2-3）～式（2-5）可得

$$\alpha - \beta P_t = -\delta + \gamma P_{t-1} \tag{2-6}$$

由此可得第 t 期的商品价格为

$$P_t = \left(-\frac{\gamma}{\beta}\right) P_{t-1} + \frac{\alpha + \delta}{\beta} = \left(-\frac{\gamma}{\beta}\right)^t P_0 + \frac{\alpha + \delta}{\beta + \gamma}\left[1 - \left(-\frac{\gamma}{\beta}\right)^t\right] \tag{2-7}$$

市场均衡时有均衡价格，如式（2-8）、式（2-9）所示：

$$P_e = \frac{\alpha + \delta}{\beta + \gamma} \tag{2-8}$$

$$P_t = \left(-\frac{\gamma}{\beta}\right)^t P_0 + P_e\left[1 - \left(-\frac{\gamma}{\beta}\right)^t\right] = (P_0 - P_e)\left(-\frac{\gamma}{\beta}\right)^t + P_e \tag{2-9}$$

在 $t \to \infty$ 的情况下，可对上式分三种情况加以分析，分别为收敛型蛛网、发散型蛛网、振荡型蛛网。

（1）若 $\gamma/\beta < 1$，则 $P_t \to P_e$。随着生产周期（时间）的延长，若供给曲线的斜率小于需求曲线斜率的绝对值，即需求比供给更富有弹性，如图 2-15 所示，那么第 t 期的商品价格 P_t 将以越来越小的幅度围绕均衡价格 P_e 上下波动，最后逼近均衡价格。在 P_0 处，商品的供给量大于需求量，供大于求从而导致价格下跌至点 C 及点 E 所在的位置，此时商品的供给量小于需求量，从而使得价格提高，以此往复，价格最终将逼近 P_e。在这种情况下，价格是收敛的，均衡价格机制是稳定的。

（2）若 $\gamma/\beta > 1$，则 $P_t \to \infty$。随着生产周期的延长，如果供给曲线的斜率大于需求曲线斜率的绝对值，即供给比需求更富有弹性，如图 2-16 所示，那么第 t 期的商品价格 P_t 将以越来越大的幅度围绕均衡价格 P_e 上下波动，最后无穷大地偏离均价。在这种情况下，价格是发散的。

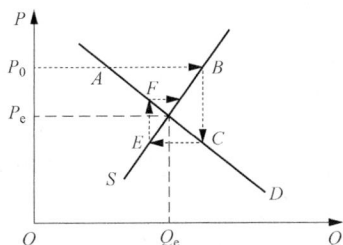

图 2-15 收敛型蛛网   图 2-16 发散型蛛网

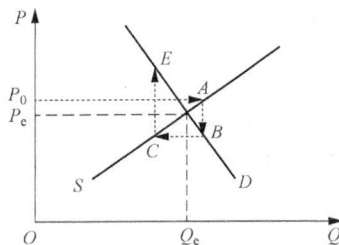

（3）若 $\gamma/\beta = 1$，那么 P_t 为常数。随着生产周期的延长，如果供给曲线的斜率等于需求曲线斜率的绝对值，即供给弹性与需求弹性相等，如图 2-17 所示，那么第 t 期的商品价格 P_t 将以相同的幅度围绕均衡价格 P_e 上下波动，既不进一步偏离，也不逐步逼近均衡价格。在这种情况下，价格是振荡的。

通过对蛛网模型的分析可知，需求弹性和供给弹性的大小对均衡价格具有很大的影响，可以通过需求弹性和供给弹性的相对大小来判定一个市场的稳定性或者均衡价格的稳定性，从而为政府政策的制定提供依据。在电力工业生产经营过程中，电力供给与需求的价格弹性均很小，但与极具刚性的需求弹性相比，电力供给的弹性相对较大。因此，从结构上说，电力供给曲线与需求曲线的形状更类似于发散型蛛网，若任凭市场的自由调节，价格将极大地

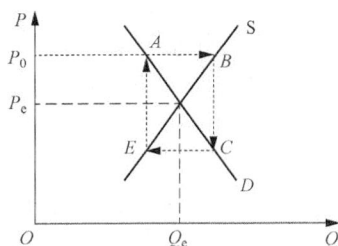

图 2-17 振荡型蛛网

偏离均衡价格，这就需要政府或管制机构对电价进行必要的调控，从而使电价具有稳定性。

2.3.3 市场失灵

市场在资源配置过程中扮演了主导角色，但市场并非是一种万能的机制，市场经济也存在一些局限性和干扰因素，使其在某些领域无法有效发挥作用，导致资源配置缺乏效率，这被称为"市场失灵"。这种市场失灵主要表现在以下几个方面。

1. 不完全竞争的存在

市场经济理论一般是在完全竞争条件下描述其理想状态，在这种状态下，市场通过"看不见的手"根据供求关系决定生产的内容和规模，企业通过竞争以最低成本进行生产，而个人的收入则由其要素贡献度决定。在这种情况下，经济活动可以实现均衡和谐、有序高效地发展，同时市场能够自动实现清算。然而，在实际应用中，市场秩序可能受到破坏，市场结构经常发生变化，特别是存在自然垄断的情况下，市场机制的有效性受到抑制，经济效率的提升受到一定程度的阻碍。

电力市场更多属于垄断竞争或寡头垄断市场，电力企业在价格方面具有一定的控制能力。尤其是在输配电网环节，由于其具有明显的自然垄断特征，通过维持垄断运营，以避免重复建设导致资源浪费，并提高生产效率。自然垄断使得电力企业拥有较大的市场实力来支配价格，如果按照利润最大化定价的原则，价格往往远高于市场最优的均衡价格，从而无法传递正确的价格信号，导致电力工业的不良发展。因此，必须发挥政府的作用，将市场和政府两种资源配置机制结合起来，以确保价格的有效性。

2. 信息不充分的存在

西方经济学家对市场机制的描述包括个人和厂商掌握全面的信息，如可供选择的生产消费机会、商品的价格等，从而避免不利的交易。这样，市场机制中的"看不见的手"能够自发地调节资源配置。然而，现实经济生活中存在信息不充分的情况，如产品过于复杂，消费者难以准确评估购买的潜在利益和成本；市场的复杂性使消费者难以确定"真实价格"，厂商无法确定市场的需求定位。此外，也存在信息不对称现象，卖方对所售商品的质量和缺陷了解比买方更多，引发道德风险和逆向选择问题。需求的不确定性使得厂商需要承担产品滞销或脱销的风险，在电力市场中尤为重要；由于无法获得真实信息，厂商也可能作出错误的决策。因此，在实际应用中，应采取适当措施来弥补信息不对称性，以促进资源的有效配置和市场的健康运行。

3. 外部性的存在

价格体系之所以能有效运作，是因为市场价格能够向生产者和消费者传递信息。然而，有时市场价格并不能充分反映生产者和消费者的行为。当某种消费或生产活动对其他相关活动产生了未能在市场价格中体现的间接影响时，就会存在外部性（Externality）问题。经济活动既可能产生积极的外部性（外部经济效益），也可能带来消极的外部性（外部成本），而这些外部性无法通过市场价格来准确反映，且市场机制无法解决这种影响。也就是说，市场机制本身无法使外部性内在化，也无法促使经济活动者充分考虑这些外部影响，导致企业的成本和收益与社会的成本和收益存在不一致性。在存在外部性的情况下，市场导向的资源配置会导致与社会资源最优配置之间的偏离。

电力工业的生产外部性是显而易见的。电力产业的发电侧具有多种能源形式，如煤炭等传统能源，水电、风电等清洁能源，不同能源对环境的影响不同。对于火力发电，由于其对环境的影响，存在负面的外部性。然而，这种负面的外部性成本并未在企业的生产运营中得到内部化，即外部成本未被内部化，因此市场电价未能真实反映生产成本，导致经济效率低下。此外，由于缺乏成本内部化，企业往往会生产超过市场实际需求的产品，导致供需失衡和滞销情况的发生。正是在这种背景下，脱硫和脱硝等措施才得以实施，以减少负面外部性的影响。

针对外部性问题，可采取适当的措施来解决，如增强信息披露的透明度和建立有效的监管机制，以确保外部性的准确考量和内部化。同时，电力企业应采用先进的技术和模型，以更精确评估环境影响，相应地调整其生产策略。通过提升信息流动和减少不确定性，电力市场能够更加高效地运行，实现资源配置的优化和市场的健康发展。

4. 公共产品的存在

消费产品一般可分为两种类型：一种是从私人生产者购买的，价格根据市场确定，被称为私人产品；另一种是由社会或政府提供的，对整个社会具有利益，被称为公共产品。通常情况下，公共产品可以廉价地提供给部分消费者，然而一旦向某些人提供公共产品，很难阻止其他人也享受其好处。公共产品指具有消费或使用上的非竞争性和收益上的非排他性的产品，即一些人对这一产品的消费不会影响另一些人对它的消费，具有非竞争性；某些人对这一产品的利用，不会排斥另一些人对它的利用，具有非排他性。

公共产品可分为纯公共产品和准公共产品。电力工业是一项公用事业，电力商品大部分由政府或国有企业提供。此外，为了促进电力工业的发展，国家允许民营企业或外资企业投资兴建发电厂，以确保电力供应充足。因此，电力商品具有准公共性。电力商品的准公共性要求电力企业承担起普遍供电服务的责任，为社会提供质优价廉的电力供应服务，这与市场经济的成本补偿原则有所区别。

此外，市场的不稳定、社会分配的不公平以及市场风险等因素都可能导致市场失灵，例如，经济活动的影响超出市场范围、经济主体的行为违反市场规则和秩序、收入分配不符合社会公认的方式、需求无法真实反映等，这些因素的出现都将导致经济无法被"看不见的手"引导到最优状态。这为管制经济理论的提出和进一步发展提供了初步动力和条件。

2.3.4　管制对市场的替代

鉴于市场机制的运行并不如理论所述的完善，当市场出现失灵时，政府有责任主动介入治理，因为导致市场失灵的因素都涉及政府在市场经济中的潜在作用，从而形成了对市场的管制替代。

管制主要分为经济性管制和社会性管制两个方面。其中，经济性管制是管制经济理论的核心内容，指的是在自然垄断领域（例如电信、电力、铁路运输、管道燃气和自来水供应等具有物理网络的自然垄断产业）以及存在严重信息不对称的领域（例如金融保险业），为防止资源配置低效并确保公平利用，政府或管制机构通过法律授权，采取许可和认可等手段对企业的进入和退出、价格、服务数量和质量、投资以及财务会计等行为进行管制，它以某个具体产业为主要研究对象，旨在保障资源配置的同时，确保服务供给的公平性。社会性管制则是以确保国民生命安全、防止灾害、防止公害和保护环境为目的的管制。与经济性管制不同，社会性管制并不仅限于特定产业，而是广泛涉及跨产业和全方位的管制措施，旨在实现一定的社会目标。

政府在面对市场失灵时可采取一系列措施或政策，包括价格管制、消费政策、产业政策、分配政策等微观政策，以及财政政策、货币政策、人力政策、收入政策等宏观政策。通过微观政策，政府可维护市场秩序，促进有效竞争；通过宏观政策，政府可增加社会公共产品的生产、限制并克服经济负面外部性，创造良好的社会经济环境。进入管制与价格管制是管制的核心，对产业发展有重要的影响。

1. 进入管制

"进入管制"是指政府或监管机构针对自然垄断产业的特性，为防止潜在竞争者对既有自然垄断企业的生存产生威胁，对潜在竞争者的进入实施规范和限制措施。自然垄断产业的技术和经济特征要求对新企业的进入严格控制，以确保现有企业的垄断地位，实现规模经济效益，并避免重复建设和恶性竞争，避免产业内企业的不可持续性和资源浪费。然而，进入管制并不意味着完全禁止新企业的进入，政府或监管机构应根据各种条件的变化，允许适度的新企业进入，通过直接或间接的方式发挥竞争机制的积极作用。

鉴于电力工业生产经营的特殊性及其对国民经济发展的重要性，政府对电力企业的进入采取严格的审批制度。需要指出的是，电力工业进入管制的目标是放松或控制新企业进入特定的业务领域，从动态上保持电力工业的有效竞争。因此，在技术或需求等条件变化的情况下，尤其是在电力市场改革背景下，需适度放开电力工业进入管制。

2. 价格管制

价格管制是指在自然垄断和存在信息不对称的领域，为了确保资源的有效配置和公平供应，政府或监管机构对产品价格进行调控和限制，以遏制垄断企业制定垄断性价格的行为。价格的内在统一和有机结合使得价格管制主要涵盖价格水平管制和价格结构管制两个方面，其目的是维护市场公平竞争的原则，确保价格的合理性和消费者的权益。其中，价格水平（Price Level）涉及单位服务收费多少的问题，而价格结构（Price Structure）涉及费用结构、需求结构以及各种收费组合的问题。价格管制不仅要考虑消费者的利益，使其能以低廉的价格获得优质的商品或服务，还要保证生产者的利益，使其能满足再生产的需要。

电力是日常生活中不可或缺的资源，消费者直接接触到的是终端销售电价，但从发电到输电、配电，再到售电的每个环节，成本的变动都会影响终端销售电价。因此，政府的责任不仅在于加强对具有自然垄断特征的输配电环节的监管，还需要对逐步放开的发电和售电环节进行价格核准和指导，以防止电力企业通过垄断定价对消费者造成利益损失。价格管制在电力产业监管中将成为最为核心的内容，确保市场公平竞争，并保障价格的合理性，维护消费者权益。

除进入管制和价格管制外，在电力工业中，市场结构管制和环境管制也是管制的重要内容。电力工业的市场结构管制是指通过重组和调整市场结构，把原有的垄断性市场结构改造为竞争性的市场结构，在电力工业形成有效竞争的格局，提高电力工业的经济效益。电力工业的环境管制主要是针对电力生产的负外部性问题，政府通过采取一系列激励机制，以促使发电企业增加对环境污染控制的投资，鼓励发电企业采用污染较少、可再生资源的非矿物燃料。

2.3.5 管制失败

与市场失灵类似，政府的管制并不一定总是高效的。由于各种原因，管制可能出现"失灵"的情况。政府管制的有效性基于以下三个基本假设：首先，管制者追求社会福利最大化，具备公正性；其次，管制者拥有完全信息，如消费者的偏好、企业的生产成本、需求弹性以及最优定价等；再次，管制者出台的政策具备公信力。基于这些假设前提的无效性，可能会导致政府管制的内在缺陷。在实际应用中，政府管制方式会产生失败的可能性。

1. 管制造成的非效率性

管制对产业竞争造成一定程度的限制，导致受管制的企业一般伴随着高价格、高利润率或大幅亏损的现象。这意味着价格与成本之间存在巨大偏离，可能显示出资源配置的非效率性。竞争限制还可能导致技术进步的非效率性，因为在缺乏充分竞争的管制产业中，研发和创新常常滞后于充分竞争市场环境。更重要的是，受管制的企业通常能够通过提高价格来转嫁由于竞争受限而造成的成本上升，从而产生缺乏促进效率改善的非效率现象，即 X 非效率（X-inefficiency）。此外，管制也在一定程度上扭曲了竞争，价格机制不能真实反映市场供求的变化，失去了信号作用。在受价格管制的电力工业，特别是当价格以会计成本为基础进行管制时，高价格会诱发更多的资本投入，导致供过于求的局面，而价格始终维持在高水平，这便扭曲了生产要素的配置，产生了低效率。

2. 信息不对称性

在管制过程中，由于被管制企业可能规避不利于自身的行为，并对管制者隐瞒真实信息，导致双方信息不对称，从而使管制失去效力。信息不对称意味着政府的管制存在结构性缺陷，其效果有限，难以真正实现资源配置的最优化。然而，由于信息不对称的客观存在，政府或管制者无法完全了解电力企业的真实成本信息，且管制者往往依据企业提供的信息来制定和执行管制政策，追求利润最大化的电力企业会试图隐藏或夸大其成本，以谋取更大的自身利益，从而存在道德风险和逆向选择问题。这些问题损害了消费者的利益，对整体社会福利产生负面影响。

总之，传统管制存在限制竞争、扭曲竞争、企业内部低效率、管制者信息不对称等问题，这使得管制面临极高的失败风险。因此，在适当的条件下，应放松管制，引入竞争机制，让市场发挥作用，并借助市场竞争的力量来抑制垄断，造福社会公众。

2.3.6　市场与管制的结合

20 世纪 70 年代开始，在全球范围内掀起了改革浪潮，主张"放松管制，引入竞争"。需要特别注意的是，"放松管制"并不意味着不需要管制，"引入竞争"也并非要求全面、充分的竞争，而是根据行业领域或环节的不同，根据需求和技术环境的变化，有针对性地引入适当的竞争，以实现有效竞争的目标。

1. 可竞争市场

可竞争市场是指存在着进入者压力，对现有厂商行为施加强大约束的市场。在这种近似的完全竞争市场中，政府经济管制不被认为是提高经济效益的最佳手段，自由放任政策可能比政府管制政策更为有效。管制机构应降低行业的进入壁垒，使产业能够自由进出，即使在自然垄断行业也不应通过单一限制进入，因为存在潜在进入者的竞争压力，已占据市场地位的垄断者也会制定维持平均利润的价格，而不是垄断价格。可竞争市场理论认为，只要政府放松进入管制，新企业的潜在竞争威胁自然会迫使原有垄断企业提高效率。这为政府管制提供了新思路，即在可能引入市场竞争的环节中应尽量采用竞争机制，而不是维持垄断或加强管制。

可竞争市场理论在 20 世纪 80 年代对世界电力工业的市场化改革起到了直接指导作用。电力市场改革进程中，"放开两头、管住中间"模式正是可竞争市场理论的直观体现。尽管这种市场竞争制度整体上只是有限竞争，但整体上的竞争性电力工业市场结构是全新的。

2. 价格双轨制

价格双轨制是指在计划经济向市场经济过渡期间采用的一种特殊价格管理制度和运行机制。它通常指同一产品存在两种价格机制：计划内国家定价和计划外市场定价。价格双轨制可以分为横向价格双轨制（即产品价格双轨制）和纵向价格双轨制（即生产过程价格双轨制）。在电力工业中，价格双轨制主要指纵向价格双轨制。纵向价格双轨制是指在产品生产的不同阶段存在两种价格管理制度和形成机制的情况。其中，"计划价"是与"市场价"相对应的广义概念。计划价是由政府制定的计划定价、指导定价或受行政控制的企业定价，也可以是由垄断企业完全垄断地定价或由具有市场支配地位的企业操纵的不完全垄断定价。

在一定程度上，纵向价格双轨制会造成价格体系的扭曲，恶化资源配置，从而加大产业结构调整难度，造成资源的浪费。但考虑到电力工业特殊的生产经营特性，纵向价格双轨制有一定的合理性。电力工业发、输、配、售四个环节是有机整体，电能从电厂生产到终端消费者使用需要经过升压、传输、降压、配电等多重环节，缺一不可。同时，每个环节有着不同的生产经营特点，对管制的要求与程度也不同，这便要求每个环节有不同的价格形成机制。对于输配环节来说，在当前的技术以及需求情况下，维持垄断实现规模经济，价格由政府定价是现实的需要，且输电和配电必须合为一体，两者的分开会对电力工业的正常运行产生负面影响。在发电侧竞价上网、输配电环节管制定价的模式下，为使终端销售电价合理且符合经济效率，关键在于通畅的电价传导机制，而不在于纵向价格双轨制本身。在电力市场化改革背景下，政府与市场两种配置资源的基本机制需要结合使用，充分发挥两者合理配置资源的作用。政府管制的目的是实现有效竞争，提高社会福利水平。在电力工业的发电领域，管制的目的是给发电侧市场创造更优的市场化环境，实现竞价上网；在输配电环节，确保电网的相对独立性，并对输配电价进行管制；在销售电环节，适时放开价格的制定权限，逐步放开市场化交易。

2.4　福利经济学理论

市场经济的效率是经济学中的重要问题。福利经济学是在特定社会价值判断标准下研究经济资源配置与个人福利关系的学科，尤其关注市场经济体系下资源配置与福利的相互关系，以及相关的政策问题。福利经济学理论对于电力定价的效率提供了判断依据，是电价制定的重要参考，尤其是社会福利计量和帕累托改进（Pareto Improvement）等内容对电价效率和电价结构的设计具有重要的指导作用。

2.4.1　社会福利的计量

价格的制定应当具备高效率，其中定价效率衡量了价格对资源配置的影响程度。在经济分析中，通常以社会福利的大小来评估定价效率（社会福利越大，定价效率越高；反之亦然）。社会福利最大化通常是公共定价的主要目标之一，一般情况下，以边际成本定价能达到最高效率。同样，电价制度的优劣应该由定价效率或社会福利来评估，优越的电价制度一般能够带来更高的效率，能够使社会福利最大化。

在福利经济学理论中，社会福利（Social Surplus，SS）等于消费者剩余（Consumer Surplus，CS）与生产者剩余（Producer Surplus，PS）之和。消费者剩余是指消费者为消费某种商品愿意支付的最高价格与这一商品的实际市场价格之间的差额，它度量了消费者在市场上购买商品后其福利得到改善的程度，而这一愿意支付的最高价格可称为"保留价格"。例如，如果对所有消费者索取同一电价，则那些能选择可替代能源（如天然气）的消费者对电力商品的估价会低于那些没有其他替代能源的消费者，即有替代能源的消费者对电力商品的保留价格较低，在同一电价水平上，其消费者剩余也相对较小。假定对于某一商品而言，市场中所有消费者都为其支付相同的价格，则那些具有高支付意愿的消费者将比低支付意愿的消费者获得更多的消费者剩余。在电力市场中，将所有的消费者剩余进行相加，其总额便是市场的消费者剩余，如图 2-18 所示，消费者剩余由位于需求曲线之下、该商品价格线以上区域的面积来度量，即 AP_eE 的面积。

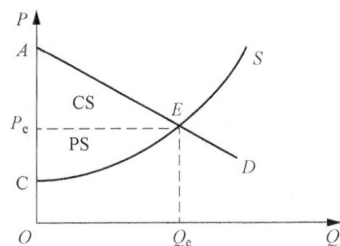

图 2-18　消费者剩余和生产者剩余

与消费者剩余类似，生产者剩余可以定义为生产者出售一种商品得到的收入与该商品生产成本的差额。电力市场中，总的生产者剩余由商品价格线之下、供给曲线之上的面积来度量，在图 2-18 中 P_eEC 的面积。生产者剩余与企业的利润有密切的关系，生产者剩余等于收入减去可变成本，而利润等于收入减去总成本。可以发现，企业在生产经营过程中如果存在固定成本，生产者剩余在短期内一般大于利润。同时，企业的生产者剩余取决于其生产成本，成本较高的企业生产者剩余较低，而成本较低的企业生产者剩余较大。

消费者剩余和生产者剩余表示的是买卖双方在交易过程中所得到的收益，消费者剩余是买方在购买过程中从市场上得到的收益，而生产者剩余是卖方在出售过程中得到的收益。消费者剩余在图 2-18 中即为 AEQ_eO 的面积减去 P_eEQ_eO 的面积，生产者剩余为 P_eEQ_eO 的面积减去 CEQ_eO 的面积。社会福利等于生产者剩余与消费者剩余之和，由于买者的实际支付等于卖者得到的收入，因此，社会福利为 AEQ_eO 的面积减去 CEQ_eO 的面积，即 AEC 的面积。

2.4.2　帕累托改进

帕累托最优和帕累托改进是福利经济学理论中重要的概念。帕累托最优用于评估资源配置效率的经济学标准。帕累托最优状态是指在不减少其他人的效用或福利的前提下，无法通过任何生产与分配的重新安排来提高其他人的效用或福利的一种状态。社会实现帕累托最优状态时，表明经济是有效率的；相反，未达到帕累托最优状态则表示缺乏效率。如果在不减少任何其他人效用或福利的条件下，某种经济变动仍然能够增加其他人的效用或福利，那么该资源配置被称为帕累托改进。这说明通过调整资源配置，经济运行的效率仍然可以提高。

由于资源的稀缺性，需要合理安排资源在不同用途之间的利用，这涉及资源配置的效率问题。资源配置效率可以考虑两个方面，一是狭义上的效率，可称为资源利用效率或生产效率，指在一个生产单位、一个部门或一个地区中，如何有效地运用已有资源，实现产量和收入的最大化，强调更高的技术效率和经济效率；二是广义上的效率，可称为资源配置效率或经济制度效率，主要考虑在不同的生产单位、区域和行业之间分配有限的经济资源，即如何合理有效地确定资源在各种用途之间的分配比例。

帕累托最优体现了效率与公平的理想结合，在电价制定过程中应该考虑帕累托改进原则。电价的确定既要提高整个社会的效益和福利，又不能损害供需双方的利益。以阶梯电价制度为例，根据满足基本用电需求、正常合理用电需求和提升生活质量用电需求的不同阶段来划分电价，并实行递增的分档电价制度（见图2-19）。阶梯电价制度在促进电力资源合理利用的同时，未损害消费者利益，符合帕累托改进原则。

在现行的电价制度中，两部制电价的帕累托改进是较为明显的。与单一制电价相比，两部制电价在不损害生产者利益的基础上，增进了消费者利益，从而使社会总体福利得到了增加，如图2-20所示。单一制定价以平均成本定价，两部制定价以固定成本收取容量电费，以边际成本收取电度电费。

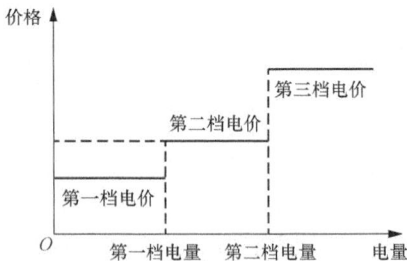

图 2-19　阶梯电价图

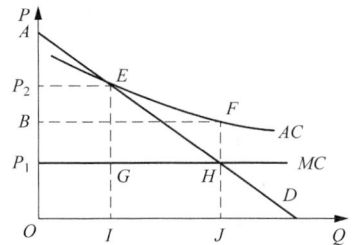

图 2-20　两部制电价与帕累托改进

图 2-20 中，AC 曲线为平均成本曲线，MC 曲线为固定的边际成本曲线，D 曲线为需求曲线。由于需求曲线与平均成本曲线的交点为 E，所以按平均成本定价的价格为 P_2，平均成本价格下能使市场出清的供应量为 I。生产 I 的总费用为 OP_2EI 的面积，其中，P_1P_2EG 的面积为固定费用总额，OP_1GI 的面积为变动费用总额，消费者剩余为 AP_2E 的面积。采用两部制定价时，从电度电费是以边际成本计算的，价格为 P_1，供应量为 J，在产出为 J 时，消费者剩余为 AP_1H 的面积减去固定费用总额 P_1BFH 的面积。由于两部制定价与平均成本定价下的固定成本不变，即 P_1P_2EG 的面积等于 P_1P_2FH 的面积，因此，两部制定价下的消费者剩余可以表示为 AP_1H 的面积减去 P_1P_2EG 的面积，即 AP_2E 的面积加上 EGH 的面积。由此看来，两部制定价相对于平均成本定价，企业的净利润不变，但消费者剩余比平均成本定价下的消费者剩余增加 EGH 的面积，社会福利得到了提高。此外，与边际成本定价相比，在存在亏损且固定费用征收不会导致消费者退出市场的情况下，两部制定价通过收取固定费用来弥补由固定成本导致的亏损，其中一部分消费者剩余以固定费用形式转移给生产者。如果存在消费者退出市场的情况，那么社会总福利反而会减少。

2.5　其他理论

在电力商品价格制定过程中，除马克思主义价格理论、均衡价格理论、管制经济理论、福利经济学理论外，还有其他能够提供指导的价格理论，如价格歧视理论等，这些理论不仅丰富了电力商品价格的种类，还为电力市场化改革的有效推进提供了指导意见。下文主要介绍价格歧视理论。

价格歧视（Price Discrimination），又称差别定价，指销售者对同一商品出售给不同的消费者收取不同的价格，或者对同一消费者购买不同数量的同一商品索取不同的价格。例如，针对工商业用电和居民用电，收取不同的电费。实施价格歧视需要满足如下条件：①销售者具备一定的市场势力，即具有一定程度的垄断性，从而能够将价格定于边际成本之上，否则，竞争对手可以通过竞争性定价破坏价格歧视；②商品可以在两个或两个以上分隔的市场上销售，否则，由于商品倒卖，不同市场的价格会趋向于相等；③不同市场的需求价格弹性存在差异。在电力工业中，这三个条件均能够被满足，因此，实施电力商品的价格歧视具备一定的可行性和理论基础。

价格歧视可以分为一级价格歧视、二级价格歧视和三级价格歧视三种类型。

（1）一级价格歧视（First-degree Price Discrimination）是指垄断厂商向购买商品的每一个消费者索取消费者愿意支付的最高价格，或者是垄断厂商向单个消费者购买的每一单位商品索取消费者愿意支付的最高价格。在这种情形下，垄断厂商剥夺了消费者的全部剩余。如图 2-21 所示，如果垄断厂商不实行价格歧视，以不变价格 P_0 出售 Q_0 单位商品，则垄断厂商的总收益为 P_0BQ_0O 的面积，消费者剩余为 $\triangle ABP_0$ 的面积；如果垄断厂商实行一级价格歧视，向购买商品的每一个消费者索取其愿意支付的最高价格，那么垄断厂商出售 Q_0 单位商品的总收益为梯形 ABQ_0O 的面积，即垄断厂商剥夺了全部消费者剩余 ABP_0。因此，一级价格歧视也被称为完全价格歧视。

（2）二级价格歧视（Second-degree Price Discrimination）是指垄断厂商对同一消费者购买不同数量的同一商品索取不同的价格，从而占有每个消费者以不变的市场价格购买商品时应该得到的消费者剩余，如图 2-22 所示。如果垄断厂商不实行价格歧视，以不变价格 P_3 出售 Q_3 单位产品，则厂商的总收益为 P_3DQ_3O 的面积，消费者剩余为 $\triangle ADP_3$ 的面积。如果垄断商实行二级价格歧视，在消费者购买量 $Q \leqslant Q_1$ 时，定价为 P_1；在消费者购买量 $Q_1 < Q \leqslant Q_2$ 时，定价为 P_2；在消费者购买量 $Q_2 < Q \leqslant Q_3$ 时，定价为 P_3，那么垄断厂商的总收益为 $P_1Q_1+P_2(Q_2-Q_1)+P_3(Q_3-Q_2)$。可以看出，通过价格歧视，垄断厂商的总收益增加，增加额为 $(P_1-P_3)*Q_1+(P_2-P_3)*(Q_2-Q_1)$，等于消费者按照不变的市场价格 P_3 购买时消费者剩余的损失，相当于四边形 P_1BFP_3 的面积加四边形 $ECGF$ 的面积。居民阶梯电价是二级价格歧视的一种逆向应用，即二级价格歧视本应随着消费量的增加而降低价格，鼓励消费，而居民阶梯电价则是随着消费量的增加而增加价格，从而起到节能的效果。

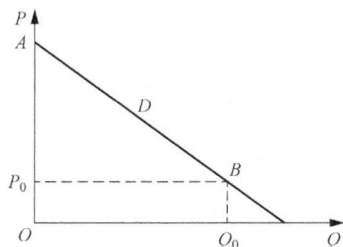

图 2-21　一级价格歧视　　　　图 2-22　二级价格歧视

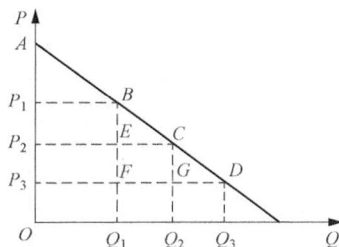

（3）三级价格歧视（Third-degree Price Discrimination）是指以不同的价格向不同类型的消费者或在不同的市场上出售同一商品。当垄断厂商的产量水平一定时，可以通过优化决策实现利润最大化。由于利润=总收益-总成本，根据利润最大化的一阶条件，能够得到垄断厂商实行三级价格歧视的利润最大化原则为：商品的边际收益=边际成本=各个不同市场上的边际收益。如图 2-23 所示，假设垄断厂商的商品在两个不同的市场上出售，商品的边际成本曲线为 MC，两个市场的需求曲线分别为 D_1 和 D_2，相应的边际收益曲线分别为 MR_1 和 MR_2，两个市场总的边际收益曲线是 MR_{1+2}。由 MC 曲线与 MR_{1+2} 曲线的交点 E 决定

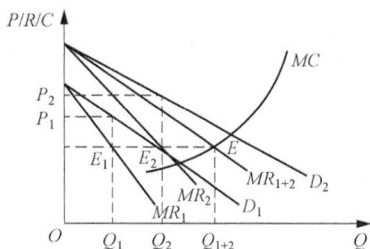

图 2-23　三级价格歧视

厂商利润最大化的总产量为 Q_{1+2}。同时，根据 $MR=MC=MR_1=MR_2$，由过 E 点与横坐标平行的直线与曲线 MR_1 和 MR_2 的交点 E_1、E_2 分别决定两个市场上的不同出售数量 Q_1 和 Q_2，及相应的不同价格 P_1 和 P_2。也就是说，只要垄断厂商将总产量 Q_{1+2} 中的 Q_1 以价格 P_1 在市场 1 出售，总产量 Q_{1+2} 中的 Q_2 以价格 P_2 在市场 2 出售就可以实现利润最大化。

由于追求利润最大化的三级价格歧视要求不同市场上的边际收益必须相等，即在图 2-23 中要求 $MR_1=MR_2$，而商品的边际收益、价格和需求价格弹性之间的关系为

$$MR = P\left(1 - \frac{1}{|E_d|}\right) \tag{2-10}$$

因此，由 $MR_1 = MR_2$ 得

$$P_1\left(1 - \frac{1}{|E_{d_1}|}\right) = P_2\left(1 - \frac{1}{|E_{d_2}|}\right) \tag{2-11}$$

在我国目前的电力工业中，对工商业用电、农业用电和居民用电施行了不同的电价政策，这反映出了三级价格歧视的应用。然而，需要指出的是，根据价格歧视的原理，需求弹性较大的工商业用电价格应低于需求弹性较小的居民用电价格，而为保障民生、扶持农业发展，我国对居民、农业等用电实行低电价政策，由工商业用户承担较高电价，由此形成政策性交叉补贴。

2.6　本 章 小 结

现代经济学为电价政策的制定提供了指导，本章重点阐述了马克思主义经济学理论、均衡价格理论、管制经济相关理论和福利经济学理论。马克思主义经济学理论重点关注劳动价值论和商品价格理论。均衡价格理论是微观经济学的核心概念之一，主要探讨市场中供需关系如何决定商品价格，当供给量和需求量相等时，市场达到均衡状态，价格趋于稳定。该理论为市场机制的自我调节能力提供了理论依据，为经济政策的制定提供了基础，强调了竞争在资源配置中的重要作用。管制经济理论研究政府如何通过政策影响市场行为，旨在修正市场失灵，保护消费者权益和社会公共利益。管制可以有效应对自然垄断、信息不对称等问题，然而过度管制可能导致效率低下和资源浪费。因此，合理的管制制度设计至关重要，以平衡市场自由与社会公平之间的关系。福利经济学关注资源配置的效率及其对社会福利的影响，强调通过有效的资源配置提升整体社会福利，为评估政策的社会效应提供了重要工具。

马克思主义经济学提供了劳动价值视角，均衡价格理论则为理解市场运作提供了理论

基础，管制经济理论关注政府管制的必要性与可能的负面影响，而福利经济学则为政策制定提供了效率与公平的综合考量。相关的经济学理论各具特色，相辅相成，为电价的制定提供了经济学基础，共同促进了对电力工业经济现象的深入理解与分析。

思　考　题

（1）弹性对均衡价格的影响。

（2）市场失灵主要表现在哪几个方面？

第3章 管制定价理论与方法

随着全球范围内的电力市场化改革，发电环节和售电环节逐步形成竞争的市场机制，输配电环节因其规模经济性等特点，采用垄断运营模式，政府有责任对具有自然垄断属性的输配电环节进行管制。此外，尽管发电环节和售电环节引入了有效竞争，但考虑到电力工业的特殊性，政府仍需对其进行监管，即"放松管制"不意味着不用管制。电价是电力市场化改革面临的重要难题，政府如何在电力市场化改革中有效地对各个环节的电价进行管制或监管一直是学术研究的重点，管制定价理论也得到了不断地发展与完善。

3.1 管 制 定 价 概 述

由于电力工业存在自然垄断现象，电力市场改革前，电力工业采用垂直一体化的垄断运营模式，在电力工业的市场准入、定价等方面实施了严格的管制政策。因此，管制成为电力工业健康发展的关键基础，而管制定价也成为电力定价的重要理论组成部分。

管制定价是经济性管制的重要组成部分，其目的是通过限制企业确定垄断价格，确保资源有效配置和公平供给服务。价格管制在相关产业中发挥作用，管制者根据资源配置效率和公平供给的观点，对价格水平和价格体系进行管制。

价格管制通常适用于自然垄断产业。考虑到成本的次可加性，特定企业被授予垄断供给的权力，并限制其他企业的进入。然而，如果垄断企业被赋予价格决定权，变成了价格的制定者（Price Maker）而不是价格的接受者（Price Taker），那么该企业往往会以利润最大化为目标，确定产品的生产和定价，将一部分消费者剩余转化为生产者剩余，以获取垄断利润。这种情况下，决定垄断价格会对资源配置效率和消费者利益带来严重危害，因此必须实行价格管制。价格管制并不仅限于自然垄断产业，在竞争产业中也会进行价格管制。

随着电力市场化改革的不断发展，逐渐放开电力工业中的发电环节和售电环节，成为竞争市场的一部分，而输配电环节仍然存在着自然垄断的特征，需要保持垄断经营。因此，管制定价更适用于输配电价。但是，由于电力工业有其特殊性，在发电和售电环节引入有效竞争之后，政府仍需进行间接管制，如监督电力市场交易规则，调整和执行公平竞争报价，防止幕后交易和市场垄断，审批输配电价格，以及在用户无法选择供电企业的情况下，审批销售电价，并对电价进行监督检查等。管制定价理论主要分为传统成本管制理论和现代激励性管制理论。

3.2 传 统 管 制 定 价

传统管制定价理论和方法主要包括边际成本定价、平均成本定价以及投资回报率管制

（Rate-of-return Regulation, ROR）。这些方法都以成本为基础进行管制，因此也被称为传统成本管制理论。

3.2.1　边际成本定价

在福利经济学中，追求社会福利最大化是一种普遍适用的价值标准。相关研究指出，对商品按照其边际成本进行定价能够实现最大化的福利。即价格与边际成本不相等时，社会福利会受到损失，资源分配不是最优。边际成本定价被视为公共定价的基本原则，在电力产品定价过程中，许多方法和理论都建立在边际成本定价的基础上。

边际成本定价理论在 20 世纪 60 年代应用于电力系统定价。早期电力系统的边际成本定价主要基于考虑了电力系统最优扩建容量成本的系统长期边际成本（Long-run Marginal Cost），更适用于预测系统长期的分时电价及市场化程度不高的电力系统定价。

在西方经济学中，边际（Marginal）是一个重要的概念，它描述的是单位自变量变动所导致的因变量的变化量。在此背景下，边际成本（MC，Marginal Cost）表示的是单位产量增加而引起成本的变化量，用公式可以表示为

$$MC = \Delta Q / \Delta C \text{ 或 } MC = \mathrm{d}Q / \mathrm{d}C \tag{3-1}$$

式（3-1）中，Q 是产量，C 是成本。

边际成本可以分为短期边际成本和长期边际成本。从短期来看，电力企业的容量成本基本保持不变，运营成本或电量成本会发生变化；从长期来看，电力企业的容量成本、运营成本都会发生变化。边际成本定价（Marginal Cost Pricing）是指将价格设定在边际成本的水平，以满足社会所需支付的成本等于消费者所愿意支付的价格。

边际成本定价与社会福利最大化间的关系，如图 3-1 所示，D 为需求曲线，S 为供给曲线（边际成本曲线），需求曲线与供给曲线都是产出的函数，边际成本定价的含义是需求曲线与边际成本曲线相交点（即 E 点）所对应的价格，在 E 点，价格与生产产品的边际成本和消费商品的边际收益相等。生产者剩余（Producer Surplus）是生产者实际得到的价格与生产者愿意接受的价格的差值，等于供给曲线之上和市场价格之下的面积。消费者剩余（Consumer Surplus）是指消费者消费一定数量的某种商品愿意支付的最高价格，与这些商品的实际市场价格之间的差额，等于需求曲线之下和市场价格之上的面积。社会福利等于消费者剩余与生产者剩余之和，可以发现，当产出等于供给时才能实现社会福利最大化。因此，

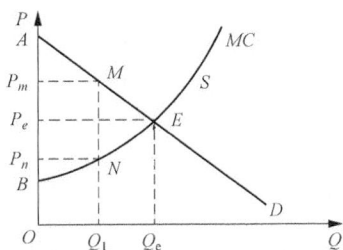

图 3-1　边际成本定价

在 E 点处社会总福利达到最大值，相应的价格为 P_e，社会福利等于图形 ABE 的面积。

此外，可以从价格的角度进行分析，并直接得到边际成本定价法则。一般说来，如果下式满足，企业就要求增加生产。

$$\Delta B > \Delta C \tag{3-2}$$

式（3-2）中，B 为总消费者剩余，C 为总生产成本。在图 3-1 中，ΔB 与 ΔC 分别用面积 MQ_1Q_eE 和 NQ_1Q_eE 表示。如果产出变动的幅度比较小，则可以将 $\Delta B > \Delta C$ 改写为式（3-3）。其中，SMC 为短期边际成本。此时，企业将增加生产。

$$\Delta X \cdot P > \Delta X \cdot SMC \tag{3-3}$$

即： $$P > SMC$$

3.2.2 平均成本定价

虽然边际成本电价理论上存在最优，但在实际应用中存在不足。由于电力工业具有规模经济、范围经济以及高固定成本投入等特点，导致电力企业的边际成本通常呈递减趋势，并且低于平均成本曲线，如图3-2所示，边际成本曲线 MC 位于平均成本曲线 AC 之下。这种情况下，若按照边际成本定价方式进行定价，将导致电力企业出现亏损的局面。

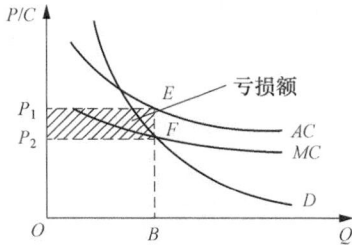
图3-2 边际成本定价

为减少边际成本定价造成的电力企业亏损，可以采用平均成本定价的方法。平均成本定价（Average Cost Pricing）是一种确保企业财务平衡的定价方法。虽然平均成本定价在一定程度上降低社会福利，但能够降低电力企业亏损。此外，平均成本定价能够在一定程度上避免税收扭曲或不适当的债务配售等问题。从图3-2来看，最优价格应为 P_2，因为对于任何低于 P_2 的价格，企业的成本无法得到弥补；而如果价格高于 P_2，社会福利将无法最大化。平均成本可按式（3-4）计算

$$AC(Q) = \frac{TC(Q)}{Q} \tag{3-4}$$

式（3-4）中： AC 为平均成本； TC 为总成本； Q 为总产量。

3.2.3 投资回报率管制

为了满足扩大再生产的需求，管制部门通常会在核实平均成本的基础上，按一定比例允许电力企业获取一定的利润。传统垄断行业的价格管制方法是采用成本加成的定价制度，以确保受管制的企业能够补偿运营成本并获得公平合理的回报率，这种方法被称为投资回报率管制（Rate-of-return Regulation，ROR）。投资回报率管制是政府、企业和消费者之间就企业投资回报率达成共识，这种管制模型在公用事业管制中应用较广。该模型可用式（3-5）表述：

$$R(P,Q) = C + rK \tag{3-5}$$

式（3-5）中： $R(P,Q)$ 是电力企业的收入，取决于电力价格 P 和电力消费量 Q； C 为运营成本； K 为投资成本，即电力企业的投资回报率基数； r 为投资回报率。

在经济学中，投资回报率一般定义为收益与投资额的比重。为了便于分析，可将电力企业的费用分为成本费用(C)和资本费用(K)两部分，其中，成本费用包括燃料成本、运行维护费等与运营相关的成本，以及固定资产折旧等与需求相关的成本；资本费用指的是电力企业的投资回报率基数，即电力企业的资本投资总额。因此，电力企业的资本收益可以等同于企业的收入 $R(P,Q)$ 减去成本费用(C)的差额。因此，投资回报率(r)可以定义为

$$r = \frac{R(P,Q) - C}{K} \tag{3-6}$$

由于投资回报率管制就是规定产业利润的上限，将回报率限定在合理的水平，将管制者所规定的合理回报率的上限记为 s，则投资回报率管制可表示为

$$\frac{R(P,Q) - C}{K} \leqslant s \tag{3-7}$$

$$R(P,Q) - C - sK \leqslant 0 \tag{3-8}$$

显然，投资回报率管制的关键在于确定回报率。在实际应用中，确立投资回报率的过程因行业性质、决策时间和评价者的不同而千差万别，但管制过程的机制基本相同。有学者提出了设定回报率的三个步骤，旨在确保回报率制定的公正性和经济效益：①评估企业的成本，排除不必要的费用；②确保回报率对于特定企业是公平的；③设定价格，使收入能覆盖成本并获得公正的回报。值得注意的是，回报率的合理性与具体的问题和行业有关，相比于其他行业，电力行业的风险相对较高，因此其合理的回报率可以较高。合理回报率的制定需要确定其范围，即合理回报率的上限和下限。当 $r_0 \leqslant s \leqslant r_1$ 时，r_0 和 r_1 分别为资本的机会成本和在不存在合理收益约束条件下企业生产时资本所能得到的回报率。合理回报率不能低于资本的机会成本，因为如果 $s < r_0$，根据上式可以得到合理回报率约束下企业生产所能获得的利润小于 0，见式（3-9）。

$$\pi = R(P,Q) - C - r_0 K = R(P,Q) - C - sK + (s - r_0)K < 0 \tag{3-9}$$

电力企业的投资应获得合理的回报率，但合理回报率不能太低。如果合理回报率的限制导致电力企业面临亏损，那么亏损的企业将会撤出该行业。同时，合理回报率也不能高于企业在垄断生产时资本能够获得的回报率 r_1。如果设定的回报率 s 大于 r_1，那么以追求最大利润为目标的企业将追求垄断利润，合理回报率的限制就不再有效。如图 3-3 所示，横轴表示合理回报率，纵轴表示企业在给定回报率下获得的利润。图 3-3 中，r_1 对应于垄断利润 π_0 所对应的回报率。在合理回报率小于 r_0 的范围内，企业将面临亏损，从而退出该行业；而如果允许的回报率落在 r_1 的右侧，例如 r_2，那么该限制将不再有效，因为追求最大利润的企业将选择 r_1。因此，合理回报率的取值在区间 $[r_0, r_1]$ 上。

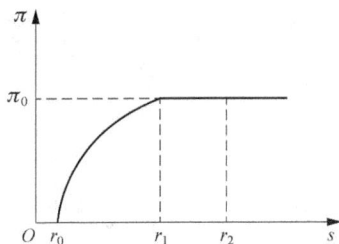

图 3-3　合理收益约束

投资回报率管制力图使企业通过成本费用 (C) 收回其运营成本，并设定公平合理的回报率 (r) 使其资本获得合理的收益，再根据收益确定产品的单位价格，从而在社会福利和企业利益之间达到均衡，因此，管制价格 P 可以表示为

$$P = \frac{R(P,Q)}{Q} = \frac{C + rK}{Q} \tag{3-10}$$

回报率管制是为了弥补垄断企业限制产量、提高价格所带来的负面影响。在回报率管制下，监管机构不直接对产品定价，而是通过设定企业的投资回报率来控制价格中的利润水平，实现间接控制电力行业的价格水平。这种管制机制确保了企业的资本投资能够获取公正的回报，同时防止企业获得超过公正回报率的利润。然而，投资回报率管制也存在显著的局限性。①被管制的企业缺乏成本节约的动力；②难以准确计算和分摊成本；③在回报率管制下，价格的制定对监管机构的信息要求较高，会增加信息的不对称性。

3.3　现代激励性管制定价

激励性管制（Incentive Regulation）是在放松管制的改革过程中逐渐形成的新兴理论，也称基于绩效的管制（Performance-Based Regulation, PBR），并得到广泛应用。激励性管制采用多种方法，包括价格上限（Price Cap）、收入上限（Revenue Cap）、标尺竞争（Yardstick Regulation）、特许投标（Franchise Bidding）、目标激励（Targeted-incentive）、浮动折算法（Sliding Scale）、合同目录法（Menu of Contract）以及部分成本矫正法（Partial Cost Adjustment）等。本节重点阐述价格上限管制、收入上限管制以及标尺竞争三种方法。这些方法旨在增加企业的激励，并通过设定合理的目标和约束，以促使企业提高效率、降低成本，并提供更好的服务质量。

3.3.1　价格上限管制

平均成本定价体现的成本加成（Cost-plus）方法使价格无法反映真实的供需状况，无法达到电力资源的配置效率和技术效率。例如，高峰时段会低估供电的边际成本，高峰负荷偏高造成电力系统增加额外的备用容量。目前，世界许多国家有用价格上限法（Price-cap）取代平均成本定价法的趋势。

作为有效替代投资回报率管制的方法之一，价格上限管制（主要是"RPI-X"管制）由英国学者李特查尔德（Littlechild）于1983年提出，在公用事业管制领域被认为是一种创新方法，并在许多国家的管制实践中得到广泛应用，尤其在英国取得了卓越的运行成效，先后应用于英国煤气产业、机场、自来水产业、电力产业等。"RPI-X"指的是，企业生产商品的平均价格上涨率不得超过外部确定的零售价格指数 RPI（Retail Price Index）上涨率减去企业的生产率提升效率 X，用公式（3-11）表示为

$$(P_t - P_{t-1}) / P_{t-1} \leqslant RPI - X \qquad (3-11)$$

式（3-11）中，P_t 为本期商品价格；P_{t-1} 是上一期商品价格；$RPI-X$ 被称为价格上限指数，与企业的实际成本变化无关。公式左边的部分表示价格的上涨率，右边的部分表示管制规定的价格上涨的上限。价格上限制度取决于零售物价指数和预定的生产效率增长率。也正因如此，经济管制领域将这种价格限制方式称为。

由式（3-11）可得，本期价格为

$$P_t = P_{t-1}(1 + RPI - X) \qquad (3-12)$$

"RPI-X 管制"允许企业根据通货膨胀水平的变化来调整价格，以适应通货膨胀的影响。此外，X 因素涵盖了成本降低的要素，旨在通过激励企业降低成本、提高效率。只要企业的效率提高超过 X 的水平，就能够实现相应的收益。企业价格的上涨幅度不得超过 RPI-X。若 RPI-X 为正数，则企业可以涨价；若为负数，则应降低价格。由此可以看出，RPI-X 管制方法着眼于管制企业的价格而非利润，由于任何由成本降低带来的利润归企业所有，从而鼓励企业提升生产效率和促进创新。此外，该管制方式具备较低的成本，因为仅要求测量价格指数，无需评估资产基础和公正回报率，并无需在企业的竞争和垄断部分之间分配成本，也无需预测未来成本和需求状况。

与投资回报率管制以间接方式控制价格不同，RPI-X 管制直接控制产品价格。企业通过提高生产效率，并超过 X（即效率因子）的水平，便能获得相应的收益。因此，这种管制方式将管制价格、零售物价指数和生产效率有机地结合在一起，展现了其创新之处。

从上述管制模型可以观察到，价格上限管制具有以下几个特征。

（1）管制者设立可接受的价格上限，被管制的企业可以在低于或等于上限范围内自由定价销售产品或提供服务。企业在价格上限范围内可以保留所实现的利润。

（2）RPI-X 管制通过管制机构和被管制企业之间签订的价格合同来实现。合同约定价

格的上限，并规定价格的变动原则上只能在这个上限范围内自由变动。考虑到垄断企业通常生产多种产品，其中一些产品可能面临竞争，而其他产品可能是非竞争性的。RPI-X 管制主要针对受限制供应产品的产出价格。在实际操作中，垄断企业可以同时生产多种垄断产品，价格上限可以单独针对单个垄断产品进行限制，也可以针对一揽子产品进行限制。然而，一般来说，在多产品的情况下，管制机构与企业在签订价格合同时，对价格上限的规定是对一揽子产品组合的加权平均进行限制。

（3）管制者允许企业在一定时间内通过预先确定的调整系数来对价格进行调整，这个系数并不由企业自主决定。在理想情况下，价格上限与产业内的投入价格和生产效率直接相关。价格上限方法允许价格在一定时间范围内变动，以模拟竞争的情形。在竞争市场上，市场出清价格反映了通货膨胀对成本、技术进步和产业内部生产效率提高的综合影响。与回报率管制不同，在回报率管制下，价格未必随着成本和生产率的变化而调整。

3.3.2　收入上限管制

收入上限管制是由管制机构确定电力企业在经营业务中允许的最大允许收入（Maximum Allowable Revenue，MAR），然后按照"RPI-X"机制进行调整。最大允许收入通常包括电力企业在垄断业务中的投资计划，其表达式如式（3-13）所示：

$$MAR_t = MAR_{t-1}(1 + RPI - X) \tag{3-13}$$

式（3-13）中：MAR_t 代表本期允许的最大收入；MAR_{t-1} 是上期的最大收入；RPI 为零售价格指数，也可取消费者价格指数（Consumer Price Index，CPI）；X 为受管制行业超过整个国家平均生产效率的百分比。于是，本期的价格就可以根据本期允许的收入除以本期预期的消费量而得到。

收入上限管制是由管制机构确定电力企业在垄断业务中的最大允许收入，以有效控制企业成本，确保企业获得合理的投资回报。该管制通常包含了电力企业垄断业务的投资计划。计算电力企业的最大允许收入时，首先确定未调整的最高允许收入，接着根据预测的零售价格指数和效率系数（RPI-X）对最高允许收入进行调整，从而形成未来管制期内逐年允许的最大收入。在确定最大允许收入后，相应的电力企业价格会随之形成。以输配电企业为例，最大允许收入 MAR 的计算公式如（3-14）所示：

$$MAR = (W_d \times WACC) + D + O + T \tag{3-14}$$

式（3-14）中：W_d 为资产净值，采用最优重置成本法评估确定。输配电企业在新建输变电工程时，必须经过电力管制部门的认定，确认其为有效工程后，才能将其资产纳入资产净值的计算范畴；如果电力管制部门认定工程是冗余工程，则其资产不能算作有效资产净值。WACC 是指准许的回报率，通常采用税后加权平均资本成本法确定，该方法通过将股本回报率和债务利率加权平均得出，其影响因素包括无风险政府长期债券利率、贷款利率、通货膨胀率和风险报酬率等。在计算中，年度折旧额 D 采用直线折旧法计算，再减去通胀资产调整额；O 为年度运行维护费用，T 表示企业支付的年度税额。

与价格上限管制类似，收入上限管制旨在通过"RPI-X"的调整实现类似的效果，但其调整的对象是收入而非价格，这里的"RPI-X"被称为"收入上限指数"。和价格上限管制不同的是，收入上限管制允许在下一年修正实际收入和最大允许收入之间的差额，以保证最大允许收入的准确性。即由于预测的消费量和实际消费量之间的差异可能导致实际收入大于或小于最大允许收入，该差额会在下一年进行调整，以平衡生产者（实际消费量小于预测消费量）和消费者（实际消费量大于预测消费量）之间的利益。

从上述阐述中可以看出，投资回报率法允许电价随着成本的变动而变动。因此，用户电价一般直接随着电力企业的成本变化，用户需要承担价格上涨的风险。相比之下，价格上限法更像是"固定价格合同"，用户在管制周期内几乎不承担任何价格风险，而电力企业则要承担成本上涨的全部风险。然而，通过利用收入上限管制模型，结合投资回报率管制和价格上限管制模型的优点，可以使被管制者获得调整价格的灵活性。该模型考虑管制期内各年的投资，以资产净值为基础确定资产回报，激励企业降低成本、提高效率，并有助于企业做出长期发展规划。对于电力监管机构来说，这种方法简单易行，不需要猜测被管制者的真实运营成本以及投资的必要性和有效性。同时，被管制企业的最高允许收入在管制期内确定，不需要每年进行核定，从而减少了管制成本。

3.3.3　标尺竞争管制

标尺竞争，也被称为区域间比较竞争，是通过将被管制企业的绩效与相关企业的绩效进行比较，来促使原本独立运营的企业之间展开竞争的管制方式，其模型如式（3-15）所示：

$$P_i = a_i C_i + (1 - a_i) \sum (f_j C_j) \tag{3-15}$$

式（3-15）中：P_i 为标尺竞争所形成的电力企业 i 的价格；C_i 是其成本；a_i 为成本在管制电价形成中所占的权重，且 $0 \leq a_i \leq 1$；C_j 为同类型电力企业的成本；f_j 为其成本在电力企业 i 的价格形成中所占的权重。当 $a_i = 0$ 时，即纯标尺竞争，意味着电力企业的定价完全取决于其他同类型企业的成本。因此，电力企业的价格会受到其他电力企业平均成本的影响。为了获取更多利润，电力企业必须将自身的成本水平控制在低于其他企业平均水平的范围内，以激发其降低成本的积极性，这种竞争性的成本削减行为促使企业提升运营绩效。

标尺竞争模型假定所有同类型企业都是在基本相同的环境下经营的，但我国各区域的经济水平相差较大，电力相关政策也不尽相同。因此，标尺竞争管制方法的应用需要采取一些措施来弱化电力企业环境的差异因素。标尺竞争更适用于绩效水平相近的企业。

3.4　典型管制电价方式

传统的管制定价方法和现代激励性管制定价方法均有一定的优点，解决我国电力工业复杂的现实情况并非简单地采取一种方法，需结合我国管制电价的目标，采取具有针对性的电价管制模式，推动电力工业高质量发展。

在我国电力行业的管制中，目标是正确反映电力生产成本，引导资源的优化配置，并通过电价传导建立能够反映电力供需变化的有效市场竞争机制。此外，管制还应切实维护各方利益，促进电力工业的高质量发展。

3.4.1　标杆电价

在电力工业中，各利益相关方诉求不同，如消费者希望降低电价，提高服务质量；电力企业希望获得足够的回报，实现利润最大；而政府则希望实现社会福利最大，实现电力工业的可持续发展。无论是传统管制定价方法，还是现代激励性管制定价方法，均难以同时达成不同的目标。因此，在实际的管制定价过程中，一般将多种定价方法混合使用，以实现价格的公平性和多目标性。

标杆电价，是为推进电价市场化改革，国家在经营期电价的基础上，对新建发电项目实行按区域或省平均成本统一定价的电价政策。标杆电价必须事先向社会公布，2004 年，我国首次公布了各地燃煤机组发电的统一上网电价水平，并在后续年度根据发电企业的燃煤成本变化进行适当调整。标杆电价的实施实现了两个重要突破：一是突破了国家高度集中的行政审批模式，实现了从计划定价到市场定价的跨越；二是突破了"一机一价"的电价定价方法，实现了从个别成本定价到社会平均成本定价的转变。

根据不同发电类型，标杆电价可以分为煤电标杆电价、光伏标杆电价等。2020 年 1 月 1 日起，燃煤发电标杆上网电价机制被改为"基准价+上下浮动"的市场化价格机制，燃煤标杆电价退出历史舞台。光伏标杆电价并非一成不变，而是根据光伏产业技术进步、成本降低情况以及国家政策导向等因素适时进行调整。随着光伏发电技术的不断进步和成本的持续降低，光伏上网标杆电价逐步下降，最终实现平价上网。

3.4.2　成本加收益管制定价

我国输配电价改革始于 2002 年的电力体制改革。国发〔2002〕5 号文将电价划分为上网电价、输电电价、配电电价和终端销售电价，随后出台的配套文件明确了输配电价的制定主体、核定原则和电价种类，在此基础上核定了跨省跨区输电工程的输电价格及部分省份大用户直购电的输配电价，并于 2014 年在深圳开展输配电价改革试点。

根据《输配电价管理暂行办法》（发改价格〔2005〕514 号）的规定，输配电价实行政府定价，电价改革初期，输配电价由电网平均销售电价扣除平均购电价和输配电损耗后确定，并逐步向成本加收益管理方式过渡。2014 年起我国开始了新一轮输配电价改革，在成本加收益的管制模式下，准许收益等于有效资产乘以加权平均资本成本，其中的加权平均资本成本称为准许收益率。确立合理的准许收益率是政府电价管制的重要部分，同时也是电网企业实现正常发展和商业化运营的基本保障。

在成本加收益管制模式下，电网企业的准许收入由准许成本、准许收益和税金构成，电价则通过准许收入与电量的比值获得。准许收益等于可计提收益的有效资产与准许收益率的乘积。可计提收益的有效资产，指电网企业投资形成的输配电线路、变电配电设备以及其他与输配电业务相关的资产，包括固定资产净值、无形资产净值和营运资本；准许收益率的计算公式如下：

准许收益率=权益资本收益率×（1-资产负债率）+债务资本收益率×资产负债率

3.5　本　章　小　结

本章主要讨论了管制定价理论与方法在电力行业中的应用，从管制定价的含义、传统管制定价、现代激励性管制定价等方面对管制定价的理论和方法进行详细的阐述，进而深入阐述了管制定价在我国电力系统中的典型应用。传统管制定价包括边际成本定价、平均成本定价和投资回报率管制；现代激励性管制定价包括价格上限管制、收入上限管制和标尺竞争管制等。随着电力市场改革的逐步推进，在实际应用中需要结合我国现状，构建适应中国特色社会主义的电价体系。

思 考 题

（1）什么是管制定价？管制定价的理论与方法有哪些？

（2）为什么需要对输配电价实行管制定价？

（3）通过激励性电价管制模式制定输配电价有哪些优点？

第4章　管制条件下的上网电价

4.1　上网电价概述

上网电价是指发电企业与购电方进行上网电能结算的价格。我国上网电价起初主要由政府定价，后来逐步引入市场竞争机制，特别是对风电、光伏等可再生能源实施了竞标定价或指导性电价。上网电价通常会随着市场条件的变化而波动，以反映电力供需之间的平衡。上网电价的制定涉及多种因素，包括发电成本、燃料成本、发电设备效率、可再生能源生产成本、输电和配电成本、市场竞争情况等。在一些地区，政府可能会对上网电价实行监管，以确保公平竞争和合理的价格水平。对于发电企业来说，上网电价的稳定性和合理性对于业务的可持续经营至关重要；对于消费者来说，了解上网电价可以帮助其选择合适的电力供应商，并在市场中寻找更具竞争力的价格。根据不同的发电类型，上网电价可以分为火电上网电价、水电上网电价、新能源上网电价、核电上网电价等。

4.2　火电上网电价

4.2.1　燃煤机组上网电价

我国电源结构长期以火电机组为主，近年来，随着电力体制改革不断深化，我国电源结构、价格政策和电力市场体系发生了重大变化。2024年上半年，全国总发电量4.44亿万千瓦时，火电发电量占比64.9%。燃煤机组的重要性也使得我国发电机组上网电价政策长期以来以燃煤机组上网电价政策为主，在经历还本付息电价、经营期电价、标杆电价之后，改变为"基准价+上下浮动"的市场化价格机制，燃煤标杆电价退出历史舞台。

1. 燃煤机组标杆上网电价

电力市场化改革前，我国对新建燃煤机组实行分省标杆上网电价政策，老机组上网电价在电价调整中逐步向标杆电价归并。

标杆上网电价政策简化了管理，有利于促进各发电企业公平竞争，在实际应用中取得了良好的效果：一是标杆电价模拟市场定价方式促进了竞争；二是减少审批及政府自由裁量权；三是促进发电企业加强管理、降低成本；四是对电力投资引导作用增强（标杆电价事前确定，明确、透明）。但也存在以下问题：一是不能反映电厂位置信号，同一省份电厂位置不同，运输成本相差较大，但标杆电价没有体现；二是受多方面因素影响，标杆电价没有及时与电煤价格联动，调整滞后。

研究表明，影响燃煤发电机组上网电价的因素主要有煤价、单位造价、年发电利用小时数、机组固定成本、长期贷款利率、折旧率、自有资金比例和还贷年限等，各因素对标杆电价的影响程度不同。其中，煤价、单位造价、年发电利用小时数是三个影响标杆上网电价水平的主要因素。

2. 煤电上网电价市场化机制

2019年10月24日，国家发展改革委发布《关于深化燃煤发电上网电价形成机制改革的指导意见》，明确将燃煤发电标杆上网电价机制改为"基准价+上下浮动"的市场化价格机制。除了燃煤电价定价机制发生变化之外，还提出了燃煤发电电量中居民、农业用户用电对应的电量仍按基准价执行；执行标杆上网电价的燃煤发电电量，具备市场交易条件的，通过市场化方式在"基准价+上下浮动"范围内形成，并以年度合同等中长期合同为主确定；燃煤发电电量中已按市场化交易规则形成上网电价的，继续按现行市场化规则执行；燃煤发电上网电价形成机制改革后，现行煤电价格联动机制不再执行。

2021年10月11日，国家发展改革委印发了《关于进一步深化燃煤发电上网电价市场化改革的通知》（发改价格〔2021〕1439号），提出调整燃煤发电交易价格上下浮动范围为均不超过基准电价的20%。

（1）有序放开全部燃煤发电电量上网电价。燃煤发电电量原则上全部进入电力市场，通过市场交易在"基准价+上下浮动"范围内形成上网电价。现行燃煤发电基准价继续作为新能源发电等价格形成的挂钩基准。

（2）扩大市场交易电价上下浮动范围。将燃煤发电市场交易价格浮动范围由上浮不超过10%、下浮原则上不超过15%，扩大为上下浮动原则上均不超过20%，高耗能企业市场交易电价不受上浮20%限制。电力现货价格不受上述幅度限制。

2021年底，燃煤发电上网电价全面放开，燃煤发电电量原则上全部参与市场，并通过市场交易在"基准价+上下浮动"范围内形成上网电价。在供需形势偏紧的情况下，煤电价格普遍上浮。根据国家能源局披露的数据，2022年全国燃煤机组平均交易价格较基准价上浮约18.3%。2024年部分省、市燃煤机组基准价如表4-1所示。

表4-1　　　　　　　　2024年部分省市燃煤机组基准价

省、市	基准价（元/千瓦时）	省、市	基准价（元/千瓦时）
北京	0.3598	江苏	0.3910
天津	0.3655	浙江	0.4153
山西	0.3320	安徽	0.3844
山东	0.3949	福建	0.3932
辽宁	0.3749	江西	0.4143
吉林	0.3731	河南	0.3551
黑龙江	0.3740	湖北	0.4161
上海	0.4155	湖南	0.4500

3. 煤电容量电价机制

2023年11月10日，国家发展改革委、国家能源局印发《关于建立煤电容量电价机制的通知》（发改价格〔2023〕1501号），提出当前阶段，适应煤电功能加快转型需要，将现行煤电单一制电价调整为两部制电价，其中电量电价通过市场化方式形成，灵敏反映电力市场供需、燃料成本变化等情况；容量电价水平根据转型进度等实际情况合理确定并逐步调整，充分体现煤电对电力系统的支撑调节价值，确保煤电行业持续健康运行。

通知指出，在实施范围方面，煤电容量电价机制适用于合规在运的公用煤电机组。燃煤自备电厂、不符合国家规划的煤电机组，以及不满足国家对于能耗、环保和灵活调节能力等要求的煤电机组，不执行容量电价机制，具体由国家能源局另行明确。在容量电价水平方面，煤电容量电价按照回收煤电机组一定比例固定成本的方式确定。其中，用于计算容量电价的煤电机组固定成本实行全国统一标准，为每年每千瓦 330 元；通过容量电价回收的固定成本比例，综合考虑各地电力系统需要、煤电功能转型情况等因素确定，2024—2025 年多数地方为 30% 左右，部分煤电功能转型较快的地方适当高一些，为 50% 左右。2026 年起，将各地通过容量电价回收固定成本的比例提升至不低于 50%。

在容量电费分摊方面，煤电机组可获得的容量电费，根据当地煤电容量电价和机组申报的最大出力确定，煤电机组分月申报，电网企业按月结算。新建煤电机组自投运次月起执行煤电容量电价机制。各地煤电容量电费纳入系统运行费用，每月由工商业用户按当月用电量比例分摊，由电网企业按月发布、滚动清算。对纳入受电省份电力电量平衡的跨省跨区外送煤电机组，送受双方应当签订年度及以上中长期合同，明确煤电容量电费分摊比例和履约责任等内容。其中：

（1）配套煤电机组，原则上执行受电省份容量电价，容量电费由受电省份承担。向多个省份送电的，容量电费可暂按受电省份分电比例分摊，鼓励探索按送电容量比例分摊。

（2）其他煤电机组，原则上执行送电省份容量电价，容量电费由送、受方合理分摊，分摊比例考虑送电省份外送电量占比、高峰时段保障受电省份用电情况等因素协商确定。对未纳入受电省份电力电量平衡的跨省跨区外送煤电机组，由送电省份承担其容量电费。

在容量电费考核方面，正常在运情况下，煤电机组无法按照调度指令（跨省跨区送电按合同约定，下同）提供申报最大出力的，月内发生两次扣减当月容量电费的 10%，发生三次扣减 50%，发生四次及以上扣减 100%。煤电机组最大出力申报、认定及考核等规则，由国家能源局结合电力并网运行管理细则等规定明确。最大出力未达标情况由电网企业按月统计，相应扣减容量电费。对自然年内月容量电费全部扣减累计发生三次的煤电机组，取消其获取容量电费的资格。应急备用煤电机组的容量电价，由省级价格主管部门会同能源主管部门按照回收日常维护成本的原则制定，鼓励采取竞争性招标等方式确定。应急备用煤电机组调用时段电量电价，按同时段最短周期电力市场交易电价水平确定。应急备用煤电机组具体范围及管理办法由国家能源局另行明确。省级电网煤电容量电价见表 4-2。

表 4-2　　　　　　　　　　　省级电网煤电容量电价表

省级电网	容量电价［元/（千瓦·年）］	省级电网	容量电价［元/（千瓦·年）］
北京	100	河南	165
天津	100	湖北	100
冀北	100	湖南	165
河北	100	重庆	165
山西	100	四川	165
山东	100	陕西	100

续表

省级电网	容量电价［元/（千瓦·年）］	省级电网	容量电价［元/（千瓦·年）］
蒙西	100	新疆	100
蒙东	100	青海	165
辽宁	100	宁夏	100
吉林	100	甘肃	100
黑龙江	100	深圳	100
上海	100	广东	100
江苏	100	云南	165
浙江	100	海南	100
安徽	100	贵州	100
福建	100	广西	165
江西	100		

注　2026 年起，云南、四川等煤电转型较快的地方通过容量电价回收煤电固定成本的比例原则上提升至不低于
70%，其他地方提升至不低于 50%。

4.2.2　天然气发电上网电价

燃气发电机组，作为现代能源结构中的关键组成部分，是指一类以燃气为主要燃料，通过燃烧过程将化学能转化为热能，进而驱动发电机产生电能的设备。燃气发电机组的分类多样化，其中最为常见的分类方法是根据所使用燃气的种类。天然气发电机组是燃气发电机组中的主流类型，其以天然气为主要燃料，具有燃烧效率高、排放低等优点，广泛应用于大型工厂、数据中心等需要稳定、高效电力的场所。液化石油气发电机组则以其高能量密度、易储存和运输等特点，在分布式能源系统和偏远地区供电等领域发挥了重要作用。沼气发电机组则是一种利用沼气进行发电的设备，具有环保、可持续的特点，广泛应用于农业、畜牧业等领域。

《国家发展改革委关于规范天然气发电上网电价管理有关问题的通知》（发改价格〔2014〕3009 号）指出，根据天然气发电在电力系统中的作用及投产时间，实行差别化的上网电价机制。

（1）对新投产天然气热电联产发电机组上网实行标杆电价政策。具体电价水平由省级价格主管部门综合考虑天然气发电成本、社会效益和用户承受能力确定。

（2）新投产天然气调峰发电机组上网电价，在参考天然气热电联产发电上网标杆电价基础上，适当考虑两者发电成本的合理差异确定。

（3）鼓励天然气分布式能源与电力用户直接签订交易合同，自主协商确定电量和价格。对新投产天然气分布式发电机组在企业自发自用或直接交易有余，并由电网企业收购的电量，其上网电价原则上参照当地新投产天然气热电联产发电上网电价执行。

（4）已投产天然气发电上网电价要逐步向新投产同类天然气发电上网电价归并。此外，具备条件的地区天然气发电可以通过市场竞争或与电力用户协商确定电价。

2024 年 4 月，上海市发展和改革委员会印发《关于我市开展气电价格联动调整有关事

项的通知》（沪发改价管〔2024〕22 号），指出联动调整天然气发电机组上网电价。具体内容包括：

（1）天然气调峰发电机组的电量电价调整为每千瓦时 0.5549 元。天然气调峰 9E 系列机组，全年发电利用小时 300 小时以内的电量电价，在上述电价基础上每千瓦时增加 0.15 元；全年发电利用小时 300（不含）—500（含）小时以内的电量电价，在上述电价基础上每千瓦时增加 0.1 元；全年发电利用小时 500 小时（不含）以上的部分不再加价。容量电价保持不变。

（2）天然气热电联产发电机组（含小型背压式热电联产机组）的电量电价为：全年发电利用小时 2500（含）以内的电量电价调整为每千瓦时 0.5791 元，全年发电利用小时 2500（不含）—5000（含）小时以内的电量电价调整为每千瓦时 0.4987 元，全年发电利用小时 5000 小时（不含）以上的电量电价执行本市燃煤发电基准价。容量电价保持不变。

2024 年 5 月，上海市发展和改革委员会印发《关于优化天然气发电机组容量电价机制的通知》（沪发改价管〔2024〕26 号），指出针对上海市天然气调峰、热电联产等实施两部制电价的天然气发电机组中施行容量电价。天然气调峰发电机组容量电价为每千瓦每月 37.01 元（含税），天然气热电联产发电机组容量电价为每千瓦每月 36.50 元（含税）。

4.3　水 电 上 网 电 价

4.3.1　水电上网电价概述

由于水电站受自然资源和地理条件影响较大，水电企业不可控的因素较多，我国水电上网电价政策呈现多样化格局。水电上网电价根据实际情况分为经营期上网电价、标杆上网电价和参考受电地区省级电网企业平均购电价格协商定价等。

1. 经营期上网电价

2001 年，为解决还本付息电价政策所带来的新建发电项目投产初期上网电价过高，导致销售电价水平过多上涨的问题，国家计划委员会发布了《关于规范电价管理有关问题的通知》（计价格〔2001〕701 号），规定"按发电项目经营期核定平均上网电价"。由此，大多数曾执行还本付息电价的已建水电站，按照经营期电价方法重新核定了上网电价。

2005 年，国家发展和改革委员会颁布《上网电价管理暂行办法》（发改价格〔2005〕514 号），规定竞价上网前独立发电企业的上网电价，由政府电价主管部门根据发电项目经济寿命周期，按照合理补偿成本、合理确定收益和依法计入税金的原则核定。依据这个电价政策，在没有公布水电标杆上网电价的省份，由电网统一调度的、新投运的水电机组，都由政府电价主管部门按照经营期定价方法核定上网电价。

2. 标杆上网电价

2001 年，国家计划委员会发布的《关于规范电价管理有关问题的通知》（计价格〔2001〕701 号）中规定，新投产发电企业的上网电价，均改为按省级电网内同时期建设的同类型技术先进的发电机组的社会平均成本为基础核定，即"标杆电价"政策。根据此通知，对于新投产水电机组，如果所在省份已公布标杆电价，且属于电网统一调度的机组，则执行该省水电标杆电价。

2004 年，国家发展和改革委员会印发疏导华北、南方、华中、华东、东北、西北电价矛盾的文件中对于水电较丰富的地区，核定了水电标杆电价。其中，湖南 315 元/兆瓦时，四川 280 元/兆瓦时，广西、陕西 260 元/兆瓦时，云南、贵州 215 元/兆瓦时，甘肃、宁夏、青海 227 元/兆瓦时。2005 年和 2006 年煤电联动时，相关地区对水电标杆电价进行了相应调整。但受移民政策等影响，不同水电站开发成本差异大，统一水电标杆电价政策难以满足水电弥补实际成本需求，因此，国家之后的电价调整中逐步取消了各地水电标杆电价政策（例如 2009 年 11 月 20 日电价调整取消青海等地水电标杆上网电价）。

3. 参考受电地区省级电网企业平均购电价格协商定价

2014 年 1 月，国家发展和改革委员会印发的《关于完善水电上网电价形成机制的通知》（发改价格〔2014〕61 号），针对 2014 年 2 月 1 日以后新投产水电站，明确跨省跨区域交易价格由供需双方协商确定，省内上网电价实行标杆电价制度，建立水电价格动态调整机制，鼓励通过竞争方式确定水电价格，逐步统一流域梯级水电站上网电价。对现有水电站上网电价，要进一步规范管理，逐步简化电价分档。

跨省跨区域交易价格由供需双方协商确定。国家明确为跨省、跨区域送电的水电站，其外送电量上网电价按照受电地区落地价扣减输电价格（含线损）确定。其中，跨省（区、市）输电价格由国家发展改革委核定，跨区域电网输电价格由国家能源局审核，报国家发展改革委核准；受电地区落地价由送、受电双方按照平等互利原则，参照受电地区省级电网企业平均购电价格协商确定。经协商无法达成一致意见的，由国家发展改革委协调确定。

省内上网电价实行标杆电价制度。各省（区、市）水电标杆上网电价以本省省级电网企业平均购电价格为基础，统筹考虑电力市场供求变化趋势和水电开发成本制定。水电比重较大的省（区、市），可在水电标杆上网电价基础上，根据水电站在电力系统中的作用，实行丰枯分时电价或者分类标杆电价。个别情况特殊的水电站上网电价个别处理。具体由省级价格主管部门提出方案，报国家发展改革委核准。

建立水电价格动态调整机制。水电上网电价在一定时期内保持稳定。当电力市场供求、水电开发成本以及国家相关政策发生较大变化时，应适时调整水电上网电价。

鼓励通过竞争方式确定水电价格。要创造条件逐步实行由市场竞争形成电价的机制。具备条件的地区，可探索通过招标等竞争方式确定水电项目业主和上网电价。

逐步统一流域梯级水电站上网电价。对同一投资主体在同一流域开发的梯级水电站实行统一的省内上网电价；对不同投资主体在同一流域开发的梯级水电站，在完善上下游电站补偿机制基础上，逐步实行统一的省内上网电价。

4.3.2　典型省份水电上网电价

随着全国统一电力市场建设的逐步推进，为进一步规范水电上网电价管理，促进水电事业持续健康发展，部分省份根据《国家发展改革委关于"十四五"时期深化价格机制改革行动方案的通知》（发改价格〔2021〕689 号）等，进一步规范水电上网电价管理。2022年，湖北省发展和改革委员会发布《省发改委关于进一步规范水电上网电价管理有关事项的通知》（鄂发改价管〔2022〕413 号），对省内水电上网电价提出了新的管理要求。

1. 进一步规范新投产水电站标杆上网电价管理

2023 年 1 月 1 日以后投产的水电站，根据装机容量和调节性能情况，执行对应的标杆上网电价，如表 4-3 所示。水电站投产时间原则上按照竣工验收报告中机组调试运行合格的日期确定。

表 4-3　　　　　　　　　　　　湖北省水力发电标杆上网电价表

同级装机容量	调节性能	上网电价标准（元/千瓦时）
10 万千瓦以上	达到季调节以上性能	0.3960
	未达到季调节性能	0.3863
5 万千瓦~10 万千瓦（含）	达到季调节以上性能	0.3767
	未达到季调节性能	0.3670
3 千千瓦~5 万千瓦（含）	达到季调节以上性能	0.3658
	未达到季调节性能	0.3562
3 千千瓦（含）以下	达到季调节以上性能	0.3143
	未达到季调节性能	0.3053

注　本表上网电价含水资源费、库区基金、增值税等。

装机容量。装机容量原则上依据水电站项目核准文件、竣工验收报告、机组铭牌等认定。多机组的水电站中各机组投产时间不同的，可对首台投产机组核定对应标杆上网电价，同一核准文件内的其他机组陆续投产后，根据已投产机组总装机容量重新核定已投产机组的标杆上网电价。已投产的水电站实行技术改造或扩建的，新增装机容量的上网电价按程序根据技术改造或扩建后该水电站总装机容量对应的标杆上网电价确定，原装机容量保持原上网电价不变。为便于结算，实行技术改造或扩建的水电站可向国网湖北省电力有限公司申请根据原装机容量和新增装机容量加权平均确定综合上网电价。

调节性能。水电站调节性能根据发改、水利等有关部门批准的项目可行性研究报告中明确的调节性能确定。核定上网电价时仅考虑本级水电站的调节性能，不含上游水电站对本级水电站的调节能力。季调节以上性能是指水电站具有较大水库库容，可以根据当年来水情况进行季节性蓄水调节发电，以达到对电力系统电量调节的目的。不能提供调节性能指标证明的，按未达到季调节性能确定。

2. 有序推进新老水电站上网电价衔接

2022 年 12 月 31 日以前投产的装机容量≥2.5 万千瓦的水电站，现行上网电价高于附件中装机规模和调节性能对应的标杆上网电价的，统一按照对应的标杆上网电价执行；低于的继续执行现行上网电价不变。

2022 年 12 月 31 日以前投产的装机容量≤3 千千瓦及未单独核价的水电站，现行上网电价低于附件中装机规模和调节性能对应的标杆上网电价的，统一按照对应的标杆上网电价执行；高于的继续执行现行上网电价不变。

2022 年 12 月 31 日以前投产的装机容量在 3 千千瓦至 2.5 万千瓦之间的水电站，继续执行现行上网电价不变。

4.3.3　抽水蓄能电价形成机制

抽水蓄能电站具有调峰、调频、调压、系统备用和黑启动等多种功能，是电力系统的主要调节电源。抽水蓄能电价的形成考虑以下因素：①成本是抽水蓄能电价的基础；②抽水蓄能电站总成本的结构是可变的；③短期内的抽水蓄能产品价格决定于市场需求；④不同地区抽水蓄能电价水平存在差别是正常的。加快发展抽水蓄能电站，是提升电力系统灵活性、经济性和安全性的重要方式，是构建以新能源为主体的新型电力系统的迫切要求，对保障电力供应、确保电网安全、促进新能源消纳、推动能源绿色低碳转型具有重要意义。2021年，国家发展改革委发布的《关于进一步完善抽水蓄能价格形成机制的意见》（发改价格〔2021〕633号）明确了现阶段我国抽蓄电站的价格机制。现阶段，要坚持以两部制电价政策为主体，进一步完善抽水蓄能价格形成机制，以竞争性方式形成电量电价，将容量电价纳入输配电价回收，同时强化与电力市场建设发展的衔接，逐步推动抽水蓄能电站进入市场，着力提升电价形成机制的科学性、操作性和有效性，充分发挥电价信号作用，调动各方面积极性，为抽水蓄能电站加快发展、充分发挥综合效益创造更加有利的条件。

1. 坚持并优化抽水蓄能两部制电价政策

（1）以竞争性方式形成电量电价。电量电价体现抽水蓄能电站提供调峰服务的价值，抽水蓄能电站通过电量电价回收抽水、发电的运行成本。

1）发挥现货市场在电量电价形成中的作用。在电力现货市场运行的地方，抽水蓄能电站抽水电价、上网电价按现货市场价格及规则结算。抽水蓄能电站抽水电量不执行输配电价、不承担政府性基金及附加（下同）。

2）现货市场尚未运行情况下引入竞争机制形成电量电价。在电力现货市场尚未运行的地方，抽水蓄能电站抽水电量可由电网企业提供，抽水电价按燃煤发电基准价的75%执行，鼓励委托电网企业通过竞争性招标方式采购，抽水电价按中标电价执行，因调度等因素未使用的中标电量按燃煤发电基准价执行。抽水蓄能电站上网电量由电网企业收购，上网电价按燃煤发电基准价执行。由电网企业提供的抽水电量产生的损耗在核定省级电网输配电价时统筹考虑。

3）合理确定服务多省区的抽水蓄能电站电量电价执行方式。需要在多个省区分摊容量电费（容量电价×机组容量，下同）的抽水蓄能电站，抽水电量、上网电量按容量电费分摊比例分摊至相关省级电网，抽水电价、上网电价在相关省级电网按上述电量电价机制执行。

（2）完善容量电价核定机制。容量电价体现抽水蓄能电站提供调频、调压、系统备用和黑启动等辅助服务的价值，抽水蓄能电站通过容量电价回收抽发运行成本外的其他成本并获得合理收益。

1）对标行业先进水平合理核定容量电价。根据《抽水蓄能容量电价核定办法》，在成本调查基础上，对标行业先进水平合理确定核价参数，按照经营期定价法核定抽水蓄能容量电价，并随省级电网输配电价监管周期同步调整。上一监管周期抽水蓄能电站可用率不达标的，适当降低核定容量电价水平。

2）建立适应电力市场建设发展和产业发展需要的调整机制。适应电力市场建设发展进程和产业发展实际需要，适时降低或根据抽水蓄能电站主动要求降低政府核定容量电价覆盖电站机组设计容量的比例，以推动电站自主运用剩余机组容量参与电力市场，逐步实现电站主要通过参与市场回收成本、获得收益，促进抽水蓄能电站健康有序发展。

2. 健全抽水蓄能电站费用分摊疏导方式

（1）建立容量电费纳入输配电价回收的机制。政府核定的抽水蓄能容量电价对应的容量电费由电网企业支付，纳入省级电网输配电价回收。与输配电价核价周期保持衔接，在核定省级电网输配电价时统筹考虑未来三年新投产抽水蓄能电站容量电费。在第二监管周期（2020—2022 年）内陆续投产的抽水蓄能电站容量电费，在核定第三监管周期（2023—2025 年）省级电网输配电价时统筹考虑。

（2）建立相关收益分享机制。鼓励抽水蓄能电站参与辅助服务市场或辅助服务补偿机制，上一监管周期内形成的相应收益，以及执行抽水电价、上网电价形成的收益，20%由抽水蓄能电站分享，80%在下一监管周期核定电站容量电价时相应扣减，形成的亏损由抽水蓄能电站承担。

（3）完善容量电费在多个省级电网的分摊方式。根据功能和服务情况，抽水蓄能电站容量电费需要在多个省级电网分摊的，由国家发展改革委组织相关省区协商确定分摊比例，或参照《区域电网输电价格定价办法》（发改价格〔2020〕100 号）明确的区域电网容量电费分摊比例合理确定。已经明确容量电费分摊比例的在运电站继续按现行分摊比例执行，并根据情况适时调整。

（4）完善容量电费在特定电源和电力系统间的分摊方式。根据项目核准文件，抽水蓄能电站明确同时服务于特定电源和电力系统的，应明确机组容量分摊比例，容量电费按容量分摊比例在特定电源和电力系统之间进行分摊。特定电源应分摊的容量电费由相关受益主体承担，并在核定抽水蓄能电站容量电价时相应扣减。

3. 强化抽水蓄能电站建设运行管理

（1）加强抽水蓄能电站建设管理。抽水蓄能电站建设应充分考虑电力系统需要、站址资源条件、项目经济性、当地电价承受能力等，统一规划、合理布局、有序建设，未纳入相关建设规划的项目不得建设。

（2）强化抽水蓄能电站运行管理。电网企业、抽水蓄能电站要着眼保障电力供应、确保电网安全、促进新能源消纳等，合理安排抽水蓄能电站运行，签订年度调度运行协议并对外公示，充分发挥抽水蓄能电站综合效益。国家能源局及其派出机构要进一步加强对抽水蓄能电站利用情况的监管和考核，对抽水蓄能电站作用发挥不充分的，及时责令改正，并依法进行处理。各地也要加强对抽水蓄能电站的运行管理。

（3）保障非电网投资抽水蓄能电站平稳运行。电网企业要与非电网投资主体投资建设的抽水蓄能电站签订规范的中长期购售电合同，坚持公平公开公正原则对抽水蓄能电站实施调度，严格执行国家发展改革委核定的容量电价和根据本意见形成的电量电价，按月及时结算电费，保障非电网投资主体利益，调动社会资本参与抽水蓄能电站建设的积极性。

（4）推动抽水蓄能电站作为独立市场主体参与市场。各地价格主管部门、能源主管部门要按照职能分工，加快确立抽水蓄能电站独立市场主体地位，推动电站平等参与电力中长期交易、现货市场交易、辅助服务市场或辅助服务补偿机制。

（5）健全对抽水蓄能电站电价执行情况的监管。电网企业要对抽水蓄能电站电价结算单独归集、单独反映，于每年 4 月底前将上年度抽水蓄能电站电价执行情况报相关省级价格主管部门和国家发展改革委（价格司）。

2023 年 5 月，国家发展改革委发布《关于第三监管周期省级电网输配电价及有关事项的通知》（发改价格〔2023〕526 号），明确了工商业用户用电价格中包含的系统运行费用由辅助服务费用、抽水蓄能容量电费等组成，即原包含在输配电价内的抽水蓄能容量电费在输配电价外单列，直接在用户电价中疏导。虽然最终承担抽蓄容量电费的主体都是电力用户，但从计入输配电价到直接列入用户电价组成中的系统运行费用，体现了抽水蓄能电站所提供辅助服务的受益者是全体用户，电价结构将更加清晰合理。

随后，国家发展改革委发布《关于抽水蓄能电站容量电价及有关事项的通知》（发改价格〔2023〕533 号），核定了在运及 2025 年底前拟投运的 48 座抽水蓄能电站容量电价，并明确自 2023 年 6 月 1 日起执行。其中，已投运的 31 座抽水蓄能电站的年容量电价分布在 321.34～823.34 元/千瓦（含增值税），2025 年底前新投运抽水蓄能电站的年容量电价分布在 471.18～690.36 元/千瓦（含增值税）。

4.4　新能源上网电价

截至 2024 年底，我国以风电、太阳能发电为主的新能源发电装机规模达到 14.5 亿千瓦，占比 43.28%，首次超过火电装机规模。

随着电力市场化改革的推进，新能源发电由主要依靠保量保价的全额保障性收购向依靠新能源自身发电边际成本低的优势进入电力市场参与竞争转变，通过完善市场机制实现新能源通过市场交易获得合理收益。我国新能源以"保量保价"的保障性收购为主，部分新能源电量参与市场，由市场形成价格。新能源发电量仍以优先发电的形式保留在电量计划中。保障小时数内对应的电量执行按资源区的标杆上网电价，保障小时数以外部分采用市场化方式形成价格。

2025 年 1 月 27 日，推动新能源全面市场化改革的文件出台，国家发展改革委、国家能源局发布《关于深化新能源上网电价市场化改革促进新能源高质量发展的通知》（发改价格〔2025〕136 号，以下简称 136 号文），开启新能源全面入市时代。新能源项目上网电量原则上全部进入电力市场，上网电价通过市场交易形成。新能源项目可报量报价参与交易，也可接受市场形成的价格。

4.4.1　风电上网电价

风电在我国能源绿色低碳转型、构建新型能源体系建设中发挥着愈加重要的作用。回顾风电发展历程，自 2003 年以来上网电价大体可分为四个阶段：招标和审批电价并存阶段（2003—2009 年）、标杆上网电价阶段（2009—2018 年）、指导价阶段/竞争性配置阶段（2019—2020 年）、平价/低价阶段（2021 年至今），如图 4-1 和表 4-4 所示。

1. 招标和审批电价并存阶段（2003—2009 年）

2003 年 9 月 30 日，国家发展改革委印发《关于风电特许权项目前期工作管理办法及有关技术规定的通知》（发改能源〔2003〕1403 号），标志着风电项目特许权招标的开启。此后，2003—2007 年共进行 5 期特许权招标，共计 15 个项目、340 万千瓦，上网电价在

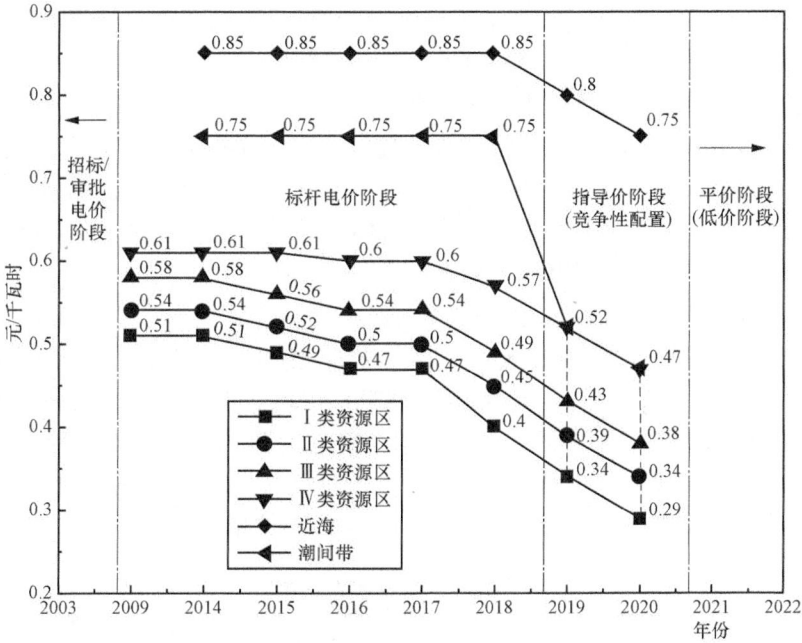

图 4-1　2003—2022 年风电上网电价演变

表 4-4　　　　　　　　　　　　　　2003—2022 年风电上网电价演变表

项目 年份 资源区		招标/审批电价阶段	标杆上网电价阶段					指导价阶段（竞争性配置）		平价阶段（低价阶段）	
		2003	2009	2014	2015	2016	2018	2019	2020	2021	2022
陆上风电	Ⅰ类资源区	2003—2007 年共进行 5 期特许权招标，共计 15 个项目、340 万千瓦，电价在 0.4056 元/千瓦时 ~0.5510 元/千瓦时之间	0.51	0.51	0.49	0.47	0.4	0.34	0.29	新核准陆上风电项目实行平价上网	延续平价上网政策
	Ⅱ类资源区		0.54	0.54	0.52	0.5	0.45	0.39	0.34		
	Ⅲ类资源区		0.58	0.58	0.56	0.54	0.49	0.43	0.38		
	Ⅳ类资源区		0.61	0.61	0.61	0.6	0.57	0.52	0.47		
海上风电	近海	/	/	0.85（2017 年以前（不含 2017 年）投运的近海风电项目）	0.85	0.85	0.85	0.8	0.75	新核准海上风电项目上网电价由当地省级价格主管部门制定	延续 2021 年政策
	潮间带	/	/	0.75（2017 年以前（不含 2017 年）投运的近海风电项目）	0.75	0.75	0.75	不得高于项目所在资源区陆上风电指导价			

0.4056 元/千瓦时~0.5510 元/千瓦时之间。而在省（区、市）项目审批范围内的项目，仍采用的是审批电价的方式，出现招标电价和审批电价并存的局面。2006 年 1 月 4 日，国家发展改革委印发《可再生能源发电价格和费用分摊管理试行办法》（发改价格〔2006〕7 号），提出"风力发电项目的上网电价实行政府指导价，电价标准由国务院电价主管部门按照招标形成的电价确定"。部分省（区、市），如内蒙古、吉林、甘肃、福建等，组织了若干省级风电特许权项目的招标，并以中标电价为参考，确定省内其他风电场项目的核准电价。

2. 标杆上网电价阶段（2009—2018 年）

2009 年 7 月 20 日，国家发展改革委印发《关于完善风力发电上网电价政策的通知》（发改价格〔2009〕1906 号），将全国分为四类（Ⅰ—Ⅳ）风能资源区，相应制定风电标杆上网电价（见表 4-5）。新建陆上风电项目，包括沿海地区多年平均大潮高潮线以上的潮上滩涂地区和有固定居民的海岛地区，统一执行所在风能资源区的风电标杆上网电价。跨省区边界的同一风电场原则上执行同一上网电价，价格标准按较高的风电标杆上网电价执行。海上风电项目上网电价，根据建设进程，由国务院价格主管部门另行制定。

表 4-5　　　　　　　　　　　　　　风电 Ⅰ—Ⅳ 类资源区

资源区	各资源区所包括的地区
Ⅰ类资源区	内蒙古自治区除赤峰市、通辽市、兴安盟、呼伦贝尔市以外其他地区；新疆维吾尔自治区乌鲁木齐市、伊犁哈萨克自治州、昌吉回族自治州、克拉玛依市、石河子市
Ⅱ类资源区	河北省张家口市、承德市；内蒙古自治区赤峰市、通辽市、兴安盟、呼伦贝尔市；甘肃省张掖市、嘉峪关市、酒泉市
Ⅲ类资源区	吉林市白城市、松原市；黑龙江省鸡西市、双鸭山市、七台河市、绥化市、伊春市、大兴安岭地区；甘肃省除张掖市、嘉峪关市、酒泉市以外其他地区；新疆维吾尔自治区除乌鲁木齐市、伊犁哈萨克族自治州、昌吉回族自治州、克拉玛依市、石河子市以外其他地区；宁夏回族自治区
Ⅳ类资源区	除Ⅰ类、Ⅱ类、Ⅲ类资源区以外的其他地区

2014 年 6 月 5 日，国家发展改革委印发《关于海上风电上网电价政策的通知》（发改价格〔2014〕1216 号），明确海上风电项目上网电价，文件规定 2017 年以前（不含 2017 年）投运的近海风电项目上网电价为 0.85 元/千瓦时，潮间带风电项目上网电价为 0.75 元/千瓦时。

在此阶段，Ⅰ—Ⅳ类资源区陆上风电项目上网电价分别由 2009 年的 0.51、0.54、0.58 和 0.61 元/千瓦时，下降至 2018 年的 0.4、0.45、0.49 和 0.57 元/千瓦时。近海风电项目和潮间带风电项目上网电价始终保持 0.85 元/千瓦时和 0.75 元/千瓦时。

在此阶段后期，同时开展平价示范项目的申报工作。2017 年 5 月 17 日，国家能源局印发《关于开展风电平价上网示范工作的通知》（国能综通新能〔2017〕19 号），要求各省（市、区）结合本地区风能资源条件和风电产业新技术应用条件，组织各风电开发企业申报风电平价上网示范项目。2017 年 8 月 31 日，国家能源局发布《关于公布风电平价上网示范项目的通知》（国能发新能〔2017〕49 号）。该通知中批复了河北、黑龙江、甘肃、宁夏、新疆相关省（区）风电平价上网示范项目总规模 70.7 万千瓦。

3. 指导价阶段/竞争性配置阶段（2019—2020 年）

2018 年 5 月 18 日，国家能源局印发《关于 2018 年度风电建设管理有关要求的通知》，标志着我国风电项目竞争性配置模式的开启，拉开了风电平价上网的序幕。文件指出，尚未印发 2018 年度风电建设方案的省（自治区、直辖市）新增集中式陆上风电项目和未确定投资主体的海上风电项目，应全部通过竞争方式配置和确定上网电价；已印发 2018 年度风电建设方案的省（自治区、直辖市）和已经确定投资主体的海上风电项目，2018 年可继续推进原方案；从 2019 年起，各省（自治区、直辖市）新增核准的集中式陆上风电项目和海上风电项目应全部通过竞争方式配置和确定上网电价。

2019 年，为推进风电平价上网，国家发展改革委、国家能源局推出了一系列的重磅文件。2019 年 1 月 7 日，国家发展改革委、国家能源局印发《关于积极推进风电、光伏发电无补贴平价上网有关工作的通知》（发改能源〔2019〕19 号），规划开展平价上网项目和低价上网试点项目建设。文件指出，由省级政府能源主管部门组织实施本地区平价上网项目和低价上网项目，有关项目不受年度建设规模限制。2019 年 4 月 11 日，国家发展改革委、国家能源局印发《关于报送 2019 年度风电、光伏发电平价上网项目名单的通知》，组织报送 2019 年度可开工建设的平价上网风电、光伏发电项目（含低价上网项目、分布式市场化交易项目）。2019 年 5 月 20 日，国家能源局印发《关于公布 2019 年第一批风电、光伏发电平价上网项目的通知》（发改办能源〔2019〕594 号），公布 2019 年第一批风电、光伏发电平价上网项目名单，总装机规模 2076 万千瓦。2019 年 5 月 21 日，国家发展改革委印发《关于完善风电上网电价政策的通知》（发改价格〔2019〕882 号）。自此，风电标杆上网电价改为指导价，文件要求新核准的集中式陆上风电项目上网电价全部通过竞争方式确定，且不得高于项目所在资源区指导价，并明确 2019 年和 2020 年指导电价。2019 年 5 月 28 日，国家能源局印发《关于 2019 年风电、光伏发电项目建设有关事项的通知》（国能发新能〔2019〕49 号）。文件再次明确，2019 年度需国家补贴的新建集中式风电项目全部通过竞争配置方式选择。同时，鼓励各省（区、市）按照《关于积极推进风电、光伏发电无补贴平价上网有关工作的通知》（发改能源〔2019〕19 号）有关政策，创新发展方式，积极推动分散式风电参与分布式发电市场化交易试点。

2020 年 9 月 29 日，财政部、国家发展改革委、国家能源局联合印发《关于〈关于促进非水可再生能源发电健康发展的若干意见〉有关事项的补充通知》（财建〔2020〕426 号），明确了可再生能源电价附加补助资金（以下简称补贴资金）结算规则。确定风电一类、二类、三类、四类资源区项目全生命周期合理利用小时数分别为 48000 小时、44000 小时、40000 小时和 36000 小时；海上风电全生命周期合理利用小时数为 52000 小时。

按照《可再生能源电价附加补助资金管理办法》（财建〔2020〕5 号）规定纳入可再生能源发电补贴清单范围的项目，全生命周期补贴电量内所发电量，按照上网电价给予补贴，补贴标准=［可再生能源标杆上网电价（含通过招标等竞争方式确定的上网电价）－当地燃煤发电上网基准价］/（1+适用增值税率）。在未超过项目全生命周期合理利用小时数时，按可再生能源发电项目当年实际发电量给予补贴；自并网之日起满 20 年后，无论项目是否达到全生命周期补贴电量，不再享受中央财政补贴资金，核发绿证准许参与绿证交易。

4. 平价/低价阶段（2021 年至今）

2021 年 6 月 7 日，国家发展改革委印发《关于 2021 年新能源上网电价政策有关事项的通知》（发改价格〔2021〕833 号）。文件明确规定，2021 年起，新核准陆上风电项目，中央财政不再补贴，实行平价上网；新核准海上风电项目上网电价由当地省级价格主管部门制定，具备条件的可通过竞争性配置方式形成。这意味着，海上风电开发进入地方补贴接力时期。2022 年 4 月 8 日，国家发展改革委印发《关于 2022 年新建风电、光伏发电项目延续平价上网政策的函》，指出新建风电项目延续 2021 年电价政策。

4.4.2　光伏发电上网电价

我国光伏装机规模不断实现新突破，截至 2024 年 6 月，光伏累计装机量达 713.5 吉瓦，占电力装机结构比重达 23.2%。与风电上网电价类似，2008 年以来，光伏发电上网电价经历了统一电价阶段（2008—2013 年）、三类资源区标杆电价阶段、指导电价/竞争性配置阶段（2019—2020 年）、平价/低价阶段（2021 年至今）等四个阶段，如图 4-2 和表 4-6～表 4-9 所示。

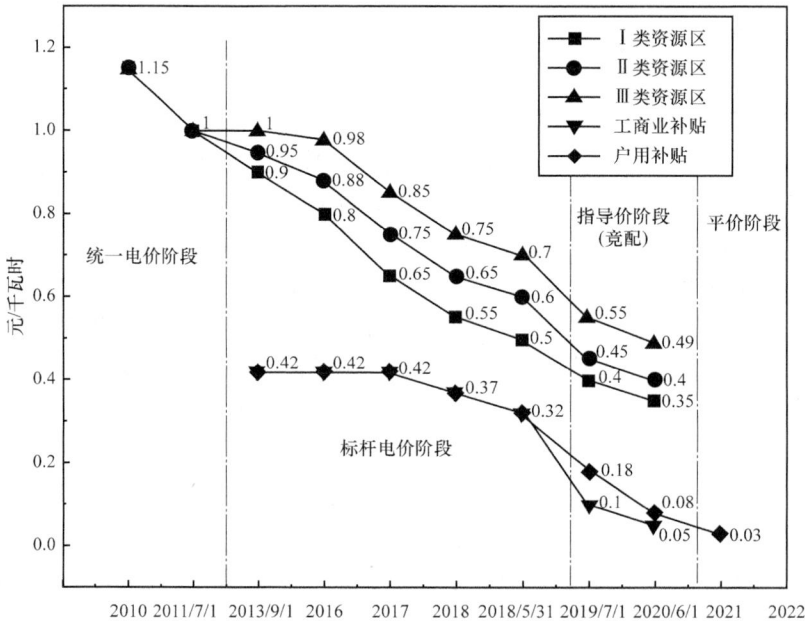

图 4-2　2010—2022 年补贴标准/电价演化图

表 4-6　　　　　　　　　2008—2017 年光伏补贴标准/电价演化表　　　　　　　元/千瓦时

时间 资源区	2008（单独核定）	2009（第一批特许权项目）	2010（第二批特许权项目）	2010—2011/7/1	2011/7/1 后	2013/9/1 后		2016		2017	
						标杆上网电价	分布式补贴	标杆上网电价	分布式补贴	标杆上网电价	分布式补贴
Ⅰ类资源区	4	1.0928	0.7288～0.9907	1.15	1	0.9	0.42	0.8	0.42	0.65	0.42
Ⅱ类资源区						0.95		0.88		0.75	
Ⅲ类资源区						1		0.98		0.85	

表 4-7　2018 年光伏补贴标准/电价演化表　　　　　　元/千瓦时

资源区＼时间	2018/1/1—2018/5/30					2018/5/31 后			
	标杆上网电价	村级扶贫	全额上网分布式	自发自用分布式补贴	户用分布式扶贫补贴	标杆上网电价	村级扶贫	全额上网分布式	自发自用分布式补贴
Ⅰ类资源区	0.55	0.65	0.55	0.37	0.42	0.5	0.65	0.5	0.32
Ⅱ类资源区	0.65	0.75	0.65			0.6	0.75	0.6	
Ⅲ类资源区	0.75	0.85	0.75			0.7	0.85	0.4	

表 4-8　2019—2020 年光伏补贴标准/电价演化表　　　　　　元/千瓦时

资源区＼时间	2019/7/1 后（竞配）					2020/6/1 后（竞配）				
	指导电价	村级扶贫	全额上网工商业分布式指导电价	自发自用工商业分布式补贴	户用分布式补贴	指导电价	村级扶贫	全额上网工商业分布式指导电价	自发自用工商业分布式补贴	户用分布式补贴
Ⅰ类资源区	0.4	0.65	0.4	0.1	0.18	0.35	0.65	0.35	0.05	0.08
Ⅱ类资源区	0.45	0.75	0.45			0.4	0.75	0.4		
Ⅲ类资源区	0.55	0.85	0.55			0.49	0.85	0.49		

表 4-9　2021—2022 年光伏补贴标准/电价演化表　　　　　　元/千瓦时

资源区＼时间	2021 年（平价）		2022 年（平价）
	户用分布式补贴	其他	光伏发电
Ⅰ类资源区	0.03	新备案集中式光伏电站、工商业分布式光伏项目，实行平价上网，上网电价按当地燃煤发电基准价执行	新备案集中式光伏电站、工商业分布式光伏项目，延续平价上网政策，上网电价按当地燃煤发电基准价执行
Ⅱ类资源区			
Ⅲ类资源区			

1. 统一电价阶段（2008—2013 年）

2008 年 7 月 21 日，国家发展改革委发布《关于内蒙古鄂尔多斯、上海崇明太阳能光伏电站上网电价的批复》（发改价格〔2008〕1868 号），核定上网电价为每千瓦时 4 元，开启了我国光伏的商业化。

2009 年和 2010 年国家能源局组织了两批光伏电站特许权项目招标，中标方式为上网电价低者中标。其中，2009 年敦煌 10 兆瓦光伏电站中标电价为 1.0928 元/千瓦时（次最低价格），2010 年第二批特许权项目共 13 个（陕西、甘肃、青海、内蒙古、宁夏、新疆等地），总规模 280 兆瓦，中标电价 0.7288～0.9907 元/千瓦时。

2011 年 7 月 24 日，国家发展改革委发布《关于完善太阳能光伏发电上网电价政策的通知》，制定全国统一的光伏发电标杆上网电价。2011 年 7 月 1 日以前核准建设、2011 年 12 月 31 日建成投产、国家发展改革委尚未核定价格的太阳能光伏发电项目，上网电价统一核定为每千瓦时 1.15 元；2011 年 7 月 1 日及以后核准的太阳能光伏发电项目，以及 2011 年 7 月 1 日之前核准但截至 2011 年 12 月 31 日仍未建成投产的太阳能光伏发电项目，除西藏仍执行每千瓦时 1.15 元的上网电价外，其余省（区、市）上网电价均按每千瓦时 1 元执行。

2. 三类资源区标杆电价阶段（2013—2018 年）

2013 年 8 月 26 日，国家发展改革委发布《关于发挥价格杠杆作用促进光伏产业健康发展的通知》（发改价格〔2013〕1638 号），根据各地太阳能资源条件和建设成本，将全国分为三类太阳能资源区，如表 4-10 所示，相应制定光伏电站标杆上网电价，自此，光伏上网电价逐年下降。

在此阶段，Ⅰ—Ⅲ类资源区新增集中式光伏电站电价由 2013 年的每千瓦时 0.9 元、0.95 元、1 元下降至 2018 年的每千瓦时 0.5 元、0.6 元、0.7 元。Ⅰ—Ⅲ类资源区的村级扶贫电站电价始终不变，分别为每千瓦时 0.65 元、0.75 元、0.85 元。分布式光伏补贴由每千瓦时 0.42 元下降至 0.32 元。

表 4-10　　　　　　　　　　　三 类 太 阳 能 资 源 区

资源区	各资源区所包括的地区
Ⅰ类资源区	宁夏，青海海西，甘肃嘉峪关、武威、张掖、酒泉、敦煌、金昌，新疆哈密、塔城、阿勒泰、克拉玛依，内蒙古除赤峰、通辽、兴安盟、呼伦贝尔以外地区
Ⅱ类资源区	北京，天津，黑龙江，吉林，辽宁，四川，云南，内蒙古赤峰、通辽、兴安盟、呼伦贝尔，河北承德、张家口、唐山、秦皇岛，山西大同、朔州、忻州，陕西榆林、延安，青海、甘肃、新疆除Ⅰ类外其他地区
Ⅲ类资源区	除Ⅰ类、Ⅱ类资源区以外的其他地区

3. 指导电价/竞争性配置阶段（2019—2020 年）

2019 年 4 月 28 日，国家发展改革委发布《关于完善光伏发电上网电价机制有关问题的通知》（发改价格〔2019〕761 号），将集中式光伏电站标杆上网电价改为指导价。同年 5 月 28 日，国家能源局发布《关于 2019 年风电、光伏发电项目建设有关事项的通知》（国能发新能〔2019〕49 号），除光伏扶贫、户用光伏外，其余需要国家补贴的光伏发电项目原则上均须采取招标等竞争性配置方式，通过项目业主申报、竞争排序方式优选确定国家补贴项目及补贴标准。

在此阶段，Ⅰ—Ⅲ类资源区新增集中式光伏电站指导价由 2019 年的每千瓦时 0.4 元、0.45 元、0.55 元下降至 2022 年的每千瓦时 0.35 元、0.4 元、0.49 元。Ⅰ—Ⅲ类资源区的村级扶贫电站电价始终不变，分别为每千瓦时 0.65 元、0.75 元、0.85 元。自发自用工商业分布式光伏电价补贴由每千瓦时 0.1 元下降至 0.05 元，户用分布式光伏电价补贴由每千瓦时 0.18 元下降至 0.08 元。

4. 平价/低价阶段（2021 年至今）

2021 年 6 月 7 日，国家发展改革委发布《关于 2021 年新能源上网电价政策有关事项的通知》，2021 年起，对新备案集中式光伏电站、工商业分布式光伏项目，中央财政不再补贴，实行平价上网，按当地燃煤发电基准价执行。自此，集中式光伏电站和工商业分布式光伏项目正式迈进平价时代。2021 年 6 月 11 日，国家发展改革委发布《关于落实好 2021 年新能源上网电价政策有关事项的函》，明确对 2021 年纳入当年中央财政补贴规模的新建户用分布式光伏项目，其全发电量补贴标准按每千瓦时 0.03 元执行。

4.4.3　新能源全面入市

2025 年 1 月印发的 136 号文指出，推动新能源上网电量全面进入电力市场、通过市场交易形成价格，建立健全支持新能源高质量发展的制度机制，区分存量项目和增量项目，建立新能源可持续发展价格结算机制，保持存量项目政策衔接，稳定增量项目收益预期。

1. 建立新能源可持续发展价格结算机制

新能源参与电力市场交易后，在市场外建立差价结算的机制，纳入机制的新能源电价水平（以下简称机制电价）、电量规模、执行期限等由省级价格主管部门会同省级能源主管部门、电力运行主管部门等明确。对纳入机制的电量，市场交易均价低于或高于机制电价的部分，由电网企业按规定开展差价结算，结算费用纳入当地系统运行费用。

2. 明确新能源可持续发展价格结算机制的电量规模、机制电价和执行期限

（1）2025 年 6 月 1 日以前投产的新能源存量项目如下。

1）电量规模，由各地妥善衔接现行具有保障性质的相关电量规模政策。新能源项目在规模范围内每年自主确定执行机制的电量比例、但不得高于上一年。鼓励新能源项目通过设备更新改造升级等方式提升竞争力，主动参与市场竞争。

2）机制电价，按现行价格政策执行，不高于当地煤电基准价。

3）执行期限，按照现行相关政策保障期限确定。光热发电项目、已开展竞争性配置的海上风电项目，按照各地现行政策执行。

（2）2025 年 6 月 1 日起投产的新能源增量项目如下。

1）每年新增纳入机制的电量规模，由各地根据国家下达的年度非水电可再生能源电力消纳责任权重完成情况，以及用户承受能力等因素确定。超出消纳责任权重的，次年纳入机制的电量规模可适当减少；未完成的，次年纳入机制的电量规模可适当增加。通知实施后第一年新增纳入机制的电量占当地增量项目新能源上网电量的比例，要与现有新能源价格非市场化比例适当衔接、避免过度波动。单个项目申请纳入机制的电量，可适当低于其全部发电量。

2）机制电价，由各地每年组织已投产和未来 12 个月内投产、且未纳入过机制执行范围的项目自愿参与竞价形成，初期对成本差异大的可按技术类型分类组织。竞价时按报价从低到高确定入选项目，机制电价原则上按入选项目最高报价确定、但不得高于竞价上限。竞价上限由省级价格主管部门考虑合理成本收益、绿色价值、电力市场供需形势、用户承受能力等因素确定，初期可考虑成本因素、避免无序竞争等设定竞价下限。

3）执行期限，按照同类项目回收初始投资的平均期限确定，起始时间按项目申报的投产时间确定，入选时已投产的项目按入选时间确定。

3. 新能源可持续发展价格结算机制的结算方式

对纳入机制的电量，电网企业每月按机制电价开展差价结算，将市场交易均价与机制电价的差额纳入当地系统运行费用；初期不再开展其他形式的差价结算。电力现货市场连续运行地区，市场交易均价原则上按照月度发电侧实时市场同类项目加权平均价格确定；电力现货市场未连续运行地区，市场交易均价原则上按照交易活跃周期的发电侧中长期交易同类项目加权平均价格确定。各地将每年纳入机制的电量分解至月度，各月实际上网电量低于当月分解电量的，按实际上网电量结算，并在年内按月滚动清算。

4.5　核电上网电价

核电属于可再生能源，轻原子核的融合和重原子核的分裂都能放出能量，分别称为核聚变能和核裂变能，在聚变或者裂变时释放大量热量，能量按照核能—机械能—电能进行转换，这种电力即可称为核电。我国核电从20世纪80年代起步，经过40余年探索和实践，建立了完整的工业体系，是世界上少数几个拥有完整核电工业体系的国家之一。特别是新时代以来的十年，是中国核电发展最快的时期，也取得了历史性成就，在核电的技术研发、工程设计、装备制造、建设运行等方面都积累了丰富的经验和工程能力。截至2024年8月，我国大陆地区核准在运和在建的核电机组共102台，总装机容量11313万千瓦，在所有国家中排在第一。其中，目前在运的机组56台，装机容量5808万千瓦；已经核准的包括已经在建设过程中的机组46台，装机容量5505万千瓦。

近年来，我国在运核电机组保持着多发满发状态，充分发挥了基荷电源的支撑作用，核电装机占全国总装机比例不到2%，但发出的电量基本接近5%。核电已经成为东部沿海地区重要的支撑电源和主力电源，辽宁、浙江、福建、广东、海南5个省份的核电发电量占比超过20%，在电力保供中发挥了重要作用。

4.5.1　核电成本构成特点

与一般火电机组类似，核电成本主要由建设成本、燃料成本、运行维护成本组成。其中，投资建设成本约占比60%、燃料成本约占比20%，运行维护成本约占比20%。影响上述各项成本的主要因素有设备定价、贴现率、负荷因子、建设周期、燃料价格、经营风险、核安全要求、技术路线的标准化程度和行业的集中度等。核电主要成本特点如下。

（1）燃料成本所占比重小。燃料成本相对较低，约为总成本的20%，而火电燃料成本通常占总成本的60%以上。核电燃料成本占总成本的比例小是因为单位体积或重量计算的核燃料能量密度极高，相应地大幅度降低了运输成本。

（2）负荷因子或利用小时高。如功率变化频繁，核燃料将不能充分利用，不仅造成资源的巨大浪费，也会增大放射性废物的产量，导致环保费用上升。因此，核电机组必须带基荷运行，才能保证预期的成本回收。2023年核电设备平均利用小时数为7661小时。

4.5.2　核电上网电价形成机制

核电上网电价可以分为以下三个主要发展阶段。

1. 一厂一价模式

自1991年我国首台核电机组——秦山核电并网发电开始，我国开启了开发利用核电能源时代，因"核"的特殊属性，以及核电站"科技含量高、投入大、技术路线不同"，核电上网电价采用一厂一价模式，主要按照"成本加成"方式定价。

2. 核电标杆电价

2013年6月15日，国家发展改革委印发《关于完善核电上网电价机制有关问题的通知》（发改价格〔2013〕1130号），部署完善核电上网电价机制，将"个别定价"改为"标杆电价"，打破了长期以来核电"温室成长"状态，促使我国核电步入成本控制时代。核电标杆电价的出台，促使核电在电力市场竞争中不断提升自身竞争力。

文件明确指出对新建核电机组实行标杆上网电价政策。针对 2013 年 1 月 1 日后投产的核电机组，根据核电社会平均成本与电力市场供需状况，核定全国核电标杆上网电价为每千瓦时 0.43 元。全国核电标杆上网电价高于核电机组所在地燃煤机组标杆上网电价（含脱硫、脱硝加价，下同）的地区，新建核电机组投产后执行当地燃煤机组标杆上网电价。全国核电标杆上网电价低于核电机组所在地燃煤机组标杆上网电价的地区，承担核电技术引进、自主创新、重大专项设备国产化任务的首台或首批核电机组或示范工程，其上网电价可在全国核电标杆电价基础上适当提高，具体由省级价格主管部门提出方案报国家发展改革委核批。

3. 标杆电价+市场化交易定价

2015 年以来，随着新一轮电力体制改革的逐步推进，核电已经迈入了标杆电价的时代，并逐步深入参与到地方的市场化交易之中。核电"市场化"比例逐步提升，2023 年核电市场化电量占比已达 61.4%。核电的上网电价由原核准上网电价（保障内电量）和市场化上网电价（保障外电量）共同构成。市场化交易机制的引入为核电行业带来了新的机遇和挑战。

从国际视角来看，法国等在核电领域拥有较为丰富的经验，这些经验证明了核电的长期经济性。例如，2023 年法国核电占比高达 65%，而其核电电价仅为传统煤电电价的 60% 左右。从国内核电实际运行情况来看，核电上网电价普遍低于电站所在沿海各省的煤电标杆电价。这一现象反映了核电在价格方面的竞争力，同时也体现了其在电力市场中的独特地位。核电上网电价的稳定性较强，大多维持在 0.40～0.45 元/千瓦时的范围内，变动幅度相对较小。此外，新投产的核电机组上网电价一般不高于当地的煤电标杆上网电价，这进一步表明了核电对于煤电具有一定的基荷替代能力。这一显著的价格优势使得核电成为替代传统化石能源的极具性价比的选择，进一步推动核电行业的健康发展。

4.6　本　章　小　结

本章根据不同能源类型特点，分析了火电上网电价、水电上网电价、新能源上网电价、核电上网电价的发展历程和现状，阐述了不同电价政策的演变、影响因素、当前状态和未来趋势。火电上网电价中讨论了燃煤机组上网电价的演变，包括还本付息电价、经营期电价、标杆电价、市场化电价。水电上网电价中介绍了水电上网电价分为经营期上网电价、标杆上网电价和参考受电地区省级电网企业平均购电价格协商定价，以及针对抽水蓄能电站的两部制电价。在新能源上网电价中描述了相关上网电价政策，包括风电和光伏发电的上网电价演变，将其分为招标和审批电价并存阶段/统一电价阶段、标杆上网电价阶段、指导价阶段/竞争性配置阶段、平价/低价阶段。核电上网电价讨论了核电成本构成特点，并将核电上网电价分为一厂一价模式、核电标杆电价、标杆电价+市场化交易定价等三个主要发展阶段。

思　考　题

（1）什么是标杆上网电价？影响标杆上网电价的因素有哪些？

（2）新能源上网电价经历哪几个发展阶段？随着全国统一大市场建设的逐步推进，请简述新能源上网电价未来发展趋势。

（3）核电上网电价有哪些特点？

第 5 章　输　配　电　价

输配电价概念诞生相对较晚。从国际看，1882 年电力工业起步于美国纽约，此后很长一段时期各国主要采取发电、输电、配电、售电垂直一体化管理方式发展。20 世纪 80 年代，英国率先启动电力市场化改革，将电力工业中的竞争性环节（发电业务、零售业务）和自然垄断环节（输配电业务）进行分离，启动发、用电市场竞争，并对电网环节单独核定输配电价。从国内看，2002 年，我国启动"厂网分离"电力体制改革，由电网企业"向电厂统一买电、向用户统一卖电"，输配电价实际为销售电价减去上网电价的价差。2011 年起，随着发电企业与电力用户开展电力直接交易，价差模式难以为继，各市场主体强烈要求核定独立的输配电价。

5.1　输配电价制定原则与基本方法

5.1.1　输配电价制定原则

输配电价是电网企业提供接入系统、联网、电能输送和销售服务的价格总称，在电力价格链中处于中游位置，在发电侧与售电侧之间起着桥梁作用。不管是在垂直一体化的垄断经营阶段还是在电力市场化改革的情况下，输配电环节仍带有较强的自然垄断属性。科学合理的输配电定价机制对电力生产成本传导和电力供需调节起到推动作用。

输配电价格的制定不仅要符合市场的经济规律，还要兼顾电网目前还处在快速发展阶段的基本国情。在制定合理输配电价格时要遵循下列原则。

1. 合理成本原则

输配电网建设周期长、投资大，运营维护成本高。输配电价制定的首要原则就是要能弥补输配电投资成本和运维成本，以维持对电网的合理投资和电网企业的正常生产经营。

2. 合理收益原则

企业在生产经营外，还需要适当发展。在合理成本补偿的前提下，输配电价格应当提供适当的回报给投资者，降低运营负担，以推动输配电网的发展。

3. 公平负担原则

根据不同服务功能和服务对象的需求，通过合理分配输配电成本和费用，在各类服务功能和服务对象之间实现公平负担，同时考虑公共政策目标。

4. 经济信号原则

输配电价应该能够为电网使用者提供准确的成本信息，对新电源和新负荷接入系统起到经济信号作用，促进电网的优化规划和电源的合理选址，引导发电商、输配电网经营企业、电力终端用户经济高效运行。

5. 优化配置原则

合理的输配电价体系和价格形成机制，要有利于发挥价格在资源配置中的基础性作用：一是有利于引导投资投向电网薄弱、易造成输电阻塞的电网，促进各级电网的协调发展；二是有利于促进发电企业公平竞争，促进市场竞争的有效性和资源配置的合理性；三是有利于促进节能发电调度和清洁能源的利用。

6. 简单易行原则

输配电价的制定需要综合考虑成本、收益以及电网发展的实际情况等因素，且要科学、合理，但不能复杂化，要遵循简单易行的原则，即输配电定价机制要易于理解，易于监管和执行。

5.1.2　输配电价制定基本方法

在管制经济学中，包括传统成本管制理论及激励性管制理论。传统成本管制理论中，通过构建详尽成本监管报表、设定标准（或标杆）成本，基于成本和投资回报定价；激励性管制理论，采取激励相容机制设计，设定绩效分享机制，政府核定价格上限、收入上限、特许招标后，监管期内企业在此基础上节约成本（含节约的投资）的全部或部分归属企业所有，从而以较低的管制成本激励企业主动降低成本。经过持续探索，我国输配电价改革确立了"准许成本加合理收益"方法，这是结合了成本监管和激励监管的复合型监管，以成本监管为基础，有利于解决电网快速发展情况下标尺难定的问题；以激励监管为导向，有利于鼓励电网企业主动降低成本、提高效率。

5.2　我国输配电价发展历程

我国输配电价改革始于 2002 年的电力体制改革。国发〔2002〕5 号文将电价划分为上网电价、输电电价、配电电价和终端销售电价，随后出台的配套文件明确了输配电价的制定主体、核定原则和电价种类，在此基础上核定了跨省跨区输电工程的输电价格及部分省份大用户直购电的输配电价，并于 2014 年在深圳开展输配电价改革试点。2015 年 3 月，中共中央国务院印发《关于进一步深化电力体制改革的若干意见》（中发〔2015〕9 号），部署了单独核定输配电价、有序放开输配以外的竞争性环节电价的改革任务。输配电价改革成为新一轮电改的重点方向。自中发 9 号文发布以来，我国输配电价改革持续推进，现已建立涵盖跨省区、区域、省级、地方及增量配电等各级电网的输配电价定价体系。

5.2.1　我国输配电价政策发展

2014 年以来，国家发改委持续深化输配电价改革，制定了"1+4"（1 个通用的输配电成本监审办法、4 个针对不同层级电网的定价办法）的输配电价政策体系。主要进程如下。

1. 第一阶段：2014 年输配电价改革试点启动

2014 年 10 月，国家发展改革委发布了《关于深圳市开展输配电价改革试点的通知（发改价格〔2019〕2379 号）》，并印发了《深圳市输配电价改革试点方案》，正式启动了我国新一轮输配电价改革试点。这次试点为推动更大范围的输配电价改革奠定了基础，并为实现电力市场的开放和规范发挥了重要作用。

2014 年 12 月，在蒙西电网开展我国首个省级电网输配电价改革试点。

2. 第二阶段：2015 年底形成输配电价改革顶层政策

2015 年 3 月，中共中央国务院印发《关于进一步深化电力体制改革的若干意见》（中发〔2015〕9 号），指出单独核定输配电价。政府定价的范围主要限定在重要公用事业、公益性服务和网络自然垄断环节。政府主要核定输配电价，并向社会公布，接受社会监督。输配电价逐步过渡到按"准许成本加合理收益"原则，分电压等级核定。用户或售电主体按照其接入的电网电压等级所对应的输配电价支付费用。

2015 年 4 月，国家发展改革委印发《关于贯彻中发〔2015〕9 号文件精神加快推进输配电价改革的通知》，明确按准许成本+合理收益原则核定输配电价。

2015 年 11 月，国家发展改革委和国家能源局联合印发 6 个电力体制改革配套文件，其中《关于推进输配电价改革的实施意见》明确逐步扩大输配电价改革试点范围，要求认真开展输配电价测算工作、分类推进交叉补贴改革。

3. 第三阶段：2017 年底初步搭建完成输配电价定价体系

2015 年 6 月，国家发展改革委和国家能源局印发《输配电定价成本监审办法（试行）》，确定输配电成本监审原则、成本构成和归集办法。

2016 年 12 月，国家发展改革委发布《省级电网输配电价定价办法（试行）》，明确采用"准许成本+合理收益"方法核定输配电价，对电网共用网络的准许收入、计算方法、调整机制进行了规定。

2017 年 12 月，国家发展改革委印发《区域电网输电价格定价办法（试行）》《跨省跨区专项工程输电价格定价办法（试行）》和《关于制定地方电网和增量配电网配电价格的指导意见》，实现了跨区专项输电工程、区域电网、省级电网、地方电网和增量配电网的定价机制全覆盖，构建了科学的独立输配电价制度体系。

4. 第四阶段：2019 年进入第二轮输配电价改革

2019 年国家发展改革委、国家能源局联合印发关于《输配电定价成本监审办法》的通知（发改价格规〔2019〕897 号），维持了"准许成本+合理收益"的定价机制，在收紧定价参数的同时，对严格区分监管业务界面、规范关联交易提出更高要求。

2020 年，国家发展改革委印发《省级电网输配电价定价办法》的通知（发改价格规〔2020〕101 号），持续深化电价改革，进一步提升输配电价核定的规范性、合理性。

5. 第五阶段：2023 年进入第三监管周期，从"建机制"全面转向"严监管"阶段，价格机制不断完善

输配电价改革试点自 2014 年底启动，以三年为一个核价监管周期。国家发改委于 2017 年核定了全国省级电网首个监管周期（2017—2019 年）输配电价，2020 年完成第二监管周期（2020—2022 年）的核定，第三监管周期指的是 2023 年到 2025 年。

2023 年 5 月 15 日，国家发展改革委印发《关于第三监管周期省级电网输配电价及有关事项的通知》（发改价格〔2023〕526 号），公布了第三监管周期（2023 年 6 月 1 日起执行）输配电价水平和结构，对输配电价监管制度和水平进行了全面优化，特别是在按照"准许成本+合理收益"直接核定省级电网输配电价、优化输配电价结构上实现了突破。该文件出台标志着新一轮输配电价改革工作全面完成，为加快构建新型电力系统、服务市场主体公平竞争创造了更好条件。

5.2.2　我国不同类型输配电价

2015 年以来，国家发改委持续深化输配电价改革，制定了"1+4"（1 个通用的输配电成本监审办法、4 个针对不同层级电网的定价办法）的输配电价政策体系。不同层级的电网分别是跨区跨省专项工程、区域电网、省级电网、地方电网和增量配电网（见图 5-1）。

输配电价改革遵循"准许成本+合理收益"原则，区分存量、增量资产成本，事前核定下一监管周期（三年，未来预计将延长）输配电价。以有效资产（输配电必要、合理、相关的资产）为核心，以成本监审核定的准许成本、有效资产的准许收益为基础，核定电网准许收入，除以预测电量后得到分省、分用户类别、分电压等级的输配电价标准。

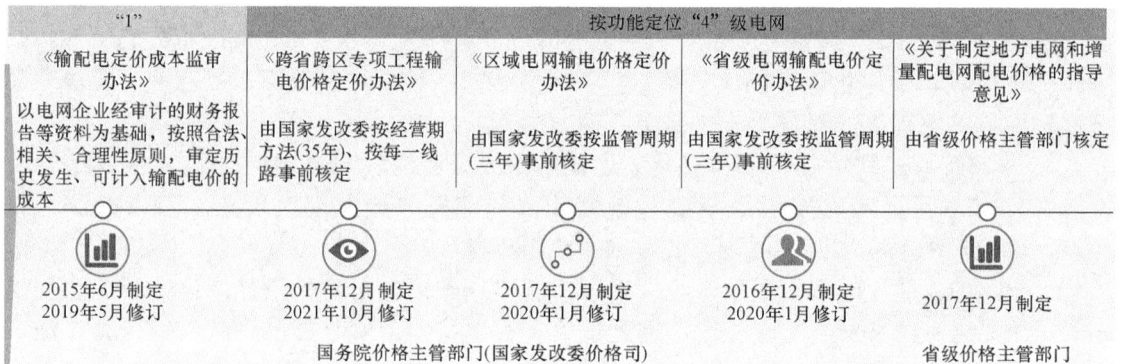

"1"	按功能定位"4"级电网			
《输配电定价成本监审办法》	《跨省跨区专项工程输电价格定价办法》	《区域电网输电价格定价办法》	《省级电网输配电价定价办法》	《关于制定地方电网和增量配电网配电价格的指导意见》
以电网企业经审计的财务报告等资料为基础，按照合法、相关、合理性原则，审定历史发生、可计入输配电价的成本	由国家发改委按经营期方法(35年)、按每一线路事前核定	由国家发改委按监管周期(三年)事前核定	由国家发改委按监管周期(三年)事前核定	由省级价格主管部门核定
2015年6月制定 2019年5月修订	2017年12月制定 2021年10月修订	2017年12月制定 2020年1月修订	2016年12月制定 2020年1月修订	2017年12月制定
国务院价格主管部门(国家发改委价格司)				省级价格主管部门

图 5-1　我国输配电价政策分类

5.2.2.1　省级电网输配电价格

省级电网输配电价，是指省级电网企业在其经营范围内为用户提供输配电服务的价格。

1. 定价方法

核定省级电网输配电价的过程涉及两个主要步骤。首先，核定电网企业输配电业务的准许收入，这是基于严格的成本监审，并按照"准许成本加合理收益"的方法确定的。准许收入是确定输配电价的基础。其次，以准许收入为基础，确定各个电压等级和不同类别用户的输配电价。

省级电网输配电价的核定在每个监管周期开始前进行，每个监管周期一般为三年，为电网企业和用户提供相对稳定和可预测的输配电价环境。

电网企业整理和汇总与输配电价相关的基础数据，这些数据包括不同电压等级的资产、费用、收入、输配售电量、负荷、用户报装容量、线损率、投资计划进展等。按照相关规定，电网企业需要在每年的 5 月底之前向国务院价格主管部门和省级政府价格主管部门报送上一年度相关的数据和材料。

省级电网输配电准许收入由准许成本、准许收益和税金构成。准许成本是指电网企业提供输配电服务所发生的合理成本，准许收益则是用以保障电网企业合理回报的部分。税金是根据相关税收政策规定，电网企业需要缴纳的税费。这些组成部分共同构成了省级电网输配电价的核定依据。其中：

准许成本=基期准许成本+监管周期预计新增（减少）准许成本

$$准许收益=可计提收益的有效资产×准许收益率$$

（1）准许成本。准许成本由折旧费和运行维护费构成，区分基期准许成本、监管周期预计新增和减少准许成本分别核定。

基期准许成本，是指根据输配电定价成本监审办法等规定，经成本监审核定的历史成本，包括区域电网分摊的容量电费❶和按销售电量分摊到各省级电网的电网总部调度中心、交易中心费用。

监管周期新增和减少准许成本，是指电网企业在监管周期前一年及监管周期内预计合理新增和减少的准许成本。其中监管周期新增准许成本包括折旧费、运行维护费、监管周期减少准许成本。

1）折旧费的计算公式为：
$$折旧费=预计新增输配电固定资产投资额×预计新增投资计入固定资产比率×定价折旧率$$

预计新增输配电固定资产投资额根据有权限的省级发展改革和能源主管部门预测以及符合电力规划的电网投资计划来确定。根据年度间等比例原则，相邻监管周期之间的投资额保持一定比例。如果有明确的年度投资完成时间，按照计划时间确定。没有具体投资项目和资产结构，或者监管周期内没有投运计划或无法按期建成投运的，投资额不会计入预计新增输配电固定资产投资额。预计新增投资计入固定资产比率是指预计新增输配电固定资产投资额与当期预计新增输配电固定资产原值之间的比率。一般情况下，预计新增投资计入固定资产比率不超过上一监管周期的新增投资计入固定资产比率，且最高不超过75%。

预计新增输配电量，参考上一监管周期输配电量平均增速，以及有权限的省级发展改革、能源主管部门根据电力投资增长和电力供需形势预测的电量增长情况等因素核定。预计新增单位电量固定资产=预计新增输配电固定资产原值÷预计新增输配电量，预计新增输配电固定资产基于提高投资效率的要求，按照不高于历史单位电量固定资产的原则核定（国家政策性重大投资除外），低于历史单位电量固定资产的，按预计数核定。

定价折旧率是根据输配电定价成本监审办法规定的残值率以及《电网企业固定资产分类定价折旧年限表》中所列折旧年限和新增输配电固定资产结构来确定的。这些规定和表格将用于计算固定资产的折旧费用，以便在定价过程中考虑到资产的使用寿命和价值衰减。

2）运行维护费。运行维护费由材料费、修理费、人工费、其他运营费用组成，按以下方法分别核定。

人工费：人工费的核定参考国务院国有资产管理部门核定的职工工资总额。

材料费和修理费：材料费和修理费的核定参考电网经营企业上一监管周期费率水平以及同类型电网企业的先进成本标准。同时，人工费、材料费、修理费合计不超过监管周期新增输配电固定资产原值的2%。

其他运营费用：其他运营费用按照不超过上一监管周期电网企业费率水平的70%核定，并且不超过监管周期新增输配电固定资产原值的2.5%。其中，电网经营企业费率水平

---

❶　区域电网分摊的容量电费情况见 5.4.2。

是指其他运营费用占输配电固定资产原值的比重。

综上所述，人工费、材料费、修理费和其他运营费用都根据一定的比例和标准来核定，以提高成本效益和管理效率。这些费用的限制和比例有助于控制运营成本保持在合理范围内。

（2）准许收入的计算方法。

准许收益=可计提收益的有效资产×准许收益率。

可计提收益的有效资产，是指电网企业投资形成的输配电线路、变电配电设备以及其他与输配电业务相关的资产，包括固定资产净值、无形资产净值和营运资本。

其中：可计提收益的有效资产=基期可计提收益的有效资产+监管周期预计新增可计提收益的有效资产−监管周期减少可计提收益的有效资产。

1）基期可计提收益的有效资产。固定资产净值和无形资产净值根据监审期间最末一年可计提折旧、可摊销计入定价成本的固定资产和无形资产原值所对应的账面净值，通过成本监审核定；营运资本按不高于成本监审核定的上一监管周期运行维护费的1/12加月购电费的1/6核定。

2）监管周期预计新增可计提收益的有效资产。根据预计新增输配电固定资产原值扣减监管周期相应折旧费核定。

3）监管周期减少有效资产。根据监管周期内预计退役、报废或已计提完折旧的固定资产核定。

其中：准许收益率＝权益资本收益率×（1−资产负债率）+债务资本收益率×资产负债率。

1）权益资本收益率。原则上按不超过同期国资委对电网企业经营业绩考核确定的资产回报率，并参考上一监管周期省级电网企业实际平均净资产收益率核定。在总体收益率控制的前提下，考虑东西部差异，对涉及互助帮扶的省级电网企业收益率可作适当调整。

2）债务资本收益率。参考电网企业实际融资结构和借款利率，以及不高于同期人民币贷款市场报价利率核定。如电网企业实际借款利率高于市场报价利率，按照市场报价利率核定；如实际借款利率低于市场报价利率，按照实际借款利率加二者差额的50%核定。

3）资产负债率。按照国资委考核标准并参考上一监管周期电网企业资产负债率平均值核定。

（3）税金。税金是指除增值税外的其他税金，包括所得税、城市维护建设税、教育费附加，依据现行国家相关税法规定核定。

其中：所得税=可计提收益的有效资产×（1−资产负债率）×权益资本收益率÷（1−所得税率）×所得税率。

所得税率。按照税法有关规定核定。

城市维护建设税及教育费附加=（不含增值税的准许收入×增值税税率−准许成本进项税抵扣额）×（城市维护建设税税率+教育费附加计征比率）。

（4）省级电网平均输配电价。省级电网平均输配电价的计算公式为：省级电网平均输配电价（含增值税）=通过输配电价回收的准许收入（含增值税）÷省级电网输配电量（见图5-2）。

其中，省级电网输配电量，按照省级电网公司销售电量计算，参考成本监审核定的历

史电量及其增长情况，以及有权限的省级政府主管部门根据电力投资增长和电力供需情况
预测的电量增长情况等因素核定。

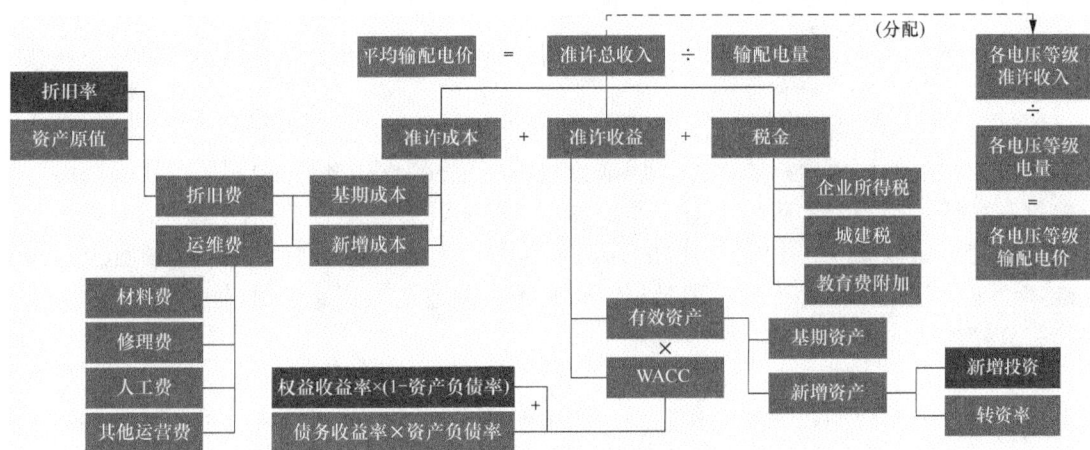

图 5-2 省级输配电价计算方法

2. 第三监管周期主要内容

2017 年，我国输配电价改革已实现省级电网全覆盖，核定了全国省级电网首个监管周
期（2017—2019 年）输配电价；2020 年完成第二个监管周期（2020—2022 年）输配电价的
核定。2023 年 5 月 15 日，国家发改委正式印发了《关于第三监管周期省级电网输配电价及
有关事项的通知》（发改价格〔2023〕526 号），并于同年 6 月 1 日起执行新的输配电价
政策。

在第三监管周期的省级输配电价（见表 5-1）规定中，用户用电价格逐步归并为居民
生活、农业生产和工商业用电三类。同时，一些尚未实现工商业同价的地区将用户用电价
格分为居民生活、农业生产、大工业和一般工商业用电四类。

工商业用户用电价格由上网电价、上网环节线损费用、输配电价、系统运行费用、政
府性基金及附加等组成。其中，系统运行费用包括辅助服务费用、抽水蓄能容量电费等。

需要注意的是，目前电力市场暂时不支持用户直接采购线损电量，因此线损电量继续
由电网企业代理采购，并按月向全体工商业用户分摊或分享代理采购的损益。

而居民生活和农业生产用电方面，继续执行目录销售电价政策。

这些规定旨在更细化用户用电价格的分类，使电价更加公平、合理，并根据用电容量
的不同制定不同的电价标准，以满足各类用户的需求。

新的规定推动对同一电压等级的工商业用户实行统一输配电价，解决了同一电压等级
不同用户间存在的交叉补贴问题，从而使同一电压等级的用户可以更好地了解并进行终端
电价的比较。对于一些目前尚难以实现同价的地区，工商业用电仍可分为大工业和一般工
商业两类。从分省输配电价数据中可以看出，《通知》对一般工商业用户和大工业用户的
价差进行了缩减，为实现大工业用电和一般工商业用电同价创造了条件。

对于执行工商业（或大工业、一般工商业）用电价格的用户，根据用电容量的不同，
执行不同的电价制度。具体来说：

用电容量在 100 千伏安及以下，执行单一制电价。

用电容量在 100 千伏安至 315 千伏安之间的，可选择执行单一制或两部制电价。

用电容量在 315 千伏安及以上的，执行两部制电价。

执行单一制电价的用户可以选择执行单一制电价或两部制电价。而选择执行两部制电价的用户，在当月每千伏安用电量达到 260 千瓦时及以上时，当月需量电价按照相应标准的 90%执行。

每月每千伏安用电量是指用户所属全部计量点当月总用电量除以合同变压器容量。

工商业用户的用电价格由多个组成部分构成，包括上网电价、上网环节线损费用、输配电价、系统运行费用、政府性基金及附加等。其中，系统运行费用涵盖了辅助服务费用和抽水蓄能容量电费等。根据《通知》，原包含在输配电价内的上网环节线损费用和抽水蓄能容量电价现在输配电价外单独列出。具备条件的地区，工商业用户可以按照综合线损率自行直接购买线损电量。

这一举措的目的是加强对输配电价的监管，确保其中不包含与输配电业务无关的费用。随着我国能源转型和加快建设新型能源体系的推进，以及对输配电价监管的加强，有必要单独列出与输配电业务无关、仅随输配电价一同收取的其他费用。

在德国等新能源发展较快的国家，这些费用的规模与输配电成本可能相当甚至超出，因此有必要单独列出。这对于引导公众逐步接受"全社会为电力系统调节能力付费"的理念，并探索建立统一的调节电源容量补偿机制具有重要意义。

这一改革旨在促进电力市场的透明度和公平性，确保用电价格合理且与实际成本相符。同时，通过明确区分各项费用，可以引导公众和企业更好地理解电力定价机制，并推动能源转型的可持续发展。

表 5-1　　　　　　　　　　　　第三监管周期省级电网输配电价表（部分）

省级电网	用电分类	电度电价（元/千瓦时）					容（需）量电价							
							最大需量 [元/（千瓦·月）]				变压器容量 [元/（千伏安·月）]			
		不满1千伏	1~10千伏	35千伏	110千伏	220千伏	1~10千伏	35千伏	110千伏	220千伏以上	1~10千伏	35千伏	110千伏	220千伏以上
北京电网	单一制	0.4100	0.3900											
	两部制		0.2065				51		45		32			28
河北电网	单一制	0.1950	0.1750	0.1550										
	两部制		0.1533	0.1333	0.1133	0.0933	35.0	35.0	32.0	32.0	21.9	21.9	20.0	20.0
冀北电网	单一制	0.1602	0.1442	0.1282										
	两部制		0.1292	0.1132	0.0972	0.0912	37.3	37.3	34.6	34.6	23.3	23.3	21.6	21.6
山西电网	单一制	0.1456	0.1256	0.1106										
	两部制		0.1040	0.0740	0.0490	0.0290	36.0	36.0	33.6	33.6	22.5	22.5	21.0	21.0
蒙西电网	单一制	0.1560	0.1289	0.1139										
	两部制		0.0795	0.0645	0.0525	0.0455	32.8	32.8	31.2	31.2	20.5	20.5	19.5	19.5

注：表中"工商业用电"为各电网单一制/两部制行的用电分类。

续表

省级电网	用电分类		电度电价（元/千瓦时）					容（需）量电价							
								最大需量[元/（千瓦·月）]				变压器容量[元/（千伏安·月）]			
			不满1千伏	1～10千伏	35千伏	110千伏	220千伏	1～10千伏	35千伏	110千伏	220千伏以上	1～10千伏	35千伏	110千伏	220千伏以上
辽宁电网	工商业用电	单一制	0.2297	0.2085		0.1875									
		两部制		0.1024		0.0838	0.0571	36.8		35.2	33.6	23.0		22.2	21.0
吉林电网		单一制	0.2864	0.2564		0.2464									
		两部制		0.1497		0.1197	0.1097	36.8		35.2	35.2	23.0		22.0	22.0
黑龙江电网		单一制	0.2828	0.2726	0.2615	0.2410									
		两部制		0.1358	0.1144	0.1016	0.0753	36.8	36.8	35.2	35.2	23.0	23.0	22.0	22.0
浙江电网		单一制	0.2452	0.2144	0.1770										
		两部制		0.1260	0.0955	0.0791	0.0688	48.0	44.8	41.6	38.3	30.0	28.0	26.0	24.0
江苏电网		单一制	0.2394	0.2134	0.1884										
		两部制		0.1357	0.1107	0.0857	0.0597	51.2	48.0	44.8	41.6	32.0	30.0	288.0	26.0
安徽电网		单一制	0.1814	0.1614	0.1414										
		两部制		0.1428	0.1175	0.0924	0.0673	48.0	45.6	44.0	40.8	30.0	28.5	27.5	25.5
福建电网		单一制	0.1833	0.1633	0.1433	0.1233	0.1033								
		两部制		0.1292	0.1092	0.0842	0.0592	40.0	39.0	38.0	37.0	25.0	24.4	23.8	23.1
江西电网		单一制	0.1766	0.1616	0.1466										
		两部制		0.1505	0.1355	0.1205	0.1105	42.3	40.6	39.1	37.5	26.4	25.4	24.4	23.4
山东电网		单一制	0.2219	0.2069	0.1919										
		两部制		0.1491	0.1341	0.1191	0.1041	38.4	35.2	35.2	32.0	24.0	22.0	22.0	20.0
河南电网		单一制	0.1955	0.1680	0.1412	0.1145									
		两部制		0.1680	0.1456	0.1210	0.1030	40.0	36.9	33.7	30.5	25.0	23.0	21.0	19.0
湖北电网		单一制	0.2103	0.1903	0.1703										
		两部制		0.1263	0.1065	0.0884	0.0694	42.0	42.0	39.0	39.0	26.3	26.3	24.4	24.4
湖南电网		单一制	0.2558	0.2358	0.2158	0.1958									
		两部制		0.1694	0.1394	0.1104	0.0852	33.8	33.8	30.6	30.6	21.1	21.1	19.1	19.1
广东电网（不含深圳）		单一制	0.1965	0.1719	0.1296	0.1296									
		两部制		0.0985	0.0734	0.0734	0.0457	36.1	31.0	31.0	26.1	22.6	19.4	19.4	16.3
广西电网		单一制	0.2589	0.2462	0.2264										
		两部制		0.1476	0.1054	0.0777	0.0288	38.7	37.3	34.2	32.0	24.2	23.3	21.4	20.0

续表

省级电网	用电分类		电度电价（元/千瓦时）					容（需）量电价							
								最大需量 [元/(千瓦·月)]				变压器容量 [元/(千伏安·月)]			
			不满1千伏	1~10千伏	35千伏	110千伏	220千伏	1~10千伏	35千伏	110千伏	220千伏以上	1~10千伏	35千伏	110千伏	220千伏以上
海南电网	工商业用电	单一制	0.2592	0.2361											
		两部制		0.1350	0.0815	0.0798	0.0700	35.2	35.2	35.2	35.2	22.0	22.0	22.0	22.0
重庆电网		单一制	0.2321	0.2121	0.1922	0.1774									
		两部制		0.1529	0.1271	0.1078	0.0885	35.2	35.2	32.0	32.0	22.0	22.0	20.0	20.0
四川电网		单一制	0.2560	0.2296	0.1989										
		两部制		0.1390	0.1092	0.0669	0.0478	35.0	32.0	27.0	24.0	22.0	20.0	17.0	15.0
贵州电网		单一制	0.2186	0.2062	0.1805										
		两部制		0.1280	0.1143	0.0777	0.0529	35.0	33.0	31.0	30.0	22.0	21.0	20.0	19.0
云南电网		单一制	0.1620	0.1520	0.1420										
		两部制		0.1296	0.1045	0.0749	0.0555	38.4	38.4	36.8	36.8	24.0	24.0	23.0	23.0
青海电网		单一制	0.1858	0.1807	0.1756										
		两部制		0.0834	0.0779	0.0677	0.0577	33.6	33.6	32.0	32.0	21.0	21.0	20.0	20.0
宁夏电网		单一制	0.1846	0.1646	0.1446										
		两部制		0.0920	0.0769	0.0600	0.0521	28.8	28.8	25.6	25.6	18.8	18.8	16.0	16.0
新疆电网		单一制	0.1636	0.1606	0.1566										
		两部制		0.1204	0.1100	0.0815	0.0486	32.0	32.0	30.4	30.4	20.0	20.0	19.0	19.0
天津电网	一般工商业用电（单一制）		0.2839	0.2510	0.1866	0.1536	0.1316								
	大工业用电（两部制）		0.2158	0.1687	0.1456	0.1316	0.1102	41.6	38.4	38.4	35.2	26.0	24.0	24.0	22.0
蒙东电网	一般工商业用电（单一制）		0.3732	0.3361	0.2504										
	大工业用电（两部制）			0.1483	0.1413	0.1019	0.0789	32.8	32.8	31.2	31.2	20.5	20.5	19.5	19.5
上海电网	一般工商业用电	单一制	0.2756	0.2305	0.1859										
		两部制	0.1456	0.1272	0.0956	0.0652	0.0551	40.8	40.8	38.4	38.4	25.5	25.5	24.0	24.0
	大工业用电	两部制	0.2234	0.2039	0.1547	0.1251	0.1127	40.8	40.8	38.4	38.4	25.5	25.5	24.0	24.0

省级电网	用电分类	电度电价（元/千瓦时）					容（需）量电价							
							最大需量[元/（千瓦·月）]				变压器容量[元/（千伏安·月）]			
		不满1千伏	1～10千伏	35千伏	110千伏	220千伏	1～10千伏	35千伏	110千伏	220千伏以上	1～10千伏	35千伏	110千伏	220千伏以上
陕西电网（不含榆林地区）	一般工商业用电（单一制）	0.2215	0.2015	0.1815	0.1565									
	大工业用电（两部制）		0.1231	0.1031	0.0831	0.0731	35.2	35.2	32.0	32.0	22.0	22.0	20.0	20.0
陕西电网（含榆林地区）	一般工商业用电（单一制）	0.2215	0.2015	0.1815	0.1565									
	大工业用电（两部制）		0.1038	0.0838	0.0638	0.0538	35.2	35.2	32.0	32.0	22.0	22.0	20.0	20.0
甘肃电网	一般工商业用电（单一制）	0.2965	0.2765	0.2565										
	大工业用电（两部制）		0.1028	0.0888	0.0764	0.0658	38.4	36.8	32.8	32.8	24.0	23.0	20.5	20.5

5.2.2.2　区域电网输电价格

区域电网输电价格，是指区域电网运行机构运营区域共用输电网络提供的电量输送和系统安全及可靠性服务的价格。

在制定区域电网的输电价格时，其定价机制与省级电网的输配电价确定方法相似。具体而言，定价过程首先需确定区域电网输电业务的准许收入。以此为基础，进一步进行价格的核定。值得注意的是，区域电网的输电价格会在每个监管周期的起始阶段进行重新核定，而监管周期通常设定为三年。

1. 准许收入的计算方法

区域电网准许收入由准许成本、准许收益和税金构成。

（1）准许成本。准许成本由基期准许成本、监管周期新增和减少准许成本构成。基期准许成本，根据输配电定价成本监审办法等规定，经成本监审核定。监管周期新增和减少准许成本，按监管周期内预计合理新增和减少的准许成本计算。

（2）准许收益。准许收益按可计提收益的有效资产乘以准许收益率计算。可计提收益的有效资产，是指电网企业投资形成的输电线路、变电设备以及其他与输电业务相关的资产，包括固定资产净值、无形资产净值和营运成本。

（3）税金。税金依据现行国家相关税法规定核定执行。包括所得税、城市维护建设税、教育费附加。

2. 输电价格的计算方法

区域电网的准许收入主要通过两种途径来实现回收：容量电费和电量电费。容量电费与电量电费的比例，根据以下公式计算：容量电费与电量电费之比等于（折旧费用加上人工成本）与（运行维护费用，不包括人工成本）的比值。电量电费随区域电网实际交易结算电量收取，由购电方支付。容量电费按照受益付费原则，向区域内各省级电网公司收取。

各省级电网公司向区域电网支付的容量电费，以区域电网对各省级电网提供安全及可靠性服务的程度为基础，综合考虑跨区跨省送（受）电量、年最大负荷、省间联络线备用率和供电可靠性等因素确定。计算公式如下。

各省级电网承担的容量电费比例=R1×（该省级电网跨区跨省结算送（受）电量÷Σ区域内各省级电网跨区跨省结算送（受）电量）+R2×（该省级电网非同时年最高负荷÷Σ各省级电网非同时年最高负荷）+R3×Σ（该省级电网与区域电网各联络线的稳定限额−实际平均负荷）/〔2×Σ（区域电网各省间联络线稳定限额−实际平均负荷）〕。

其中：R1=（区域电网统调机组跨区跨省结算送电量+Σ区域内各省级电网统调机组跨区跨省结算送电量）÷（区域电网统调机组发电量+Σ区域内各省级电网统调机组发电量），或者，Σ区域内各省级电网跨区跨省结算受电量÷Σ区域内各省级电网省内售电量；

R2=（1−R1）÷2×区域电网紧密程度调整系数，区域电网紧密程度调整系数反映各区域内省级电网联系的紧密程度。计算公式：（区域内跨省交易电量÷区域总用电量）÷（Σ各区域内跨省交易电量÷Σ各区域总用电量）；

R3=1−R1−R2，当区域电网紧密程度调整系数过大导致R3为负时，R3取0，相应R2=1−R1。

5.2.2.3 跨省跨区专项工程输电价格

跨省跨区专项工程是指以送电功能为主的跨区域电网工程，以及送受端相对明确、潮流方向相对固定的区域内跨省输电工程。跨省跨区专项工程输电价格是指电网企业通过跨省跨区专项工程提供跨省跨区电能输送、电网互济和安全保障等服务的价格。

跨省跨区专项工程输电价格的确定采取预先核定并定期进行校核的方式。在工程正式投入运营之前，会先设定一个临时的输电价格；待工程完成并开展成本监审后，核定正式的输电价格；在工程的运营期间，每五年进行一次价格校核。

对于跨省跨区专项工程的输电价格，采用的是单一电量电价制度。其价格的核定依据经营期法，即以弥补成本并获得合理收益为基础，按照资本金的内部收益率对工程在运营期间的年度净现金流进行折现处理，目标是确保整个运营周期内的现金流收支达到平衡，以此来确定工程的输电价格。具体如下：年净现金流=年现金流入−年现金流出，其中：年现金流出=资本金投入+偿还的贷款本金+利息支出+运行维护费+税金及附加年现金流入为实现累计净现金流折现值为零的年均收入水平，在经营期最后一年包括固定资产残值收入。固定资产残值收入=固定资产原值×净残值率。

输电价格计算公式：

输电价格（含增值税）=年均收入/（设计输电量×（1−定价线损率）。其中，直流输电工程设计输电量=设计利用小时×额定容量。设计利用小时按政府主管部门批复的项目核准文件确定，文件中未明确的，原则上按4500小时计算。交流专项工程年输电量按政府主管部门批复的项目核准文件确定，核准文件中未明确的，按照电源点年设计上网电量计算。定价线损率，核定临时价格时按照专项工程可研设计线损率确定；核定正式价格时，参照设计线损率和前3年（不足3年的按实际运行年）实际平均线损率确定。

运行维护费。指跨省跨区专项输电工程运营单位为维持工程正常运行发生的费用支出，包括材料费、修理费、人工费和其他运营费用。

（1）材料费。指运营单位耗用的消耗性材料、事故备品等，包括因自行组织设备大修、抢修、日常检修发生的材料消耗和委托外部社会单位检修需要企业自行购买的材料费用。

（2）修理费。指运营单位进行的外包修理活动发生的检修费用，不包括企业自行组织检修发生的材料消耗和人工费用。

（3）人工费。指运营单位从事专项工程管理运行维护职工发生的薪酬支出，包括工资总额（含津补贴）、职工福利费、职工教育经费、工会经费、社会保险费用、住房公积金，含劳务派遣及临时用工支出等。

（4）其他运营费用。指除材料费、修理费和人工费以外的费用。

运行维护费确定方法如下。

（1）材料费、修理费，按剔除不合理因素后的监审期间平均值核定。特殊情况下，因不可抗力、政策性因素造成一次性费用过高的可分期分摊。

（2）人工费，工资水平（含津补贴）参考国务院国有资产监督管理部门有关国有企业工资管理办法核定。职工福利费、教育经费和工会经费等其他相关费用，应根据实际情况来核定，但总和不应超过核定的工资总额与国家规定的提取比例的乘积。对于职工的社会保险和公积金，包括养老保险（含补充养老保险）、医疗保险（含补充医疗保险）、失业保险、工伤保险、生育保险和住房公积金等，其审核和计算的基数应以企业实际缴纳的基数为准，但同样不应超过核定的工资总额和当地政府规定的基数上限。计算的比例应不超过国家或当地政府规定的统一标准。如果劳务派遣或临时用工等性质的用工支出没有包含在工资总额内，那么这些费用应在不超过国家相关规定的范围内，根据企业实际发生的数额来核定。

（3）其他运营费用，按剔除不合理因素后的监审期间平均值核定。涉及内部关联方交易的费用，如租赁费、委托运维费和研究开发费，应接受详尽的审核，并依据社会公允价值进行定价。若难以社会市场公允价值，则应以实际承担管理运营维护的单位所记录的费用为核定基础。至于无形资产的摊销期限，若存在法律规范或合同条款，则应遵循这些规定或条款；在缺乏明确规定或合同约定的情况下，应遵循不低于十年的摊销原则。

5.2.2.4 地方电网和增量配电网配电价格

配电网区域内电力用户的用电价格由多个部分组成，包括上网电价或市场交易电价、上一级电网的输配电价、配电网自身的配电价格，以及政府征收的基金和附加费用。用户所承担的配电网配电价格与上一级电网的输配电价合计，不应超过用户若直接接入相同电压等级时的现行省级电网输配电价。

在确定配电价格的过程中，需要综合考虑诸多因素，包括但不限于本地区的上网电价、省级电网的输配电价、趸售电价以及销售电价等现行电价。同时，还应考虑地区经济发展的实际需求、交叉补贴政策等，以确保定价参数的选择既合理又符合实际情况。

（1）招标方式确定投资主体的配电网项目，配电价格的确定将依据招标定价法。参与竞标的主体须对投资规模、配电容量、供电可靠性、服务品质以及线路损耗率等方面做出明确的承诺。政府相关部门负责对合同约定的供电服务标准等进行监管和考核。如果服务未能达到合同约定的标准，配电价格将相应地进行降低。

（2）非招标方式确定投资主体的配电网项目。对于该类项目可以选择准许收入法、最高限价法和标尺竞争法三种定价方法中的一种或几种方法确定配电价格。对于同一类型配电网，应选择相同定价方法。

1）准许收入法。在省级价格主管机构的监管下，准许收入法被用于配电网项目的定价。这一过程始于能源主管部门确定配电网的规划投资，并在项目业主制定投资计划之后。根据《省级电网输配电价定价办法（试行）》（发改价格〔2016〕2711号），对配电网企业在监管周期内的准许成本、准许收益和价内税金进行核定。以此确定监管周期内的年度准许收入。此外，还会依据配电网的预测电量，来核定监管周期内独立的配电价格。

2）最高限价法。采用最高限价法来确定配电网的配电价格，首先需基于"准许成本加上合理收益"的计算方式，对特定配电网的配电价格进行初步估算。随后，参考具有可比性的其他配电网的配电价格，并结合供电的可靠性和服务质量等绩效考核指标，来确定该配电网的最高限价。配电网企业需根据这些标准制定具体的配电价格方案，并提交至省级价格主管部门进行备案。此外，鼓励各地区探索并建立一种机制，使得最高限价能够与居民消费价格指数及效率提升的要求相挂钩，实现价格的动态调整。

3）标尺竞争法。该方法通过"准许成本加合理收益"原则初步计算某个配电网的配电价格，再结合此与省内其他配电网价格的加权平均值来确定最终价格。在首个监管周期，该配电网可能获得较高权重。对于配电网差异较小的地区，可依据同类型配电网的社会平均先进水平，按省分类制定标杆价格。

此外，配电网配电价格调整，应明确价格监管周期，做好过渡阶段价格衔接，并参照《省级电网输配电价定价办法（试行）》建立平滑处理机制、定期校核机制和考核机制。

5.3　输配电价分摊方法

5.3.1　邮票法

在电力行业中，输配电价成本分摊中的"邮票法"是一种将输电和配电网络的成本按照用户的用电负荷情况进行分摊的方法，当同一类电力用户购买同一种电量产品时的电价一致，即邮票法的电价与位置、路径均无关。该方法是先考虑输电总成本，再根据输电功率计算分摊费用，根据用户的用电负荷量来确定其应支付的成本，因此可以更加准确地反映用户对输配电网络的实际使用造成的负担。其特点是操作简单，透明性高，不考虑距离远近，也不计及输电业务对输电设施的实际使用情况，通过制定统一的输配电价来提高交易过程的稳定性。

邮票法简单易行，目前我国输配电价体系采用的是邮票法。然而，邮票法难以对成本进行追溯，导致交叉补贴的存在，且网损未能公平分摊给用户；此外，邮票法在使用时需要精确监测用户用电负荷、确保成本计算准确性，在实施过程中需要充分考虑技术、数据采集和监管等方面的问题，以确保邮票法的有效性和公平性。

5.3.2　合同路径法

合同路径法是指在输配电中电能按照合同规定的路径通过，只按该路径中产生的成本进行分摊。由于不同的转运业务使用不同的路径，因此合同路径法中输电业务成本有两个部分，一部分是线路的折旧成本，另一部分是其他成本。输电成本按照输送电量进行平摊，折旧成本则需要按照各个业务在线路中的使用程度进行分摊。

　　合同路径法要求电力通过的路径确定且连续，并且该路径有足够的可用容量。合同路径法实现简单，成本分配合理，但由于没有进行潮流计算，忽视了转运潮流对其他路径的影响，在网损严重的电网中问题较大，该法适用于较小规模的输配电网。

合同路径法的计算步骤如下所示：

　　（1）确定转运路径 i；

　　（2）确定转运路径 i 中的转运功率 $P_{w,i}$，根据路径的串并联分别考虑该项业务的功率 P_w，串联路径中转运功率等于功率，并联路径中根据各支路的阻抗确定各自功率；

　　（3）确定转运路径成本，其中输电容量成本 $C_{c,i}$ 中包括固定资产的投资回报和折旧成本，以及输电运行成本 $C_{0,i}$；

　　（4）计算转运费。

$$R_w = \sum_i \left(\frac{P_{w,i}}{\overline{P_i}} \times C_{c,i} + C_{0,i} \right) \tag{5-1}$$

其中，$\overline{P_i}$ 为支路 i 的安全输送功率。

5.3.3　边界潮流法

　　边界潮流法是根据某项输配电业务引起的线路潮流变化量，得出此项业务对应的潮流变化量与线路最大输电功率的比值，即输配电价分摊的比例。边界潮流法中，输配电价分摊一般由送受端各承担一半。

边界潮流法的计算步骤如下：

　　（1）选择输电网合适的负荷水平，比如峰荷或其他状态；

　　（2）计算某一转运业务时的潮流水平，得到边界联络线上的功率 P_l，l 为边界联络线的序号；

　　（3）计算转运业务后的潮流水平，得到功率 P_l'；

　　（4）计算平均转运成本 γ_w，公式见邮票法；

　　（5）计算转运费。

$$R_w = \left(\frac{1}{2} \sum |P_l' - P_l| \right) \gamma_w \tag{5-2}$$

5.3.4　兆瓦-公里法

　　兆瓦-公里法是根据输配电线路中电网潮流的变化，通过计算每个线路的利用情况，将使用费用分配给实际输入和输出功率的节点，由此求出该项输配电业务分摊该段线路的成本，既考虑了输送功率大小又考虑了线路的送电距离。

　　兆瓦-公里法的计算步骤如下所示。

　　（1）计算所有支路上的功率成本 c_i；

　　（2）计算所有支路上的平均容量成本；

$$\gamma_i = \frac{c_i}{\overline{P_i} \times L_i} \tag{5-3}$$

式（5-3）中，$\overline{P}_i$ 为支路 i 的安全输送功率，L_i 为支路长度，变压器等设备一律并入线路计算。

（3）除去所有负荷和发电功率，计算只有转运业务的功率，求出全网各支路潮流 $P_{z,i}$ 和支路网损 $P_{l,i}$；

（4）计算总运行成本 C_0；

（5）计算转运费。

$$R_w = \sum_i (\gamma_i \times P_{z,i} \times L_i) + C_0 \tag{5-4}$$

5.3.5　潮流追踪法

潮流追踪法是一种用于确定电厂和用户在电力网络设备上的使用权，并以此进行成本分摊的方法。该方法基于以下假设：节点功率源（电厂）和功率负载（用户）之间遵循一定的比例共享原则。具体而言，它将节点上完全混合的输入功率按比例分配给每个输出功率。然后，通过典型的潮流分布，使用顺流追踪和逆流追踪的方法，确定发电机和负荷分别承担的输电费用的比例，并将这些费用分摊给相应的电网用户。这样做有助于确保成本分摊更加公平和精确。

潮流追踪法的原则是按比例分配，是指对于流出节点的任意一个支路的有功比率，按照节点注入中各支路的有功功率比例进行分解，得到各个电源在该支路中的相应分量（见图 5-3）。

图 5-3 中，有 4 条线路都连接在第 Z 个节点上，两条流入，两条流出。通过节点的总功率 P=40+60=100 兆瓦，其中 40% 是由 J-Z 线路提供的，60% 是由 K-Z 线路提供的。假设从节点流出的功率都是按比例分配的，因此 Z-M 线路流出的 70 兆瓦中，70*40%=28 兆瓦是由线路 J-Z 提供的，70*60%=42 兆瓦是由线路 K-Z 提供的。类似地，

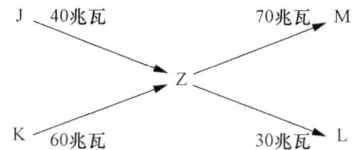

图 5-3　潮流追踪示意图

Z-L 线路流出的 30 兆瓦中 30*40%=12 兆瓦是由线路 J-Z 提供的，30*60%=18 兆瓦是由线路 K-Z 提供的。

潮流追踪法不仅可以进行输电成本和网损成本分摊，还能够利用潮流跟踪的结果计算阻塞成本的分摊，确保市场成员平分阻塞费用；也可根据潮流来确定节点的负荷和输送电量是否需要调整，从而减少过载事故的发生，保障电网安全可靠运行。

5.4　输配电价的传导机制

输配电价传导作为输配电价体系中重要的组成部分，是指电网企业之间和企业内部中对于各电压等级成本的传递路径和传递方式。其中，传导路径是指各级电网间价格是逐级传导，还是直接传导到省级电网；传导方式是指各种服务价格作为电网购电费还是纳入输配电价格传导。

输配电成本传导是指电网中从高电压等级向低电压等级逐级分摊成本，主要存在于省级电网内部的不同电压等级之间。输配电价传导机制（注意不是输配电成本传导）则是主要考虑跨省跨区电网、区域电网和省级电网三个层级。输配电价传导需要在跨区跨省电网

和省级电网间建立公平明确的输配电价机制，制定合理的输配电价。本节要讨论跨区跨省的输配电价传导。

5.4.1　输配电价的传导原则

合理的输配电价传导机制安排应该遵循以下原则。

1. 要有利于优化配置电力资源

当前，我国能源资源分布和生产力布局不平衡。我国能源资源主要集中在西部地区，以煤炭为主，兼具水电资源，但经济发展中心主要集中在东中部。从电力供应来看，主要由西部地区发电，再经由电网输送到东中部地区，规模大、距离远的电能输送对于电网和输配电传导机制有了更高的要求。合理的输配电价传导机制能够促进能源的输送，优化更大范围内的电力资源配置，升级电网建设，加快电网发展。

2. 要有利于电力市场有效运作

透明且准确的输配电价反映了电力输配的价格，有助于避免电力市场中的交叉补贴和层层加价现象，降低市场中的信息不对等。如果输配电价不准确，可能会导致某些区域的能源价格偏低，而其他区域则偏高，这可能会影响投资和消费决策，降低市场的整体效率。输配电价传导机制有利于促进电力市场的有效运作，提高市场竞争力，促进可持续发展，同时还有助于提高市场的透明度和稳定性。

3. 要有利于实现公平负担

输配电价传导机制有利于实现公平负担的主要原因在于它能够确保不同用户按照其实际使用造成的负担分摊电力系统的成本。输配电价传导机制可以根据用户的实际用电量和用电特点，将电力输配系统的成本合理地分摊给不同用户，基本上做到"谁受益、谁承担"的公平准则。

4. 要便于操作

如果输配电价传导机制过于复杂，市场参与者可能需要大量的资源和专业知识才能理解和遵循这些机制，这会增加新参与者进入市场的门槛，限制市场竞争。同时复杂的机制容易导致误解，倘若解释不一致更容易引发争议和纠纷。简化的机制可以灵活调整，以适应市场和技术的变化，从而维持市场的稳定性和可持续性，体现了电力市场的灵活性。

5.4.2　省级电网输配电价传导机制

我国省级电网输配电成本分摊方法采用邮票法，依据不同电压等级和用户的用电特性和成本结构，分别制定分电压等级、分用户类别输配电价。

1. 分电压等级输配电价

电压等级分为 500 千伏（750 千伏）、220 千伏（330 千伏）、110 千伏（66 千伏）、35 千伏、10 千伏（20 千伏）和不满 1 千伏等 6 个电压等级。用户数较少的电压等级电价标准，可与相邻电压等级归并核定。

分电压等级输配电价的计算公式为：

各电压等级输配电价=该电压等级总准许收入÷本电压等级的输配电量。

其中，某一电压等级总准许收入由本电压等级准许收入和上一电压等级传导的准许收入构成。各电压等级总准许收入由准许成本、准许收益、税金构成。准许成本按固定资产原值、输送电量等因素归集、分摊至各电压等级，准许收益、税金按固定资产净值等因素归集、分摊至各电压等级。

此外，"网对网"省外购电用户承担的输电价格，按照与省内用户公平承担相应电压等级准许收入的原则确定，不承担送出省省内用户间交叉补贴的责任。

2. 分用户类别输配电价

用户类别分类，以销售电价分类为基础，逐步归并为居民生活、农业生产及工商业用电（除执行居民生活和农业生产用电价格以外的用电）三类。

分用户类别输配电价，应以分电压等级输配电价为基础，综合考虑政策性交叉补贴、用户负荷特性等因素统筹核定。根据各省具体情况，逐步缩减不同地区、不同电压等级、不同类型用户间的交叉补贴。

两部制电价的容（需）量电价与电度电价，原则上参考准许成本中折旧费与运行维护费的比例核定。探索结合负荷率等因素制定输配电价套餐，由电力用户选择执行。

省级电网综合线损率参考成本监审核定的上一监管周期实际综合线损率平均值核定，最高不得超过上一监管周期核定线损率。

5.4.3　区域电网输电价格传导机制

区域电网输电价格在按"准许成本加合理收益"核准准许收入后，按两部制电价形式确定。其中，电量电费反映区域电网提供输电服务的成本，原则上按区域电网输电线路实际平均负荷占其提供安全服务的最大输电容量测算；容量电费反映区域电网为省级电网提供事故备用等安全服务的成本，主要考虑提供事故紧急支援能力和对各省级电网峰荷贡献等因素，在区域内各省级电网之间分摊。

根据 5.2.2.2 节区域电网输电价格的计算，分摊给各省级电网公司的容量电费作为上级电网分摊费用纳入省级电网准许收入，通过省级电网输配电价回收，按各省级电网终端售电量（含市场化电量）确定标准收取。

5.5　本　章　小　结

本章深入探讨了输配电价的概念、制定原则、基本方法以及我国输配电价的发展历程。输配电价作为电力系统中游的关键环节，不仅关系到电网企业的合理收益，也直接影响着电力资源的优化配置和电力市场的健康发展。

首先，输配电价的制定需遵循合理成本、合理收益、公平负担、经济信号、优化配置和简单易行等六大原则，以确保输配电价既能覆盖电网企业的运营成本，又能为投资者提供适当的回报，同时促进电力资源的合理流动和高效利用。其次，本章阐述了自 2002 年电力体制改革以来，输配电价改革的五个阶段，包括试点启动、顶层政策形成、定价体系建立、第二轮改革以及第三监管周期的严监管阶段，反映了我国在输配电价改革方面的持续探索和深化，旨在建立更加科学、规范、透明的输配电价体系。再次，阐述了不同类型的输配电价，如省级电网输配电价、区域电网输电价格等，以及相应的计算方法和核定过程。特别是对省级电网输配电价的计算方法进行了详尽的解析，包括准许收入的确定、成本和收益的计算以及税金的核定等。最后，本章对输配电价的分摊方法和传导机制进行了讨论，包括邮票法、合同路径法、边界潮流法、兆瓦-公里法和潮流追踪法等，这些方法各有特点，适用于不同的电网结构和运营环境。

综上所述，本章为读者提供了一个全面、系统的输配电价知识框架，不仅有助于理解输配电价的重要性和复杂性，也为电力行业的政策制定者、企业管理者和市场参与者提供一定的参考和指导。通过不断地改革和完善，期待我国输配电价体系能够更好地服务于电力市场的健康发展和能源转型的需要。

思　考　题

（1）请描述我国输配电价改革的主要阶段，并指出每个阶段的关键政策和措施。

（2）请解释第三监管周期省级输配电价规定中，工商业用户用电价格的构成和分类。

（3）请描述我国省级电网输配电成本分摊方法采用的邮票法，并解释其特点和实施过程中需要注意的问题。

第 6 章　管制条件下的销售电价

6.1　管制条件下销售电价概述

销售价格是电网运营企业销售给终端用户的电能价格，是电力价格链的下游环节。我国电价的制定应坚持公平负担、有效调控电力需求、兼顾公共政策目标的原则，实行政府定价、统一政策、分级管理。作为终端电价的销售电价，是连接供需双方、引导用电的桥梁。只有理顺销售电价，才能真正反映电力商品的价值，准确、灵敏地反映电力市场供需关系的变化，才能更好地配置有限的电力资源，才能促进电力行业市场化改革的顺利进行。电价的调整不仅关系到消费者的利益，而且直接关系到电力企业的生存和发展，因此合理设计销售电价是电力产品定价中最关键的环节。在 2015 年新一轮电改之前，我国的销售电价基本以计划的方式确定，电改之后售电侧逐步放开，引入售电公司，销售价格也逐步由市场形成。本章主要讨论管制条件下的销售电价确定方法。

6.2　管制条件下销售电价确定方法

6.2.1　销售电价确定原则

在我国电力批发市场和零售市场引入竞争之前，电力用户按照政府制定的固定目录价格购买电能，这一阶段的销售价格由政府制定。在批发市场和零售市场引入竞争后，未进入市场的用电用户仍然按照目录价格购买电力，而进入市场的用电用户则以市场为导向确定其购电价格，这被称为计划和市场的双轨制。未来随着越来越多的电力用户进入市场，电力零售市场将进一步活跃，我国销售电价的形成机制将逐步由双轨制向市场主导的价格形成机制和政府监管机制转变。

在管制条件下的销售电价定价过程中，应遵循如下确定原则。

1. 成本补偿原则

销售电价水平应能反映发电、输配电、售电环节的实际成本，对电力企业的生产、经营成本起到补偿作用。

2. 公平负担原则

各类用户的销售电价，应该真实反映用户对电力系统的成本耗费，使得各类用户公平负担电力成本。

3. 反映用户价格响应原则

销售电价的结构和水平应能够合理反映市场需求的结构和供需关系，给用户提供合理的价格信号。

4. 相对稳定原则

在现代社会，电能的使用越来越广泛，各行各业对电能的依赖性也越来越大，用户销售价格的频繁、大幅变化对社会经济和人们的生活会产生巨大的影响，因此电价的调整应考虑到社会的承受能力，并在一定时期内保持相对稳定。

5. 兼顾公共服务政策原则

销售电价的制定要兼顾国家产业政策及其目标，并向低收入者或偏远地区用户提供最基本的电力服务。

6. 可操作原则

在销售电价定价过程中，应考虑销售电价的运营成本水平。销售电价体系越是精密复杂，计量等方面的运行成本投入就会越高，可操作性就会降低。

6.2.2　销售电价确定方法

电价作为供电成本和价值的反映，应为用电用户提供准确的经济信号，使用电用户对用电方式做出反应，从而节约用电成本，提高用电效率，优化资源配置。在确定电价结构时，合理的电价分类是非常重要的，其应考虑以下问题。

1. 用户的负荷特性

用户用电特性的重要指标是负荷率，它反映了用户在一定时间内平均负荷与最大负荷之间的比值。一般来说，电力系统的供电成本主要由固定成本和可变成本组成。在固定供电成本方面，单位供电成本与负荷率成反比关系，换句话说，负荷率越高，单位供电成本越低；反之亦然。电力系统固定供电成本的分摊基础是负荷同步率。负荷同步率是指一组用户的最大需求之和与每个用户的最大需求之和的比值。由于不同用户的最大需求不会同时发生，因此负荷同步率始终小于1。用户的供电成本与负荷同步率成正比，也就是说，负荷同步率越高，用户的供电成本就越高；反之，供电成本则越低。

2. 用户电压等级

由于用户的最大需求和用电量不同，电力企业对用户的供电电压也不同。一般来说，用户的最大需求和功耗越大，所选电源电压越高；反之，如果用户的用电量较小，则可以选择低压供电。

3. 用电时间和用电季节

鉴于不同时间用电量的差异，应对销售价格加以区分。时令原则实际上是电力生产和供应成本的反映，峰谷分时电价和季节电价正是用电量时令的具体应用。

4. 交叉补贴

通常所说的交叉补贴，是指在垄断行业中，具有市场支配力的垄断企业为了击败竞争对手或限制其竞争能力，采取措施降低竞争业务和垄断业务的价格，以垄断利润弥补竞争业务的损失。与一般垄断企业以排挤竞争对手为目的的交叉补贴不同，电力企业利用在营利领域的利润来弥补在非营利性领域的亏损。电价交叉补贴是在总体电价水平一定条件下，对各类别用户实行与实际供电成本不相匹配的用电价格，以达到一部分用户给予另一部分用户电价补贴的政策目标。我国电价交叉补贴主要包括省（区、市）内发达地区用户对欠发达地区用户的补贴、高电压等级用户对低电压等级用户的补贴、大工业和一般工商业用户对居民和农业用户的补贴。

6.3　管制条件下销售电价制度设计

6.3.1　峰谷分时电价

峰谷分时电价是一种根据电网负荷变化情况设计的电价制度。它将一天的 24 小时分为峰、平、谷等时段，并在每个时段设定不同的电价水平。通过设置不同的电价，峰谷分时电价制度旨在鼓励用户在低负荷时段使用电力，以削峰填谷，提高电力资源的利用效率。这种电价制度将用户的用电量分为高峰用电量和低谷用电量，并分别计算电费。高峰用电量指的是电力供应紧张的时段，一般是白天，此时充电标准较高；低谷用电量则是指用电量较少，电力供应充足的时段，一般是夜间，此时收费较低。峰谷分时电价的实施有助于推动用电单位错峰用电，充分利用设备和能源资源。

峰谷分时电价的实施体现了电力能源在不同时间的价值差异，以及市场经济的原则。为了满足用户的需求，电网必须确保相应的电力供应和容量储备。由于用户在不同的时间对电能的需求不同，电能商品的生产成本也会有所不同。通过这样的电价调节机制，电力市场能够更有效地分配供需资源，促进电力资源的合理利用和能源的可持续发展。

（1）定价原则。电价制定对于电力市场的稳定运行和可持续发展至关重要，其遵循一系列原则。首先是要遵循电价制定的一般原则。

1）成本公平原则：电价应该合理地反映供电成本，确保电力企业能够正常运营和维持合理利润。同时，电价制度应遵循公平和透明的原则，确保各用户在享受电力服务的同时能够公平地承担相应的成本。

2）动态平衡原则：电价应能够引导用户在供需压力不同的时段合理调整用电行为，使电网的供需能够实现动态平衡。峰谷分时电价的设计应考虑电力供需的季节、时间、负荷等因素，使用户在低负荷时段使用电力，以减轻高负荷时段的压力，优化用电资源配置。

3）激励效率原则：电价制度应该通过调节价格信号，激励用户在电价较低的时段增加用电，减少在电价较高的时段用电，以提高电力资源的利用效率。峰谷电价的设定可以鼓励用户在低谷时段用电，同时减少过高的峰值用电，实现用电行为的灵活调整。

4）可持续发展原则：电价制度应考虑环境和资源的可持续性，鼓励用户使用清洁能源和高效用电设备，促进节能减排和可持续能源的发展。峰谷分时电价的引入可以推动用户在低谷时段使用电力，减少对传统能源的依赖，达到可持续发展的目标。

基于以上原则，制定和优化峰谷电价制度，能够更好地实现电力市场的效益最大化、用户利益最大化和能源资源的可持续利用。

在上述电价制定的一般原则基础上，峰谷分时电价的制定通常还需要满足以下一项或多项原则：

1）竞争公平原则：在竞争市场中，电价制度应促进公平竞争，通过提供多样化的电价选择，让用户在合理范围内选择适合自己的用电方案，并鼓励供电企业提供优质和创新的服务。

2）用户需求导向原则：电价制度应更加关注用户需求，根据不同用户的用电特点和需求，提供个性化的电价方案，满足用户的多样化需求，提高用户体验和满意度。

3）灵活调节原则：峰谷分时电价制度应具备一定的灵活性，能够根据市场变化、供需压力和能源供应状况等因素进行调整，以适应电力市场的动态需求和供应情况。

4）信息透明原则：电价制度应具备信息透明性，使用户能够清晰了解不同时段的电价水平和用电成本，以便进行合理的用电安排和费用控制。

值得注意的是，不同国家或地区在制定峰谷分时电价制度时可能存在差异，但上述原则仍可作为指导，以确保电力市场的运作公平、合理和可持续发展。

（2）峰谷时段制定方法。为了更好地发挥峰谷分时电价的优势，峰谷时段的划分主要遵循以下原则。

1）为保证电力系统的稳定性，建议高峰时段、正常时段和低谷时段的长度不应小于 6 小时，以避免用户的电力需求发生明显变化。

2）峰期长度和谷期长度相差一般不应超过 2 小时，这有利于用户将高峰期的大量用电转移到低谷期，以平衡电力负荷。

3）为减少用户频繁调整用电计划的不便，推荐每个时间段的连续性不少于 2 小时，这样用户可以更好地安排自己的生产和生活。

4）不同时段由于机组发电量和用户用电需求的差异，电费也会有所不同。电价时段的划分应能准确反映时段内电费的差异，以向用户传递价格信号。目前，常用的峰谷周期划分方法包括经验法、因素分析法和模糊聚类法等。

根据以上原则，峰谷分时电价制度的具体时段划分方法可以采用不同的方法进行选取，以达到公平、合理和可持续发展的目标。

经验法。经验法是一种将区域负荷总体情况、近年用户用电量数据和工作人员经验作为参考，来划分峰谷时段的方法。然而，这种方法主要依赖于个人经验和主观意见，相对而言缺乏科学性和客观性。

因素分析法。基于因素分析的周期划分方法利用现代统计分析技术，通过对历史负荷曲线的实际数据进行分析，提取共同因素，并从中获取峰谷周期的划分结果。这种方法虽然具有一定的客观性和科学性，但仍然可能受到主观意愿的影响。

模糊聚类法。基于模糊聚类分析的周期划分方法通过模糊隶属度函数计算各时间点峰谷的模糊隶属度，并构建模糊等价矩阵。然后，在该矩阵的基础上选择合适的截割集，进行峰谷周期的划分。模糊聚类分析具有科学、高效、不受个人主观因素影响的特点。因此，在实际应用中广泛采用模糊聚类分析方法进行周期划分。

（3）定价方法。

1）边际成本定价法。边际成本定价法是根据单位用电量所引起的成本增加来确定电价的方法。它以边际成本为基础，在理论上可以实现资源的最优配置和社会福利的最大化。根据电力系统的最优规划运行条件，不同时间段的边际机组存在差异，因此边际发电成本也会有所不同。

在建立峰谷电价水平时，边际成本定价法会考虑不同时期的边际成本作为电价的依据。为了保证成本的回收，通常会进行财务平衡的调整。然而，也存在一些国家或地区直接采用边际成本定价的方法，如英国。这种方法更加直接地以边际成本为基础，不经过财务平衡的调整。

边际成本定价法有利于确保资源的最优配置，促进电力市场的有效运行。边际成本定

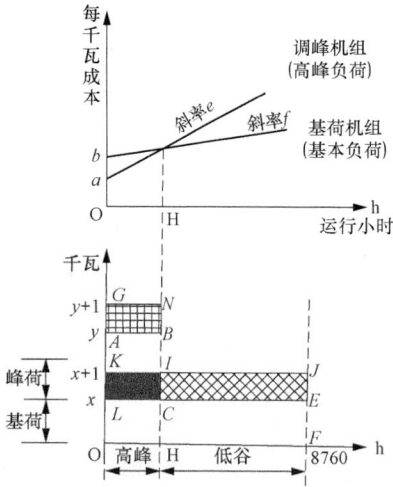

图 6-1　电厂成本及系统年负荷持续曲线图

价法的优势在于能够根据供需状况和成本变化来灵活调整电价，进而实现资源的经济利用和社会效益的最大化。用户需要支付高峰容量边际成本和高峰时段电力边际成本。低谷时段只支付低谷电能的边际成本。峰值容量边际成本等于基荷机组的容量边际成本减去基荷机组节省的净燃料成本。在不考虑工厂消耗、线路损耗和备用容量的情况下，使用典型的系统负荷曲线和典型的工厂成本随时间变化曲线进行分析。带高峰负荷机组的年每千瓦装机成本为 a，小时运行成本为 e；带基本负荷机组的年每千瓦装机成本为 b，小时运行成本为 f。两个不同特性电厂的成本和系统负荷持续时间曲线如图 6-1 所示。

2）定价方式。如图 6-1 所示，调峰机组每千瓦成本为 $a+eh$，基荷机组每千瓦成本为 $b+fh$，两曲线交于运行小时为 H 这一点，由式 $a+eH=b+fH$ 得

$$H = \frac{b-a}{e-f} \tag{6-1}$$

在此曲线下运行，最经济的发电量以面积 $OABCEF$ 代表，基荷机组带负荷 x 千瓦，运行 8760 小时（用 T 表示），调峰机组带负荷（$-x$）千瓦，运行小时为 H。满足年负荷持续曲线的年度总成本为

C_0=基荷机组的容量边际成本和电能边际成本+调峰机组的容量边际成本和电能边际成本

$= x(b+fT) + (y-x)(a+eH)$

以下分三种情况进行讨论。

第一种情况：高峰期增长 1 千瓦负荷，如图中 $AGNB$ 面积所示。从最佳运行情况讲，应由调峰机组投入 1 千瓦发电容量，年度总成本为

$$C_1 = x(b+fT) + [(y+1)-x] \cdot (a+eH) \tag{6-2}$$

因此，增加的成本为

$$C_1 - C_0 = a + eH \tag{6-3}$$

增加的成本正好是高峰负荷用户必须负担的电费，它包括容量电费（每年每千瓦为 a）和电能电费（每千瓦电能为 e），即高峰用户应负担 $a+eH$，等于系统增加的成本。也就是说，高峰用户须付高峰容量边际成本和电能边际成本。

第二种情况：低谷期增加 1 千瓦负荷，以图 $CIJE$ 面积所示，从最佳运行情况讲，应由基荷机组投入 1 千瓦发电容量，年度总成本为

$$C_2 = (x+1)(b+fT) + [y-(x+1)] \cdot (a+eH) \tag{6-4}$$

增加的成本为

$$C_2 - C_0 = (b-a) - (e-f) \cdot \frac{b-a}{e-f} + f \cdot (T-H) = f \cdot (T-H) \tag{6-5}$$

因此，低谷期负荷微增 1 千瓦引起系统增加的成本，等于这个时间之内带基荷运行机

组的电能边际成本 f，即低谷期由于用户负荷增加，系统增加的成本负荷仅为 f，没有发生容量边际成本，这也是制定峰谷电价的理论依据。

从上述变量之间的关系，还可以推导出以下结论：由于低谷期微增负荷 1 千瓦，调峰机组可以少投 1 千瓦，节省了高峰容量成本 a，而多投入基本负荷容量 1 千瓦，需要增加成本 b；另外，由于基荷机组代替调峰机组运行，净节约燃料成本为 $(e-f)H$，如图 6-1 中 $LKIC$ 面积所示。高峰容量边际成本 a，基荷容量边际成本 b，以及净节约的燃料成本 $(e-f)H$ 之间关系为

$$a + (e-f) \cdot H = b \tag{6-6}$$

用文字表述为：高峰容量边际成本=基荷容量边际成本+净节约的燃料成本。

第三种情况：高峰期和低谷期都增加 1 千瓦负荷，等于上述两种情况的线性成本组合。

用户应负担的电费为：高峰容量电费，每年每千瓦为 a；高峰电能电费，每千瓦电能为 e；低谷电能电费，每千瓦电能为 f，高峰和低谷都用电的用户应付的电费为

$$(a + eH) + f(T - H) = a + (e-f) \cdot H + f \cdot T = b + f \cdot T \tag{6-7}$$

也就是说，应付的电费等于系统微增成本。

3）需求导向定价法。需求导向的政府定价旨在通过设定合理的电价水平来实现削峰填谷的目标。政府根据电力系统的需求情况和供给能力，制定不同时间段的电价，引导用户在峰谷时段合理调整用电行为，以减少负荷峰值和平衡电力供求。这种定价机制的目标是为了优化能源资源的利用，降低电力系统的负荷峰谷差，提高供电的可靠性和经济性。

需求导向的市场定价目标是让零售企业实现利益最大化。在市场化的电力体制下，根据用户对电价的敏感程度以及用电需求的弹性，制定不同时间段的电价水平。通过消费者心理或需求价格弹性矩阵，需求导向定价可以表征用户对价格的敏感度，从而制定峰谷电价。

需求导向定价的核心思想是通过调节价格来引导用户在峰谷时段用电，以实现电力系统的平衡和资源的合理利用。无论是政府定价还是市场定价，需求导向定价都旨在通过电价调整来影响用户的用电行为，以达到优化供需关系和提高电力系统效率的目标。

4）会计成本定价法。会计成本定价在制定峰谷分时电价时，首先基于历史产生的成本和一定时期内各时段的电力生产、输配和销售的平均成本，计算出供电成本。然后，根据峰谷时段的划分，以不同的方式将供电成本分配给用户，从而确定未来各时期的价格水平。然而，会计成本定价方法存在一些限制。会计成本定价方法难以反映用电需求增加所导致的成本增加情况。这意味着当用电需求增加时，会计成本定价方法可能无法准确地反映出实际的成本增加程度。这可能导致供电成本分配不准确，不利于资源的优化配置。

6.3.2　高可靠性电价

高可靠性电价是一种根据供电系统的可靠性因素设计的电价方法。可靠性指标是衡量电能供应质量的重要指标之一。为了提高供电系统的可靠性和减少停电损失，系统必须增加备用容量和备用线路等设备。鉴于高品质商品的价格通常高于低品质商品的价格，同样地，供电系统的可靠性越高，其供电成本也相应增加，用户承担的成本也更高，电价也会相应提高。然而，这可以减少用户所遭受的供电中断和停电损失。相反地，如果供电系统的可靠性较低，供电成本就会降低，用户承担的成本也减少，因此电价也会相应降低。然而，这样的情况可能导致用户遭受更多的电力中断和停电损失。

高可靠性电价可以通过提高电价水平，鼓励供电企业增加备用容量和备用线路等投

资，以提高供电系统的可靠性。这种电价设计方法的目的是在用户和供电企业之间寻找供电成本和可靠性之间的平衡点，以优化供电系统的运行效果。

需要注意的是，高可靠性电价的确定需要综合考虑供电系统的特点、用户需求、经济成本和社会效益等因素，并进行合理的电价制定，以实现供需平衡和资源的合理配置。

（1）供电可靠性。为了向用户提供更安全、可靠、经济的电力供应，电网企业需要增加投资并提高电网的可靠性，包括规划、建设、改造和运营等方面。这种持续改造和建设需要大量的资金投入，而过度的投资会导致电网运营成本增加，利润降低。因此，为了保持电网企业对电网建设和改造的积极性，提高供电可靠性需要与电网的经济效益相结合，符合经济规律。

高可靠性电价是一种有效的手段，可以兼顾供电可靠性和经济效益。当电力用户要求提高供电可靠性，电网企业为满足这一需求进行相应的配电网改造时，用户可以选择支付较高的电费来获得更高水平的供电可靠性。这样一来，用户可以享受更可靠的电力供应，而电网企业通过用户支付的较高电费来回收改造投资成本。

另外，如果用户在支付可靠性经济补偿费用后，供电可靠性水平未达到约定要求，电网企业需要向用户进行可靠性经济补偿，以弥补供电中断所带来的电力损失。这种机制鼓励电网企业保障供电可靠性，并激励其实施必要的改造和维护措施。

综上所述，高可靠性电价是将供电可靠性与经济效益相结合的一种有效手段，以协调用户和电网公司的利益，鼓励电网维护和改造，并确保用户获得可靠的电力供应。

为了提高供电的可靠性，用户必须使用备用线路或备用电源，而对备用线路或备用电源收费将提高可靠负载的价格水平。作为电力市场的支点，价格是首先要考虑的问题。价格是市场的杠杆，电价制定原则对电力市场的形成和发展起着重要作用。

早在 1993 年，国家计委印发的《关于 110 千伏及以下供电工程收取贴费的暂行规定》中指出，用户申请多路电源的，每路电源应按本规定分别交纳贴费，备用电源视作一路电源。同年 5 月，电力工业部出台《供电工程贴费管理办法》，确定了供电贴费的具体收取标准。随着时代发展进步，供电贴费的收取模式已不适应经济社会需要。2002 年，国家计委印发了《关于停止收取供（配）电工程贴费有关问题的通知》，文件明确指出停止收取供电贴费。2003 年 12 月，国家发改委下发了《关于停止收取供配电贴费有关问题的补充通知》（发改价格〔2003〕2279 号），指出，对申请新装及增加用电容量的两回及以上多回路供电（含备用电源、保安电源）用户，除供电容量最大一条的回路不收取高可靠性供电费用外，其余回路均收取高可靠性供电费用。

（2）机制原理。用户在选择供电可靠性水平时，可以根据个人需求和经济承受能力，选择支付高或低的电价。当用户支付一定水平的电费来获得特定的供电可靠性时，如果电网企业未能满足其承诺的供电可靠性水平，根据公平原则，电网企业应当向用户提供相应的经济补偿。评价配电网的可靠性通常使用可靠性指标来进行定量衡量。这些指标可以反映配电网的可靠性水平，并可作为制定高可靠性电价和相应补偿机制的参考，如图 6-2 所示。

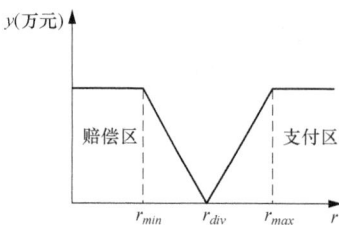

图 6-2 高可靠性电价及赔偿机制模型

通常情况下，供电可靠性的提高需要电网企业进行额外的投资和改造，这会增加运营成本。用户可选择支付较高的电价以获得更高的供电可靠性，并为电网企业提供资金用于改善电网设施和维护。而当供电可靠性未达到承诺水平时，电网企业需向用户进行经济补偿，以弥补用户因供电中断等造成的损失。

具体的高可靠性电价设计和补偿机制可能因地区而异，但核心目标是提高供电可靠性并保护用户权益。此外，设定合理的临界值和线性补偿机制是确保制度公平和稳定运行的重要因素。

不同的电网公司可能会制定不同的供电可靠性指标来评估和衡量配电网的可靠性水平。国家电网公司和南方电网公司明确规定了供电区域划分标准，以及供电可靠率（RS-3）和用户平均停电时间（AIHC-3）等指标。

供电可靠率（RS-3）和用户平均停电时间（AIHC-3）是供电可靠性的两个重要指标，它们相互对应，可以用于评估和反映供电可靠性的水平。通常情况下，用户更倾向于使用用户平均停电时间（AIHC-3）来评估供电可靠性，因为这个指标更直接、直观和易于接受。用户平均停电时间（AIHC-3）是指用户平均每年停电的总时长，它可以体现用户在供电可靠性方面所承受的停电损失。

在制定高可靠性电价和相应的补偿机制时，可以将用户平均停电时间（AIHC-3）作为参考，进行计算和衡量。具体的计算方法和补偿机制可能会根据电力市场和不同地区而有所不同。然而，将用户平均停电时间（AIHC-3）作为参考可以让用户更加直观地理解和衡量供电可靠性，从而为制定合理的高可靠性电价和补偿机制提供依据。

高可靠性电价的收费机制旨在将提高供电可靠性的建设投入成本分摊给每个受益的用电用户。分摊方式主要有向基本价格分摊、向电度电价分摊以及部分基本价格分摊等形式。

用户的用电量并不因可靠性的提高而增加，但供电的容量成本却会增加。因此，把高可靠性电价作为一种附加费用分摊到基本电价中是一种用户比较容易接受的方式。此外，采用这种分摊方式还能够简化计算和操作过程。事实上，在国内的一些省份已经实施了将高可靠性电价分配到基本电价的模式。

综上所述，将高可靠性电价分配到基本电价中是一种可行的方式。这样可以实现建设投入成本的分摊，促进供电可靠性的提高，同时也考虑到了用户的接受程度和操作的简便性。

（3）高可靠性电价设计方法。在市场经济环境下，保证供电可靠性和提供高质量的电力供应是电力行业企业和电力用户共同的责任。为了确保供电系统的可靠性，备用容量的提供既可以由电力企业承担准备，也可以由用户和电力系统的辅助服务共同承担。在此基础上，通过合理定价的方法来实现电价的合理化，即根据供电质量和价格来制定电价。

电力企业可以通过从电费收入中获得所需的资金，增加必要的发电、输配电设施，以保证供电的可靠性和质量。同时，根据电力需求的发展趋势，制定合理的电价，以反映电力的可靠性和质量。而用户则根据自身的需求选择购买适合自己需要的电量。

这种基于市场机制的电力供应模式将鼓励电力企业和用户共同合作，以确保供电可靠性和质量，同时通过合理定价实现资源优化配置。这样的机制能够促进电力行业的健康发展,并为电力市场的正常运行提供基础。

换句话说,不同可靠性的电价应与峰谷电价中的峰、平、谷电价相同,并将高、中、低电价分开。根据国内现状和电力部门的决策,中国的可靠性定价可分为三个阶段:第一阶段是将电力系统作为一个独立的经济实体,每月向对供电可靠性要求较高的用户收取固定费用,并通过加强管理、协调和调度,优先考虑这些用户的可靠性需求。第二阶段,从全社会的角度,对停电损失进行估算,从整体上考虑提高电力系统可靠性的效益,根据成本效益分析结果,采用承诺补偿方法。第三阶段仍将电力系统作为独立的经济实体,结合节点可靠性指标,改革电价体系,建立高质量、高价格、停电补偿的可靠电价体系。

1)固定费用法。为了满足高供电可靠性的要求,供电企业会根据用户的要求安装安全自动装置,并提供双电源或安全电源。当电力系统影响用户用电时,供电企业必须通过备用电源或安全电源向用户提供协议容量的正常供电或安全供电。这就相当于系统随时向用户提供同等容量的备用容量,因此应根据用户的设备容量或约定的保障用电容量向用户收取与基本电价相同的备用容量费,这样不仅能保证电力企业的合理销售收入,同时也要保证服务的可行性。它体现了电能成本公平合理的要求,同时计算简单,理论基础明确,是一种较为可行的方法。

由于各省、自治区、直辖市经济发展水平的不同,高可靠性供电费收费标准不尽相同。

①河北省。2024年4月,河北省发展和改革委员会发布《关于降低高可靠性供电费标准的通知》(冀发改能价〔2024〕592号),将高可靠性供电费各电压等级标准在《河北省发展和改革委员会关于进一步明确高可靠性供电费价格政策的通知》(冀发改能价〔2022〕1247号)原有规定基础上适度下调,如表6-1所示。

表 6-1　　　　　　　　　　河北省架空线路高可靠性供电费标准

用户受电电压等级（千伏）	用户应缴纳的费用（元/千伏安）	自建本级电压外部供电工程应交纳费用（元/千伏安）
0.38/0.22	119	97
10	97	70
35	75	40
110	40	
220	30	

注　1. 地下电缆按架空线路标准的 1.5 倍计收。
　　2. 用户自建本级项目,是指用户出资建设从公共电网接入点到用户建筑区划红线电力接入工程的项目。
　　3. 对于从公共电网接入点到用户建筑区划红线的供电线路存在架空、电缆线路交替混合的项目,按照用户接入本级公共电网线路的架空和电缆长度加权平均方式确定收费标准。

②宁夏。2024年5月,宁夏回族自治区发展改革委发布《关于规范高可靠性供电费执行方式的通知》,进一步明确高可靠性供电费的执行,宁夏高可靠性供电费收费标准如表6-2所示。

表 6-2　　　　　　　　　　　　　　宁夏高可靠性供电费收费标准

用户受电电压等级（千伏）	高可靠性供电费标准（元/千伏安）	自建本级电压外部供电工程收费标准（元/千伏安）
0.38/0.22	130	100
10	105	75
35	80	35
110 及以上	40	25

2）可靠性承诺赔偿法。可靠性承诺赔偿法是指通过计算停电损失来确定供电可靠性。停电损失指的是配电系统实际停电所导致的国民经济损失，包括用户遭受的损失和电力部门自身遭受的经济损失。现阶段，可以根据停电造成的损失大小或者社会影响程度对用户供电可靠性进行分类，并且为不同类型的用户制定不同的电价。

在这种模式下，用户可以根据自身需求选择获得较高的供电可靠性，但同时需要支付较高的电费；或者选择较低的供电可靠性，但支付较少的电费。通过这种供电可靠性和电费之间的选择机制，可以更好地满足用户的个性化需求，并促进电力部门提高供电可靠性水平，以减少停电损失。这种分级电价的模式有助于平衡供需关系，提高资源效率，同时也能够激励电力部门不断提升服务质量和供电可靠性。

另一种方法是成本效益分析法。成本效益分析主要是通过对建设项目的成本和效益进行分析和评价，以实现成本和效益关系的全面协调。电力工程的可靠性成本可以定义为电力企业为达到一定程度的供电可靠性而需要增加的投资成本（包括运行成本）。可靠性效益可以定义为当电网达到一定的供电可靠性水平时，用户所获得的效益。

在使用成本效益分析法时，首先需要计算提高可靠性指标所带来的经济价值。然后，将该经济价值与改造工程的投资进行比较，以判断效益是否大于投资额，作为决策的依据。常用的可靠性指标包括系统平均停电频率指标（system average interruption frequency index，SAIFI，单位为次/年）、系统缺供电量指标（energy not supply，ENS，单位为千瓦时/年）和平均供电可用率指标（average service availability index，ASAI，百分数）。对于前两者，其成本效益分析指标的单位分别为元/次和元/千瓦时，而 ASAI 对应的单位为元/0.1%。ASAI 的含义是，当 ASAI 每降低 0.1%时，用户每千瓦得到的赔偿金额。根据以上指标和单位，可以完成对成本效益的分析。在可靠性承诺赔偿方法中，所用到的成本效益方法的公式如下。

$$G = \Delta X - F \tag{6-8}$$

$$F = cR + c\left[\sum (1+R)^i\right]^{-1} \tag{6-9}$$

$$\Delta X = X_{post} - X_{pre} \tag{6-10}$$

式（6-8）～式（6-10）中：G 为改造方案年盈利额；ΔX 为改造方案年收益；F 为改造方案成本的年值；c 为改造方案贷款总额；R 为改造方案最小回报率；$i=1$，2，…，表示还贷年限；X_{pre} 为改造前电力公司年收益；X_{post} 为改造后电力公司年收益。

6.3.3　可中断电价

（1）可中断电价含义。可中断电价是根据电网企业与用户之间的合同或协议而设定的一种特殊电价形式。根据这个合同或协议，电网企业在系统峰值负荷期间或其他系统规定的时间段内有权中断向用户供电。作为补偿，电网企业会提供以较低价格购买电能的机会给用户。这种安排可以帮助供电公司在电力需求高峰期间管理负荷，并且鼓励用户在此期间降低用电，以便更有效地利用电力资源。

可中断供电的边界条件是供电不足或备用电力不足的情况下，部分电力需求需要被中断。该条件并不包括因为不可抗力或自然灾害所导致的电力短缺和中断，例如风暴、雪灾、雷电、洪涝灾害、地震等。

为实现可中断负荷管理，设计一个合理的电价优惠范围，并充分发挥价格杠杆作用是至关重要的。

（2）可中断电价机制原理。实施可中断负荷管理的关键在于设计合理的电价机制，以激励用户按约定要求在系统高峰时段减少或转移其用电负荷，提高电网的负荷率，实现发电机组经济稳定运行并降低运行成本。在计算可中断电价时，常用的方法有折扣法和补偿法。

1）折扣电价。折扣法：折扣法是将合同约定的可中断电价与正常电价之间的差额作为用户在系统高峰时段减少用电负荷的激励。根据合同约定的折扣比例或金额，将用户在高峰时段减少的电量按照折扣率计算，从用户的用电费用中减去相应的折扣金额。

$$P_{IL} = nP \qquad (6-11)$$

式（6-11）中：P_{IL} 为可中断电价；n 为折扣率；P 为基本电价。

2）补偿电价优惠。补偿法是按照合同约定的标准，根据用户在系统高峰时段减少的负荷量和时间进行计算，并给予一定的经济补偿。补偿金额可根据用户用电负荷的减少量和减少时间来确定，通常以折算成对应负荷的电价作为补偿标准。

其中最常用的是可中断负荷机会成本法。

可中断负荷机会成本法是一种计算可中断电价的方法，其原理是在用户中断负荷的情况下，由于停电所造成的损失可视为一种机会成本，并可以作为一种补偿形式。

$$P_r = C_{ch} \qquad (6-12)$$

式（6-12）中：P_r 为供电公司给用户每千瓦时电力的补偿费用；C_{ch} 为用户中断负荷机会成本。用户中断负荷机会成本可采用以下方法估算。

$$C_{ch} = \frac{TG}{TQ} \qquad (6-13)$$

式（6-13）中：TG 为电力对用户产生的经济价值；TQ 为用户的全年用电量。

（3）可中断电价方案设计。

1）实施负荷中断的前提。目前，不同国家和地区对于负荷中断的前提条件存在一定的差异。在美国加州电力市场，负荷中断的前提条件是在负荷储备率小于一定数值时进行考虑。例如，规定负荷储备率小于7%时需要中断负荷。在我国，根据规定，负荷储备率为最大功率发电负荷的2%～5%。高值适用于小系统，低值适用于大系统。因此，可以认为我国可中断负荷执行的条件是负荷储备率小于最大功率负荷的2%～5%。当负荷储备率低于该数值时，电网企业可能需要根据合同或协议，中断部分用户的供电来维持供需平衡。

需要强调的是，不同地区或国家对可中断负荷执行条件的设定可以根据当地的电力系统特点、能源安全和经济实际情况等因素进行调整。因此，具体的执行条件可能会因地区而异。当负荷预留率低于某一值时中断的方法简单可行，符合调度规则，易于被接受。

2）实施对象。主要对中断能力大于某一阈值、生产时间相对稳定、中断能力和中断时间可观、需求响应迅速、可直接参与可中断负荷管理的大型工商业用户实行可中断电价。实施对象主要考虑以下几个方面：一是负荷的重要性。在我国，电力负荷分为一次负荷、二次负荷和三次负荷。可中断电价应优先在可靠性要求低、对社会、政治和经济影响小的三级负荷中实施。二是单位电量的经济产值，在相同负荷下，高耗能产业的单位电产值（增加值）较低，高技术产业的单位电产值（增加值）较高，因负荷中断造成的经济损失和所需的经济补偿较高。可中断电价应优先考虑单位电量（附加值）产值低的用户。三是可中断负荷管理成本。选取低容量的用户将导致用户数量较多，管理成本增加，实施的难度增大。可中断电价应优先针对一次中断容量大于一定门槛值的用户。

3）实施方式。可中断负荷管理模式。一是有序实施用电计划。在电力供应短缺时期，采取"负控限电"等措施，对有限负荷给予一定的经济补偿，可视为强制性规划属性的管理模式。第二，可中断负荷参与市场竞争，在市场模式和规则允许的情况下，可中断负荷可以作为电力资源参与市场竞争，更加灵活，充分体现可中断负荷的价值。三是用户自愿与供电企业签订可中断负荷合同。最常见的管理方法是，具有可中断负荷条件的用户自愿与供电企业签订可中断负荷合同，约定可中断容量、持续时间、执行方式、电价（补偿）水平等。结合国内外的实施经验，建议通过签订可中断负荷合同的方式实施可中断负荷管理。

可中断电价执行模式。一是低电价，也可称为折扣价法，即对可中断负荷的实际结算价格给予一定的折扣，或直接实行较低的价格水平，在实践中多以基本价格的形式执行。二是高补偿，其在国内外应用广泛，用户获得的补偿（收入）和供电企业支付的成本直接关系到可中断负荷的实际调用，易于操作和执行。采用高补偿方式时，补偿价格的下限为用户的停电损失，上限为实施可中断负荷给供电企业带来的可避免投资（包括发电、输配电设备投资）及相应的运维成本。

4）总签约容量和触发条件。总签约容量，可中断负荷的总签约容量可遵循最大负荷的 2%—5%的原则，越高越好。

触发条件。通常情况下，可中断负荷的触发条件主要设置在负荷储备率小于某一阈值时，以确保系统能够维持供需平衡和电网的稳定运行。具体触发条件的设定可以根据不同地区和国家的电力系统特点、能源安全和经济实际情况等因素进行调整。美国加州电力市场规定的触发条件是负荷储备率小于 7%时将会调用可中断负荷。这意味着当负荷储备率低于该阈值时，供电公司可能会启动可中断负荷管理措施，中断部分用户的供电以确保电网的供需平衡和运行安全。需要注意的是，不同地区或国家对于触发条件的设定会根据当地的电力系统特点、能源安全和经济实际情况等因素进行调整。因此，具体的触发条件可能会因地区而异。同时，触发条件的设定应当与可中断负荷的执行模式和电价机制相匹配，以实现供需平衡、经济效益和电网稳定运行。

5）可中断电价分类与计算。

① 停电损失。一般用单位电工业增加值来衡量停电损失。基于广东省 2018 年的统计数据，考虑各行业产出的直接消耗系数，从投入产出表中计算单位用电量补偿停电所需的机会成本，即单位用电量的增加值，如表 6-3 所示。

表 6-3　　2018 年广东省主要行业计及直接消耗系数后的单位电量产业增加值表

（单位：亿元、亿千瓦时、元/千瓦时）

项目	增加值	耗电量	直接消耗系数	补偿成本
工业	32305.16	3971.89	0.0428	0.35
采矿业	696.78	17.86	0.0373	1.46
煤炭开采和洗选业	1.29	0.00	0.0000	—
石油和天然气开采业	581.18	1.32	0.0004	0.17
黑色金属矿采选业	7.99	1.69	0.0873	0.41
有色金属矿采选业	31.08	4.90	0.0496	0.31
非金属矿采选业	62.50	9.91	0.0678	0.43
开采专业及辅助性活动	12.26	0.04	0.0867	26.57
其他采矿业	0.49	0.00	—	—
制造业	29367.37	3185.80	0.0221	0.20
农副食品加工业	36484	5143	0.0130	0.09
食品制造业	651.69	33.33	0.0122	0.24
酒、饮料和精制茶制造业	283.21	19.67	0.0189	0.27
烟草制品业	333.41	1.95	0.0018	0.31
纺织业	500.15	105.37	0.0379	0.18
纺织服装、服饰业	67212	53.66	0.0122	0.15
皮革、毛皮、羽毛（绒）及其制品业	473.13	46.96	0.0274	0.28
木材加工及木、竹、藤、棕、草制品业	118.27	25.34	0.0368	0.17
家具制造业	504.59	36.02	0.0199	0.28
造纸及纸制品业	528.24	187.45	0.0379	0.11
印刷业和记录媒介的复制	322.64	37.02	0.0220	0.19
文教、工美、体育和娱乐用品制造业	701.62	62.69	0.0184	0.21
石油加工、炼焦及核燃料加工业	1262.11	80.40	0.0092	0.14
化学原料及化学制品制造业	1189.80	179.24	0.0187	0.12
医药制造业	529.57	23.95	0.0133	0.30
化学纤维制造业	39.04	11.14	0.0999	0.35
橡胶和塑料制品业	1168.16	239.95	0.0375	0.18
非金属矿物制品业	1212.29	392.03	0.0907	0.28
黑色金属冶炼及压延加工业	383.36	218.41	0.0679	0.12
有色金属冶炼及压延加工业	359.49	114.95	0.0270	0.08

续表

项目	增加值	耗电量	直接消耗系数	补偿成本
金属制品业	1362.54	206.73	0.0461	0.30
通用设备制造业	1071.87	5924	0.0200	0.36
专用设备制造业	952.45	68.91	0.0256	0.35
汽车制造业	1859.70	9441	0.0068	0.13
铁路、船舶、航空航天和其他运输设备制造业	164.94	1620	0.0156	0.16
电气机械及器材制造业	2942.89	216.76	0.0150	0.20
通信设备，计算机及其他电子设备制造业	8766.47	555.84	0.0073	0.12
仪器仪表制造业	308.32	19.51	0.0170	0.27
其他制造业	126.34	10.83	0.0212	0.25
废弃资源综合利用业	150.17	14.60	0.0120	0.12
金属制品、机械和设备修理业	6394	1.81	0.0565	2.00
电力，燃气及水的生产和供应业	2241.01	768.23	0.3523	1.03
电力、热力的生产和供应业	1812.33	695.48	0.3998	1.04
燃气生产和供应业	219.89	6.06	0.0023	0.08
水的生产和供应业	208.79	66.69	0.1489	0.47
建筑业	3216.28	72.32	0.0136	0.61
交通运输、仓储及邮政业	3855.78	124.92	0.0380	1.17

计算显示，单位电量增加值分布在每千瓦时 0.08～2 元（剔除一个明显畸高值），其中制造业平均值为每千瓦时 0.20 元。2014 年，广州市曾针对可中断负荷的实施进行用户抽样问卷调查，调查结果显示，样本用户对自身停电损失的认识分布在每千瓦时 0.5～2 元。

此外，峰值电价理论上反映了供电企业满足峰值负荷所需的边际成本，峰值电价（或同时最高电价）可作为可中断负荷实施的补偿电价水平。

② 提前通知时间。提前通知时间越短，停电损失越大，需要的赔偿也就越高。停电损失率与提前通知时间之间的关系通常受到时间的长短影响。具体来说，在时间较长时，停电损失率与提前通知时间呈线性关系，而在时间较短时，停电损失率与提前通知时间呈指数关系。

当提前通知时间较长时，用户有足够的时间来做出应对措施，例如调整生产计划、备用电源准备等。这种情况下，停电损失率与提前通知时间呈线性关系，即提前通知时间越长，停电损失率减少的效果也越明显。

然而，在提前通知时间较短的情况下，用户没有足够的时间来作出充分的应对准备，这会导致停电损失率急剧增加。这种关系通常被描述为指数关系，即提前通知时间越短，停电损失率的增加幅度越大。

因此，在可中断负荷管理中，提前通知时间的长短对于减少停电损失率至关重要。提前通知时间足够长可以给用户足够的准备时间,从而降低停电损失率。而如果提前通知时间过短,停电损失率将会急剧增加。供电企业需要综合考虑用户的需求和电网的稳定性,合理设置提前通知时间,以最小化停电损失率,并确保可中断负荷管理的顺利实施。提前通知时间与停电损失减少率关系如表6-4所示。

表6-4 提前通知时间与停电损失减少率关系表(%)

用户	提前通知时间					
	<1小时	1-4小时	5-16小时	17-24小时	1-2天	≥3天
希腊	26.48	31.46	41.21	52.24	62.09	69.19
加拿大商业	25.70	37.80	48.90	53.40	57.70	64.80
加拿大工业	26.80	36.30	47.30	56.20	62.80	64.60

对于可中断电价的计算,一般会根据不同的提前通知时间来确定。常见的提前通知时间包括随时通知、当日通知和提前1天通知等。

$$P_{ILi} = \frac{L_i}{L_r} \times P_{ILr} \qquad (6-14)$$

$$P_{ILj} = \frac{L_j}{L_r} \times P_{ILr} \qquad (6-15)$$

式(6-14)、式(6-15)中:P_{ILi}、P_{ILr}分别为随时通知、当日通知下的可中断电价;P_{ILr}为提前1天通知方式的可中断电价;L_i、L_j、L_r分别为随时通知、当日通知、提前1天通知停电时间下用户的停电损失。

(4)可中断电价的意义。

1)可一定程度上缓解电力供需矛盾。可中断电价是一种应对电力供应不足的有效方法,它通过灵活中断一定负荷来缓解电力供需矛盾,同时具有简单、快捷、有效的特点。相比于增加发电机组的建设周期长和成本高的缺点,可中断电价机制能够灵活地控制中断负荷的大小。

在实施可中断电价的过程中,供电企业与中断用户之间进行信息交互,在电力供应不足的情况下最大程度地减少电力损失,减轻对社会的影响。此外,由于可中断负荷主要集中在少数大型工业用户,可以保证大多数居民等用户的供电稳定性。

例如,在广东省等局部地区出现电力短缺情况时,可中断电价机制可以通过灵活中断相应负荷,减少局部电力需求,有效缓解供需矛盾。这种机制能够平衡供电能力和需求之间的关系,确保电力资源的合理利用和供应的可靠性。

综上所述,可中断电价机制是一种灵活而有效的方法,用于应对电力供应不足的情况,减轻供需矛盾,保障电力供应的稳定性,并最大限度地减少对社会和居民的影响。

2)可实现电力资源的优化配置。可中断电价通过合理引导用户用电方式,减少或延迟昂贵的系统备用容量和输配电设施投资,促进整个电力系统资源的优化配置,从而保证电力工业的可持续发展。广东电网投资需求持续扩大,但在全国输配电价核价的第二个调控周期中,核价纳入的投资规模需要与电力增长相匹配,电网投资增长有限。这就要求电网公司提高电网投资效率,优化投资成果,实现精准投资。

3）可通过市场手段增强用户用电灵活性。可中断电价机制为用户选择供电方式提供了一种新的机制，它考虑了用户的可接受性，并对用户的电力损失提供适当的补偿。用户可以选择在用电高峰期按需中断用电，以减少电费。这一机制可以引导用户根据自身的生产特点和需求选择用电方式，更加科学合理地使用电力，体现了从行政手段向经济手段的转变，符合电力市场化改革的要求。这种经济手段的引入为电力行业的发展带来了新的思路和机遇。

6.4 本 章 小 结

本章系统地探讨了销售电价在管制条件下的各个方面，包括销售电价概述、确定方法以及制度设计等。首先，对管制条件下的销售电价进行了概述。在电力市场中，销售电价的管制主要目的是为了保障电力行业的稳定发展和用户的基本利益，而在电力市场改革后售电侧逐步放开，通过"管住中间、放开两头"引入售电侧展开竞争，售电价格也逐步由市场形成。此外，本章详细讨论了销售电价的确定原则与确定方法，分析了管制条件下销售电价的制度设计，通过对峰谷分时电价、高可靠性电价和可中断电价的确定原则和计算方法等内容展开详细论述，阐明不同销售电价制度在我国现行电力市场中的适用场景和应用方案。

思 考 题

（1）什么是销售电价，请简述销售电价的构成部分，并分析销售电价的管理原则。

（2）现行销售电价的计价方式有哪些，并分析它们在定价结构和计费方式等方面的区别。

（3）销售电价的主要影响因素有哪些，并分析销售电价上涨对终端用户有哪些影响，未来应如何确定合理的销售电价。

（4）请列举几种不同的销售电价制度，并比较它们的优缺点。

第7章　市场定价理论与方法

2015 年新一轮电力体制改革以来，我国电力市场化改革持续向纵深推进，取得显著成效，初步建立涵盖多周期多品种的市场体系。我国电力市场在时间周期上覆盖多年、年度、月度、月内的中长期交易及日前、日内、实时现货交易，在交易标的上覆盖电能量、辅助服务、绿电等交易品种。省间、省内中长期市场已较为完善并常态化运行，以中长期交易为主、现货交易为补充的市场模式基本形成。

7.1　电力市场概述

7.1.1　电力市场结构

电力市场结构是指各市场主体的市场特征以及它们之间的相互关系，其中包含三个重要问题。一是市场组织机构的设置。在电力市场中，最重要的组织机构包括电网经营者、市场运营机构（即电力市场交易组织机构）和系统运行机构（即电力系统调度机构）。对于上述三个机构的设置通常有四种方式，即电网经营者、市场运营机构、系统运行机构三者合一；电网经营者与系统运行机构合一；电网经营者独立，市场运营机构与系统运行机构合一（通常称为电力调度交易机构）；电网经营者、市场运营机构、系统运行机构三者各自独立。二是交易类型。根据不同的分类方式，可分为多种交易类型。按照时间可分为中长期交易、日前现货交易、实时交易等，按照产品类型可分为电能量交易、辅助服务（调频、备用、无功、黑启动等）交易、容量交易等，按照交易标的可分为电力物理交易和电力金融交易（包括期货交易、期权交易、差价合同交易和金融输电权交易等）。三是市场集中度。市场集中度即市场主体的数量和占有的市场份额，是反映市场竞争程度的主要指标之一，也是影响市场结构设置合理性的主要指标，其大小决定市场垄断程度的高低以及市场主体的市场操纵力。

1. 电力中长期市场

电力中长期市场指发电厂商、电力用户、售电公司等市场主体，通过双边协商、集中交易等市场化方式，开展的多年、年、季、月、周、多日等电力批发交易。执行政府定价的优先发电电量和分配给燃煤（气）机组的基数电量（二者统称为计划电量）视为厂网间双边交易电量，签订厂网间购售电合同，相应合同纳入电力中长期交易合同管理范畴。此外，国外典型电力市场中的远期交易和期货、期权交易也是电力中长期市场的一种交易形式。

2. 现货市场

电力现货交易，是指通过现货交易平台在日前及更短时间内集中开展的次日、日内至实时调度之前电力交易活动的总称。现货市场一般包括日前市场、日内市场和实时市场。

各省（区、市）/区域可根据实际情况选择实际构成。

（1）日前市场。市场运营机构按日组织日前市场，根据经营主体日前交易申报，在考虑电网运行和物理约束的前提下，满足日前市场负荷需求和备用需求，以社会福利最大为目标，进行日前市场集中优化出清，形成日前出清结果。加快推动日前市场以市场化用户申报曲线叠加非市场化用户预测曲线为依据开展集中优化出清。如不开展日前市场，可选择开展日前预出清，日前预出清结果不作为结算依据，仅向经营主体披露。

（2）日内市场。市场运营机构在运行日，根据系统运行情况和最新预测信息，滚动优化快速启停机组等灵活调节资源，以满足系统平衡要求。

（3）实时市场。实时市场中，市场运营机构在运行日根据经营主体申报，在机组组合基本确定的基础上，考虑电网实际运行状态和物理约束，满足超短期负荷预测和备用需求，以社会福利最大为目标，进行实时市场出清，形成实时市场出清结果。

3. 辅助服务市场

电力辅助服务是电力系统安全可靠运行的前提，是电力商品可靠供应和消费的基础。在我国，电力辅助服务是指为维持电力系统安全稳定运行，保证电能质量，除正常电能生产、输送、使用外，由可调节资源提供的调峰、调频、备用、爬坡、黑启动等服务。电力辅助服务交易是指由经营主体通过市场化方式提供调频、备用和调峰等有偿电力辅助服务。

辅助服务品种从功能上可以分为有功控制服务、无功控制服务和事故处置类服务。其中，有功控制服务品种包括调峰服务（仅限于现货市场未连续运行地区）、调频服务、备用服务、爬坡服务等；无功平衡服务品种即电压控制服务，是指为保障电力系统电压稳定，运营主体根据调度下达的电压、无功出力等控制调节指令，通过自动电压控制（AVC）、调相运行等方式，向电网注入、吸收无功功率，或调整无功功率分布所提供的服务；事故处置类服务品种是指为消除或降低系统事故影响，快速恢复系统正常运行所提供的服务。

4. 期货市场

电力期货是一种以特定价格进行交易的合约，交割时间在未来的特定时间段内完成。电力期货交易是指对电力期货合约的买卖。电力期货合约是在电力期货交易的基础上发展起来的高度标准化的远期合约，用于交易电力商品。电力商品符合期货商品特性。首先，电力市场化改革后，市场竞争决定电价，导致价格波动较大。因此，电力商品具备大交易量和价格波动性的特点，适合作为期货商品。其次，在电力市场化改革之后，市场将出现许多参与者，包括发电厂商和购售电商，聚集在期货市场中，通过公平竞争确定电力期货的价格。最后，电力是高度标准化的商品，因此更具有作为期货商品的优势。

电力期货市场在世界各国的电力交易中发挥着重要的作用。北欧、美国 PJM 市场、纽约和新英格兰电力市场、澳大利亚和新西兰电力市场等国外电力期货市场都开展电力期货交易。北欧电力市场是历史最悠久且最完善的期货市场，拥有多种期货品种。美国各电力市场采用月度电力期货，可提前 18 个月进行交易。澳大利亚和新西兰的电力期货采用季度期货，并以现金结算。电力期货具有良好的发展前景。随着电力市场化改革的深入推进，电力期货的应用将进一步扩大。

5. 期权市场

电力期权是一种金融工具，其交易涉及电力商品的买卖和使用权。购买电力期权的交易主体在支付一定的权利金后，获得在特定时间内，以预定价格从期权售出方购买或出售一定数量的电力商品、电力商品合约或服务的权利。在电力期权合约有效期内，买方可以选择行使或转售这些权利。

电力期权交易是电力期货交易的延伸和发展。电力期权市场依赖于电力期货市场，并在其内部进行相应的期权交易和结算。电力期权交易涵盖多种形式，根据交易主体可以分为发电权交易、购电权交易、输电权交易和辅助服务期权交易等。根据交易的可以分为：针对现货交易的期权买卖称为电力现货期权，发电权和购电权在某种程度上也属于电力现货期权；①针对电力期货交易的期权买卖，即电力期货期权；②针对电力远期合约交易的期权，即远期合约期权。

7.1.2　电力市场的构成要素

为了保证电力市场的正常运行，电力市场需具备六大要素，即市场主体、市场客体、市场载体、市场价格、市场规则和市场监管等。

1. 电力市场主体

市场主体是市场运行的基础。在市场经济条件下，市场主体的有效运行既能带动整个市场客体要素的流动，又能充分发挥市场机制的作用。按照在社会再生产中的不同作用，电力市场的参与主体可以分为商品生产者、商品消费者、商品经营者和市场管理者等几个角色。

2. 电力市场客体

市场客体是指市场上买卖双方交易的对象，市场上交易的各种商品都是市场客体。电力市场的客体（或电力商品）与市场本身的发达程度有关。在传统的垂直垄断一体化经营模式下，电力商品更多的就是指终端销售的电能；在电力市场条件下，特别是在厂网分开以后，尽管电能还是最重要的电力商品，但它已不再是电力工业唯一的电力商品，各种服务（如输配电服务、辅助服务等）与金融产品（如远期合约、期权、期货等）也列入电力商品的范畴，并有相应的价格，电力商品呈现出多样性。

3. 电力市场载体

市场载体是确保市场交易活动顺利进行的必要条件，为市场主体进行商品交易提供了物质基础。通常，市场载体包括网点设施、仓储设施、运输设施、通信设施以及商品交易场所等，这些设施是市场形成的前提条件。在电力市场中，市场载体主要指输电网和配电网。由于电力的生产、输送和消费是同时进行的，这使得电网成为电力市场所特有的市场载体。此外，电网具有自然垄断属性，通常由电网企业进行统一管理，这些特性使得电力市场与其他商品市场有所区别。

4. 电力市场价格

电价是电力市场的核心和关键影响因素，具有调节供求变化最为敏感的作用，同时也是体现管理理念的重要工具。电价可以分为电价水平和电价结构。电价水平是指电力生产、输送、分配和销售等各个环节中的价格总称，包括电力产品和服务的价格。电价水平的高低直接影响电力企业的盈利能力、生存状况以及消费者的福利水平。电价结构是指电价实施单一制、两部制、峰谷分时电价等价格形式，电价结构直接关系到电价制定的效率以及电价的公平性。

5. 电力市场规则

电力市场规则主要包括市场准入、竞价模式、计量、结算方式、信息发布、阻塞管理等多个方面。竞价模式可分为多种分类方法，如一部制电价与两部制电价竞价模式、全电量竞争与部分电量竞争等。全电量竞争模式是指参与市场竞争的发电企业的全部上网电量通过市场竞争来确定的模式，而部分电量竞争模式则被称为有限电量竞争模式，指的是参与市场竞争的发电企业的部分上网电量通过市场竞争来确定。结算方式可以分为统一边际电价结算和按报价结算两种形式。统一边际电价结算是指以系统边际电价作为市场的统一成交价格，所有成交电量均根据该价格进行结算。系统边际电价指的是在电力市场中，在满足一定约束条件下实现电力电量平衡时，系统所有中标机组的最高报价。按报价结算是指中标机组的成交电量按照其在市场中的报价结算。

6. 电力市场监管

市场监管是指以行政组织、司法机构、经济机构和媒体等为支撑，按照市场管理规则和运行规则对参与交易活动的市场主体行为以及市场运行过程进行监督和监管的活动。市场监管应该具备六个主要职能，包括预见职能、监督职能、判断职能、补救职能、仲裁职能和情报职能。

市场主体、市场客体、市场载体和市场价格是电力市场运行的内在基础。然而，为了保证电力市场的健康运行，还需要建立相应的市场规则和进行有效的市场监管，这两者作为外部环境的保障。

7.1.3　电力市场的运营模式

电力市场的本质是通过建立电力系统的商业运营环境来提升整个电力工业的经济效益，市场竞争机制和客户选择市场机制是两个基本方面。电力工业方面，电力市场引入竞争机制，激励电力供应商降本增效；电力客户方面，电力市场提供了更多选择机会，可以通过选择来实现较低的购电价格。合理的电力市场运营模式能够在市场经济框架中综合各种不确定因素，并依靠确定的市场机制进行有效的运作。

①根据电力工业生产的发、输、配、售四个环节的竞争程度，可将电力市场模式分为垂直垄断型运营模式、买电竞争型运营模式、批发竞争型运营模式和零售竞争型运营模式；②根据市场交易的集中程度，电力市场模式可分为电力库（电力联营）模式、双边交易模式、多边交易模式和混合交易模式（即电力库+双边/多边交易模式）；③根据对市场主体参与的要求，电力市场模式可分为强制性交易模式和自愿性交易模式。

总之，电力市场模式的多样性和分类方式的不同，反映了电力市场的复杂程度和多方利益的考量，为实现电力市场的有效运作提供了不同的选择和参考。

1. 垄断型运营模式

在电力工业市场化改革之前，垄断型运营模式是国际上普遍采用的模式，在电力工业的发展过程中扮演了重要的角色。垄断型运营模式的主要特点是电力工业垂直一体化，具有高度集中的管理系统，类似于传统的垄断型公用事业。这种模式的形成与电力工业资金需求量大、建设周期长等因素有关，经济特性中的规模效应鼓励了在特定区域内的电力企业合并，实现发电、输电和配电的一体化，从而提高生产效率。

图 7-1 表示电力市场垄断型运营模式。其中，图 7-1（a）描述了发电、输电和配电一体化的完全垄断模式。在这种模式下，只有一家电力公司拥有和运营所有的发电厂、输电

系统和配电系统，负责从发电到输电再到配电直至将电力传送给最终用户的整个过程。
图 7-1（b）描述了电力企业垄断发电和输电，并向地域性垄断的配电公司销售电能的模
式。在垄断模式下，不同地区的电力企业之间可以进行双边电能交易，但这种交易仅限于
批发层面。垄断型运营模式下，发电领域没有竞争，客户也没有选择市场的机会，只能接
受本区域电力公司的定价和服务，缺乏灵活性。这种模式缺乏竞争，效率较低，在一定程
度上阻碍了电力工业的健康和快速发展。在我国，2002 年之前的电力工业结构基本上属于
全国性的垂直垄断经营，即采用了电力市场的垄断型运营模式。

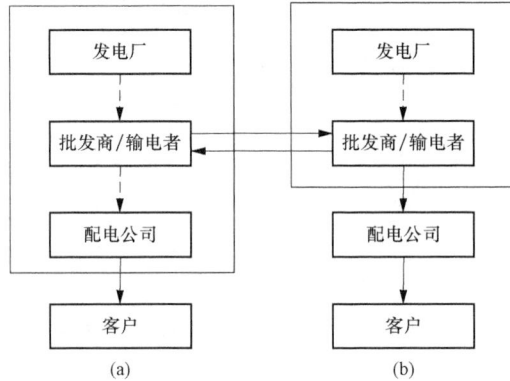

图例：——→ 电能销售流向；- -→ 企业内部电能流向

图 7-1　电力市场垄断型运营模式
（a）电力工业是完全垂直一体化的；（b）配电业务由一个或多个独立公司经营

2. 买电竞争型运营模式

买电竞争型运营模式，又称为单一购电者模式，旨在引入竞争机制进入发电领域。该
模式允许发电侧建设多种经济成分、多种所有制形式的独立发电厂（Independent Power
Producers，IPP），并由发电厂独立承担建设和运营的大部分风险。买电竞争型运营模式是
电力工业引入竞争的最初模式。在这种模式下，发电系统与电网分离，各个发电厂是独立
的法人，存在唯一的买电机构，各发电公司之间相互竞争，向买电机构提供电力，而电网
运营机构从发电公司购买电力，然后向配电公司或客户供电。输电和配电网仍然是垄断经
营（见图 7-2）。

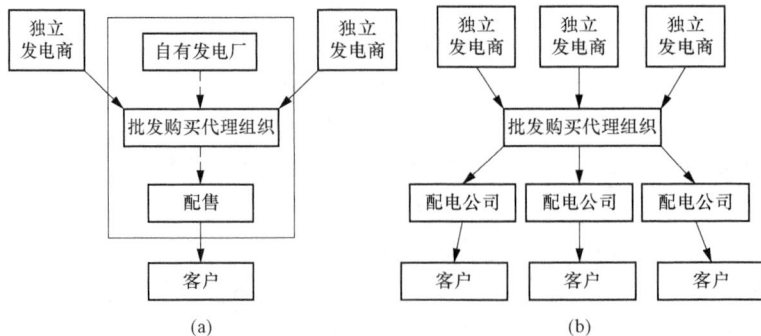

图例：——→ 电能销售流向；- -→ 企业内部电能流向

图 7-2　电力市场买电竞争型运营模式

在图 7-2（a）中，一体化的电力企业不再垄断系统中的全部发电容量，独立发电商可以直接连接到电网，并向担当购买代理（Purchasing Agency）角色的电力企业（即批发购买代理组织或单一购电者）出售电能。图 7-2（b）展示了（a）模式的演化方向，在这种模式中，电网企业不拥有任何发电公司，需从独立发电商购买所需的全部电能。同时，配电与零售业务也会分离，为满足客户的电力消费需求，配电公司可以向购买代理组织购买电能。

3. 批发竞争型运营模式

在批发竞争型运营模式中，没有电能供应的集中组织，而是配电企业直接从发电企业购买电能，以满足客户的电力需求。这种电能交易通常在批发电力市场中进行，除了配电公司之外，规模较大的客户通常可以直接在批发市场上购买电能，即大用户直购电。相比于买电竞争型运营模式，批发竞争型运营模式的主要特点是在发电领域继续引入竞争机制的同时，配电或售电公司也可以选择供电伙伴，如图 7-3 所示。

批发竞争型运营模式中的批发市场可以采用电力库或双边交易两种组织形式。批发电能交易时，需要解决现货市场的运营和输电网络的运行问题。零售交易时，配电企业需要管理本地区的配电网络，也代表网络覆盖范围内的客户购买电能，因此配电系统仍集中运营。典型模式是英国的 Power Pool（电力库）模式，如图 7-4 所示，其运营时间范围为 1990 年 4 月—2001 年 3 月，运营商为英国国家电网公司，所有发电厂必须通过电力库出售电力。

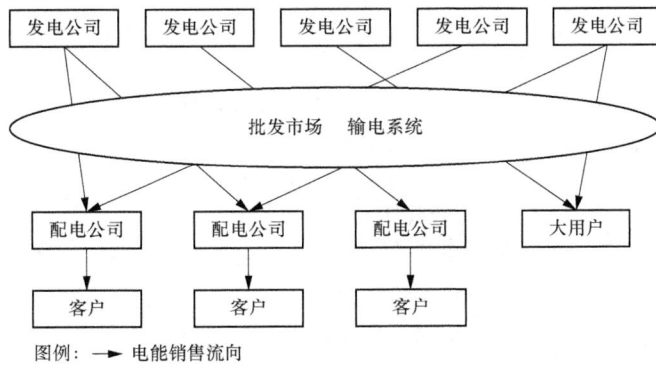

图 7-3　电力市场批发竞争型运营模式

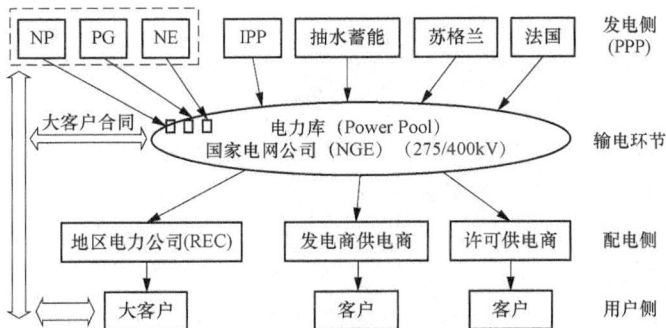

图 7-4　英国电力库市场结构

注：图中 NP 表示英国国家电力公司；PG 表示英国国家发电公司；NE 表示核电公司；IPP 表示独立发电商。

4. 零售竞争型运营模式

随着电力市场的进一步发展，电力供应商和客户的选择权不断扩大，零售竞争型运营模式应运而生。这种模式可以被视为竞争性电力市场的最终形式，所有的电力用户都有权利选择他们的供应商。然而，只有大用户才会选择在批发市场直接购电，中小型用户则更倾向于通过零售商购电，由零售商代表他们在批发市场上进行购电。在零售竞争型运营模式下，配电公司无法再对其网络覆盖范围内的电能供应实施区域性垄断。为了实现公平竞争，这些公司的网络业务和电力零售业务通常被分离。此时，电力市场仅存在输配电网络服务的提供和运营业务的垄断，如图 7-5 所示。

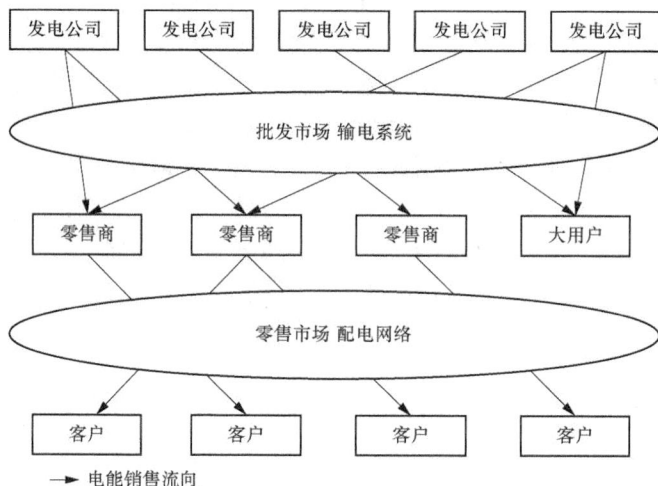

图 7-5　电力市场零售竞争型运营模式

随着电力市场的发展，零售竞争型运营模式已经确立，这意味着市场中存在充分的竞争。在这种模式下，零售价格不再受到监管，不同的电力零售商之间进行电能零售的竞争，使得小用户可以通过切换零售商选择更便宜的电能。从经济学的角度来看，零售竞争是最理想的市场模式，因为此时电价完全由市场竞争决定。然而，零售竞争模式也存在缺陷，它需要大量的计量、通信和数据处理设施，这将带来巨大的成本。此外，输配电网络的运营成本仍由全部用户承担。由于这些网络仍然保持着垄断经营，因此它们的投资成本回收需要受到严格的监管。

实际上，电力市场的四种运营模式与电力工业中的发电、输电、配电和供电四个领域中的垄断、竞争和选择程度相对应，它们试图解决的问题是"谁有选择权"。在垄断型运营模式中，用户在任何领域都没有选择权。在买电竞争型运营模式中，买电机构拥有选择权，它可以从不同的发电公司购买电力，并发展成为批发机构；买电机构也可以通过现货市场购电或从其他电网购电来获得选择权。在批发竞争型运营模式中，配电公司拥有购电的选择权，它可以选择从独立发电公司、发电联合体、电力公司或其他区域的购电机构购电。配电公司需要与输电公司签订合同，通常称为"输电服务合同"。在零售竞争型运营模式中，选择权交由最终用户，他们可以从发电公司、独立的电力零售商或其他电力公司购买电力。

7.2　典型电力市场价格形成机理

7.2.1　统一定价机制

统一市场出清价格是电力市场中常用的价格机制，曾在英国电力市场改革和我国东北电力市场试运行中应用。

1. 统一市场出清价格机制

统一市场出清价格或称市场出清价格统一结算（Market-clearing price，MCP）是指将市场成员的购、售电报价归入一张图表后购电与售电曲线相交点的价格。在这个点上，所有打算以此为最高出价的购电需求都被满足，所有准备以不高于此点的价格发电的售电计划都被购买。统一市场出清价格结算的电力市场中，无论发电公司报价高低，一旦被选中则一律按统一的 MCP 结算。

统一市场出清价格与一般商品市场的成交规则相适应，即所有消费者按相同的价格购买有关商品，而不管供给者的成本是多少或者购买者的效用如何。理想的、完全竞争的电力市场中，社会效益得到最大化，发电公司的最优报价策略是将电力价格设定在发电机组的边际运行成本。由于电力市场是寡头垄断市场，所以发电公司可不以边际运行成本作为投标策略，而利用市场结构和规则的不完善（例如输电阻塞）来进行报价，发电企业可以操纵边际机组即有选择性确定最后调用高成本的机组提高市场成交价格，以增加利润，这称为策略性的投标。

目前，世界上绝大多数的电力市场都采用统一市场出清价格机制。在统一市场出清价格机制下，市场中的所有交易均按照市场中最后中标的发电商的报价，即市场出清价格结算。该机制下发电商在构造投标策略时需要计及所有的费用及运行约束，并将这些因素隐含在报价中。统一市场出清价格机制的优点如下。

（1）能够实现同网同质同价，机制拥有丰富的微观经济学理论基础，可以提供有效的市场经济信号，体现了市场公平交易的原则，且有利于社会资源的优化配置；

（2）市场出清价格为所有交易成交价格，且中标的发电商其报价均小于市场清算价格，即只要发电商能够上网发电，就可以以比其报价高的清算价格结算。因此，理论上该机制能够激励发电商报低价以获得上网发电权，有利于社会资源的优化配置。

统一市场出清价格机制的缺点如下。

1）该机制难以抑制电力市场中发电商的策略性竞价行为，市场中发电商的策略性报价和容量持留等行为容易导致市场清算价格的飙升，并趋于价格上限附近。当清算价格上升时，所有交易的成交价格都随之上升，对系统整体的购电费用影响严重；

2）该机制下，加之电力市场的重复报价环境影响，容易助长市场中默契合谋行为的发生，这严重影响了电力市场运行的经济性，难以实现社会资源的有效配置。

2. 统一市场出清价格规则

在 MCP 机制下，发电企业向市场运营机构提交次日某一时段的发电量和电价，市场运营机构按发电企业的报价从低到高将所报容量进行排序，直到与该时段预测负荷平衡，确定该交易时段发电机组的加载顺序，最后加载的机组为该交易时段的边际机组，其报价即为系统的边际电价，也就是市场出清价 MCP，而所有发电机组均按此电价结算。

统一市场出清价格有丰富的微观经济学理论基础，可提供有效的市场经济信号，有利于实现资源的优化配置；市场出清价为所有成交发电企业的最高报价，与机组自身报价的关系很小，发电企业主要考虑的问题是如何实现成交，因而报价低是比较保险的策略，所以该机制能够激励发电企业（除了具有市场力的发电企业外）出低价，这不仅有利于降低市场出清价，节省购电成本，而且也利于中、小发电企业与大发电企业之间的平等竞争（因为中、小发电企业只要能上网发电就可以获得按照边际电价结算的收益）。但是，统一市场出清价格在不完全竞争的电力市场中，具有市场力的发电企业可以通过物理持留（即持留发电容量，使高成本的发电机组进入发电序列，从而抬高边际价格）和经济持留（即利用市场势力直接抬高发电价格）导致系统边际价格过高偏离正常竞争价格，从而大大增加系统购电总成本，具体统一出清定价过程如图 7-6 所示。一项研究表明，当负荷占总可用发电容量的 80% 以下时，发电企业通常会按照成本报价；当负荷占总可用发电容量的 80%～85% 时，发电企业的报价至少会比成本高 60%；当负荷占总可用发电容量的 85% 以上时，发电企业的报价可高达其成本的 38 倍。

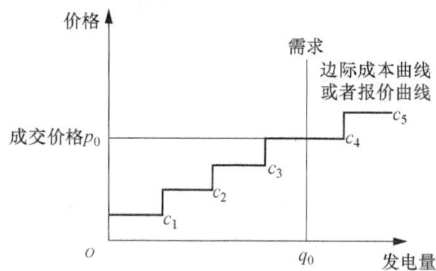

图 7-6　统一出清定价

7.2.2　拍卖定价

世界上比较流行的拍卖方式有四种。

第一，英国式拍卖。这是最熟悉的一种拍卖方式，是一种"升价拍卖"，竞争的买主不断地抬高价格，直到没有人愿意出更高的价钱为止。出价最高的人按照自己的出价获得拍卖品。古董和艺术品拍卖，通常采用这种方式。世界著名的索斯比拍卖行和克里斯蒂拍卖行以这种方式拍卖艺术品的镜头经常出现在电视新闻中，因此对它比较熟悉。

第二，荷兰式拍卖。拍卖主持人先提出一个较高的价格，然后开始逐渐降低价格，直到有人愿意接受当时价格买下拍卖品为止。这种拍卖也因此被叫作"降价拍卖"。荷兰的鲜花拍卖市场，日本的金枪鱼拍卖市场，经常采用这种拍卖方式。鲜花和海产品这些鲜活易腐商品，都是必须及时出手否则容易造成损失的商品，而古董和艺术品如果交易不成，还可以收回，不会造成大的损失。

第三，密封第一价格拍卖。密封第一价格拍卖又称最高价密封拍卖，投标人将自己的出价写入信封，密封后交给拍卖人，出价最高者为赢者，按他的出价支付价格，得到被拍卖的物品。投标人能否获得拍卖品由其自身出价和其他投标人的出价共同决定。当其出价大于其他人的出价时，获得的效用为该投标人对物品的评价减去他的出价。密封第一价格拍卖能够有效地避免买主们串通压低买价或卖主们抬高卖价的行为。但是密封第一价格拍卖方式无法保证买家或卖家报出自己心中对于拍卖品的真实估值。

第四，密封第二价格拍卖。密封第二价格拍卖是将拍卖品卖给出价最高的买主的同时要求其支付第二高的报价。密封第二价格拍卖机制相对于密封第一价格拍卖机制最大的优点在于它能诱使竞买者吐露出其愿意支付的真实价格，这种拍卖机制符合帕累托最优标准，是一种有效率的市场机制。因为如果有竞买者的出价高于其真实愿意支付的报价，他就得冒着其他人也如此行事的风险，结果极可能不得不以某种损失为代价买下标的物；相反如果其出价低于愿意支付的价格，那就得冒着其他人以低于他们自己原本愿意支付的价格而又高于他的报价，并夺走此物品的风险。出价的多少只影响自己是否获得标的物，但并不影响得到标的物情况下的实际支付金额。在密封第二价格拍卖机制中，物品将拍卖给最高出价竞买者，他在支付社会机会成本（即第二最高价格）的同时也获得消费者剩余。因此，在这种拍卖方式下，真实的出价是一种最优策略。

在上述四种拍卖形式的基础上，对一个确定的拍卖品，如何选择最优的拍卖形式，使拍卖收入最大？在这个问题上，经济学家对不同拍卖形式进行了理论研究，基本的结论是：如果参与主体或者投标人都拥有私人价值，即不同主体的评估价值是不同的，那么，不同拍卖形式产生的收入是相等的。如果参与主体或者投标人拥有共同的价值，即评估价值相同，那么，按照英国式拍卖、密封第二价格拍卖、荷兰式拍卖和密封第一价格拍卖的顺序排列，拍卖收入由高到低。如果从买方的角度，这个顺序颠倒过来，购买的价格越来越高。这个结果对电力企业非常有意义，政府在发电包括风电特许权招标项目的拍卖形式选择中，为了获得最大收入，应该选择英国式拍卖；电力企业在设备物资的招投标中，为了降低购置成本，应该选择密封第一价格拍卖。

在批发竞争型电力市场中，买方参与投标竞价过程中，从而形成一个双方叫价拍卖或双边谈判的过程。因此，电价的决定不仅仅是发电厂商（卖方）竞价上网单方面决定，配电或售电公司（买方）也同样起到决定作用，此时的电价体现了供需双方的因素。此时，电价的形成是双边叫价拍卖的结果如图 7-7 所示。

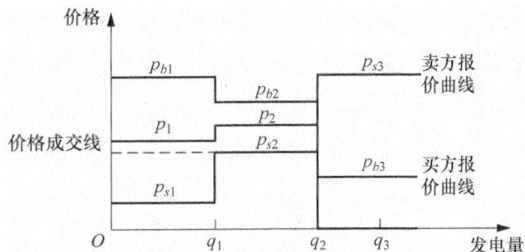

图 7-7　电力市场双边叫价拍卖模型一

双边叫价拍卖还会呈现另外一种形式，如图所示。该模型更趋一般化，并且成交价是以买方报价曲线和卖方报价曲线的交点决定，而非同一区段内买方和卖方报价的平均价。从某种意义上说，这种定价机制更像西方经济学家所倡导的价格均衡价格决定机制，更具有说服力，如图 7-8 所示。

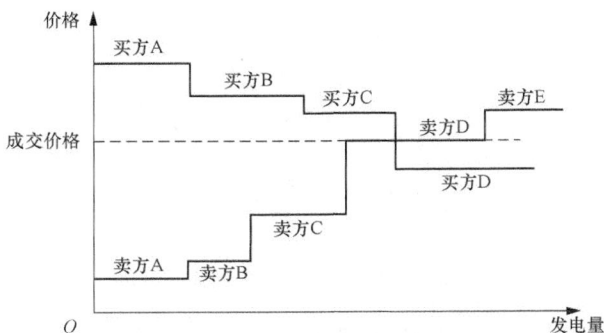

图 7-8　电力市场双边叫价拍卖模型二

7.2.3　协商定价

协商定价是一种古老而直接的市场定价方式。它是由买卖双方通过协商谈判而直接达成的电力合约。市场运营机构通过电力交易平台发布电量供需的相关信息，由交易双方直接进行协商交易，达成一致意见后向市场运营机构提出意向，签订双边合约。双边合约需要经电网安全校核后方可执行。双边协商方式操作简便，方式灵活，购售电主体具有较大的自主性，是中长期合约交易的一种主要交易形式。跨区省电力合约交易和区域内省间电力合约交易大多采取双边协商的方式。

一般情况下，具有交易意愿的买卖双方会经过多次的讨价还价才能完成交易。讨价还价并达成均衡的机制是激励相容的，在交易商品确定的情况下，卖方希望卖高价，同时有一个可以接受的最低价；而买方希望以低价购入，有一个可以接受的最高价。只有当卖方的最低价小于买方的最高价时，双方才可能成交。至于最后交易价格是接近卖方的最低价，还是接近买方最高价，即是偏向于买方，还是偏向于卖方，取决于商品的性质、双方的谈判能力、需求和供给的弹性等许多因素。市场协商或谈判机制的规则很简单，双方妥协并最终达成一致的过程就是市场机制发挥作用的过程，其均衡结果就是成交结果。

协商定价也是应用最广泛的市场定价方法，自然也适用于电力市场中电能商品的定价。在电力市场改革初级阶段，一方面厂网已经分开，具备了进行电力市场改革至少是在发电侧引入市场竞争机制的组织条件；另一方面却因为电力供应紧张、发电集团拆分不彻底、市场力过大、地区间经济发展不平衡、电价水平差异大等原因，使电力市场改革推进缓慢。在这种情况下，为弥补政府管制缺陷，适应于市场交易的电能商品交易，产生了市场协商定价。

在了解了基于复杂技术平台的电力市场后，容易忽视市场协商定价这种传统的方法。其实，在复杂性和有效性上，市场协商谈判定价机制发挥了重要作用。市场协商看起来十分简单，其实却十分复杂，需要掌握许多技巧，包括心理上的技巧。正是由于这个原因，这种古老的市场交易方法不仅没有消失，相反，在现代技术条件下得到了更好的发展。市场谈判机制的缺陷主要是处理多主体交易的能力不强，或者成本太大，在电力市场交易主体少、交易品种少的情况下，市场谈判机制的功能或者效率方面不逊于其他市场机制，具体协商定价过程如图7-9所示。

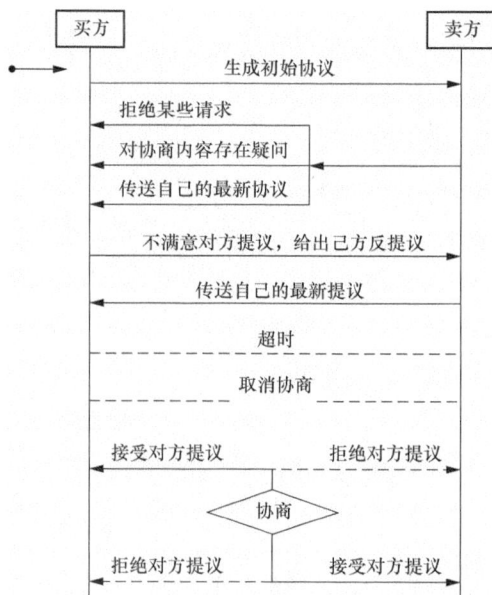

图7-9　协商定价过程示意图

7.2.4　集中撮合交易定价

撮合定价是拍卖定价的一种延伸，在双边拍卖的情况下，撮合定价为具有成交意愿的买卖双方提供了一种成交规则。

1. 撮合交易机制

集中撮合交易是指市场运营机构通过统一的交易平台发布供需信息，交易双方分别就购售电量和电价进行申报，市场运营机构按照一定的规则并考虑电网安全约束进行撮合。在集中撮合模式中，交易双方在截止日期之前上报电量和电价，市场运营机构按照固定的时间进行撮合，未能撮合的交易可在以后组织的市场中再申报。在撮合交易模式下，每一笔交易的价格都可能是不同的。撮合交易一般应用在跨省区交易和区域内省间交易组织形式中。

集中撮合交易方式下，购电方按照报价由高到低进行优先级排序，售电方按照折算排序价（在报价基础上考虑输电价格、输电损耗折价等因素）由低到高进行优先级排序，在满足网络约束条件下，通过交易算法撮合购售双方达成交易。集中撮合交易方式下，由于电网企业不作为购售电主体参与交易，因此，撮合方式下交易主体之间的选择更为灵活。

在双边市场交易中，出最高价的买方和出最低价的卖方在有价格重合区域的情况下，就意味着具备了成交技术条件，理论上讲，在这个价格重合区域内的任何交易都是技术上可行的。如何确定成交价格不过是一种规则。撮合交易机制认为出高价的买方与出低价的卖方是最有成交意愿的，应该具有安排优先成交的权利。这样，"高低匹配"就成为撮合定价的原则。进一步分析，高低匹配包括了两种价格，究竟按什么价格成交?在买卖公平的条件下，按卖方报价和买方报价的平均值成交成为普遍接受的规则。

2. 交易程序和规则

撮合定价的交易程序和规则如下。

（1）计算所有购、售电方之间每笔申报价折算后的价差，计算公式为

$$pd = pp - ps$$

式中：pd 为价差；pp 为购电方的原始申报价格；ps 为售电方的原始申报价格。

（2）按价差从大到小排序。价差小于零的不能成交，不参与排序。

（3）按照排序从价差最大的一笔交易开始，计算购、售双方每笔交易的成交电量和电价，成交电价为售电方原始申报价格与购电方原始申报价格的算术平均值，即 pb=（ps+pp）/2。

（4）按照价差排序计算下一笔的成交价格和成交电量。如果同一组价、量在不同笔交易中同时出现，则应从该组的待成交电量中先扣减该笔之前已成交部分的电量，再成交;如果某一组价、量的待成交电量为零，则该组价、量成交完毕。

（5）价差相同时，环保机组优先成交；如环保情况也相同，则同省（区）购、售电方优先成交;如环保情况相同且购、售电方所在省（区）情况也相同，则按待成交电量的比例分配。高低匹配的撮合过程使得交易量可达到市场均衡时所能成交的最大量，且每单位交易量都尽可能分配给效用最大的交易双方。

在具体的电力市场中，撮合定价需要借助计算机系统实现，因此，需要有一套计算机竞价算法，本节不作过多的分析。与一般商品交易的结果不同，按照撮合定价规则定价的结果对不同的消费者收取不同的价格，这在很多情况下是很难被消费者所接受的。特别

是在重复博弈的情况下，可能会诱导出卖方共同抬高价格的策略性行为。集中撮合交易如图 7-10 所示。

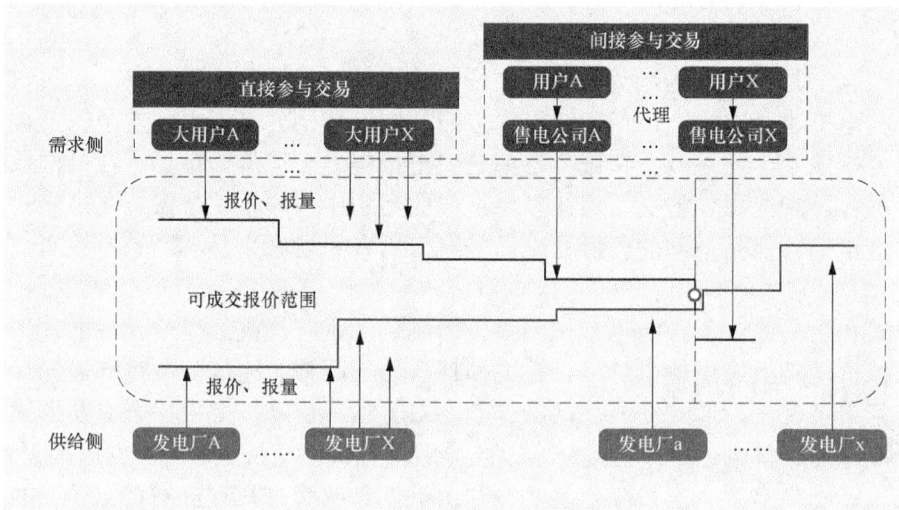

图 7-10   集中撮合交易示意图

7.3 电力市场批发价格

7.3.1 电力中长期交易价格

电力中长期市场价格一般指在多年、年、季、月、周、多日等中长期电能量批发市场形成的交易成交价。《电力中长期交易基本规则（发改能源规〔2020〕889 号）》规定，除计划电量执行政府确定的价格外，电力中长期交易成交价由市场主体通过双边协商、集中交易等市场化方式形成。

与实时交易相比，中长期交易具有更高的稳定性和可预测性，对于电力市场的平稳运行至关重要。电力中长期交易价格的形成主要受到以下几个方面的影响。

（1）电力市场的供需关系是影响电力中长期交易价格的核心因素。当电力供应大于需求时，电力价格往往会下降；反之，当电力需求大于供应时，电力价格则会上升。因此，电力交易员需要密切关注电力市场的供需状况，以制定合适的交易策略。

（2）发电成本是电力中长期交易价格的重要组成部分。发电成本包括燃料成本、设备折旧、人工成本等。不同类型的发电企业，其发电成本存在差异。例如，火力发电企业的燃料成本占比较大，而风力发电企业的设备折旧成本则较高。因此，电力交易员需要了解各类发电企业的成本结构，以便在交易中做出更准确的判断。

（3）政策因素也会对电力中长期交易价格产生一定影响。政府的能源政策、环保政策以及电价政策等都会对电力市场产生影响。例如，政府鼓励清洁能源的发展，可能会提高清洁能源的上网电价，从而影响电力中长期交易价格。

电力中长期市场成员包括各类发电企业、电网企业、配售电企业、电力交易机构、电力调度机构、电力用户、储能企业等。

电力中长期交易的总体原则如下：政府部门应当在每年 11 月底前确定并下达次年跨区跨省优先发电计划、省内优先发电计划和基数电量。各地按照年度（多年）、月度、月内（多日）的顺序开展电力交易。

市场主体通过年度（多年）交易、月度交易和月内（多日）等交易满足发用电需求，促进供需平衡。

对于定期开市和连续开市的交易，交易公告应当提前至少 1 个工作日发布；对于不定期开市的交易，应当提前至少 5 个工作日发布。交易公告发布内容应当包括：

（1）交易标的（含电力、电量和交易周期）、申报起止时间；

（2）交易出清方式；

（3）价格形成机制；

（4）关键输电通道可用输电容量情况。

交易的限定条件必须事前在交易公告中明确，原则上在申报组织以及出清过程中不得临时增加限定条件，确有必要的应当公开说明原因。

电力交易机构基于电力调度机构提供的安全约束条件开展电力交易出清。

对于签订市场化交易合同的机组，分配基数电量时原则上不再进行容量剔除。

各电力交易机构负责组织开展可再生能源电力相关交易，指导参与电力交易的承担消纳责任的市场主体优先完成可再生能源电力消纳相应的电力交易，在中长期电力交易合同审核、电力交易信息公布等环节对承担消纳责任的市场主体给予提醒。各承担消纳责任的市场主体参与电力市场交易时，应当向电力交易机构作出履行可再生能源电力消纳责任的承诺。

年度交易规则如下：年度（多年）交易的标的物为次年（多年）的电量（或者年度分时电量）。年度（多年）交易可通过双边协商或者集中交易的方式开展。市场主体经过双边协商形成的年度（多年）意向协议，需要在年度双边交易申报截止前，通过电力交易平台提交至电力交易机构。电力交易机构根据电力调度机构提供的关键通道年度可用输电容量，形成双边交易预成交结果。采用集中交易方式开展年度（多年）交易时，发电企业、售电公司和电力用户在规定的报价时限内通过电力交易平台申报报价数据。电力交易机构根据电力调度机构提供的关键通道年度可用输电容量进行市场出清，形成集中交易预成交结果。年度交易结束后，电力交易机构汇总每类交易的预成交结果，并提交电力调度机构统一进行安全校核。电力调度机构在 5 个工作日内返回安全校核结果，由电力交易机构发布。安全校核越限时，由相关电力交易机构根据市场规则协同进行交易削减和调整。市场主体对交易结果有异议的，应当在结果发布 1 个工作日内向电力交易机构提出，由电力交易机构会同电力调度机构在 1 个工作日内给予解释。逾期未提出异议的，电力交易平台自动确认成交。

月度交易的标的物为次月电量（或者月度分时电量），条件具备的地区可组织开展针对年度内剩余月份的月度电量（或者月度分时电量）交易。月度交易可通过双边协商或者集中交易的方式开展。市场主体经过双边协商形成的意向协议，需要在月度双边交易申报截止前，通过电力交易平台提交至电力交易机构。电力交易机构根据电力调度机构提供的关键通道月度可用输电容量，形成双边交易预成交结果。采用集中交易方式开展月度交易时，发电企业、售电公司和电力用户在规定的报价时限内通过电力交易平台申报报价数据。电力交易机构根据电力调度机构提供的关键通道月度可用输电容量进行市场出清，形成集中交易预成交结果。月度交易结束后，电力交易机构汇总每类交易的预成交结果，并提交给电力调度机构统一进行安全校核。电力调度机构在 2 个工作日内返回安全校核结果，由电力交易机构发布。安全校核越限时，由相关电力交易机构根据市场规则协同进行交易削减和调整。市场主体对交易结果有异议的，应当在结果发布 1 个工作日内向电力交易机构提出，由电力交易机构会同电力调度机构在 1 个工作日内给予解释。逾期未提出异议的，电力交易平台自动确认成交。电力交易机构应当根据经安全校核后的交易结果，对年度交易分月结果和月度交易结果进行汇总，于每月月底前发布汇总后的交易结果。

月内（多日）交易的标的物为月内剩余天数或者特定天数的电量（或者分时电量）。月内交易主要以集中交易方式开展。根据交易标的物不同，月内交易可定期开市或者连续开市。月内集中交易中，发电企业、售电公司和电力用户在规定的报价时限内通过电力交易平台申报报价数据。电力交易机构根据电力调度机构提供的关键通道月内可用输电容量进行市场出清，形成集中交易预成交结果。电力交易机构将月内集中交易的预成交结果提交给电力调度机构进行安全校核。电力调度机构应当在 1 个工作日内返回安全校核结果，由电力交易机构发布。市场主体对交易结果有异议的，应当在结果发布 1 个工作日内向电力交易机构提出，由电力交易机构会同电力调度机构在 1 个工作日内给予解释。月内集中交易结束后，电力交易机构应当根据经安全校核后的交易结果，对分月交易计划进行调整、更新和发布。

7.3.2 现货市场价格

电力现货价格一般指在日前、日内或实时/平衡的电能量批发市场形成的交易成交价。其中，日前市场价格指运行日提前一天形成的，以运行日 24 小时电力为标的物的交易成交价；日内市场价格指运行日内滚动形成的，以未来数个小时电力为标的物的交易成交价；实时/平衡市场价格指运行日内以未来分钟级电力为标的物的交易成交价，集中式市场在"全电量优化"模式下形成实时市场价格，分散式市场对"不平衡电量"优化形成平衡市场价格。

目前国内外的主要电力现货出清价格形成采用边际出清价格机制，主要包括系统边际电价（System Marginal Price，SMP）、分区边际电价（Zonal Marginal Price，ZMP）和节点边际电价（Locational Marginal Price，LMP）。

1. 系统边际电价（SMP）

系统边际电价是指在现货电能交易中，按照报价从低到高的顺序逐一成交电力，使成交的电力满足负荷需求的最后一个电能供应者（称为边际机组）的报价，如图 7-11 所示。

图 7-11 中，（a）图中发电侧报价曲线与用户侧报价曲线的交点即为出清点，对应价格为系统边际电价；（b）图中发电侧报价曲线与用户侧报价曲线无交点，无法市场出清；（c）和（d）图中两条曲线有不唯一交点，按照社会福利最大化和成交数量最大为原则可分别确定（c）和（d）图中的出清点及对应系统边际电价。总体来看，系统边际电价是反映电力市场中电力商品短期供求关系的重要指标之一，是联系市场各方成员的经济纽带。系统边际电价模式适用于电网阻塞较少、阻塞程度较轻、阻塞成本低的地区。

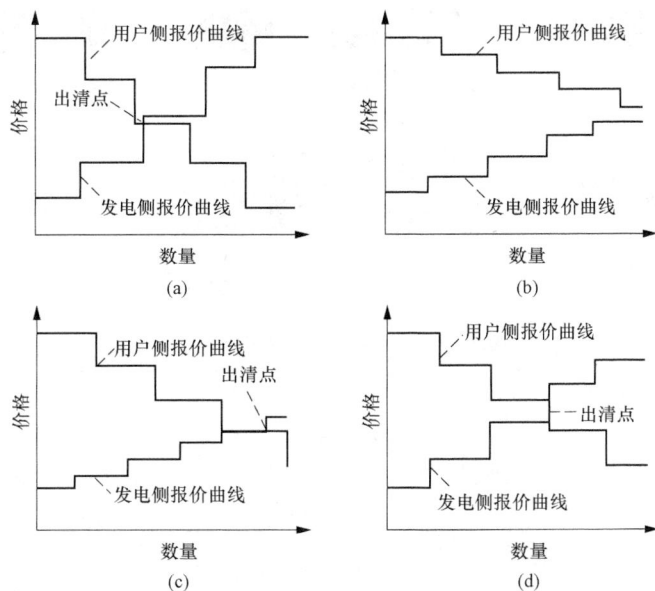

图 7-11　系统边际电价形成示意图

2. 分区边际电价（ZMP）

实际运行中，电网不同区域之间可能发生输电阻塞，而在区域内部输电阻塞发生的概率较小或情况比较轻微。此时，可采用分区边际电价，按阻塞断面将市场分成几个不同的区域（即价区），区域内的所有机组用同一个价格，即分区边际电价。分区边际电价模式适用于阻塞频繁发生在部分输电断面的地区。如欧洲统一电力市场就是采用分区电价体系。

3. 节点边际电价（LMP）

节点边际电价模式适用于电网阻塞程度较为严重、输电能力经常受限的地区。节点边际电价也称为节点电价，LMP 计算特定的节点上新增单位负荷（一般为 1 兆瓦）所产生的新增发电边际成本、输电阻塞成本和损耗。LMP 提供了一个开放、透明、非歧视的机制来处理在电网开放条件下的电网阻塞问题，可以将因阻塞导致的成本信息反映给市场成员，LMP 的计算是有安全约束的经济调度的优化结果。LMP 在美国电力市场中得到普遍采用，如美国 PJM 电力市场。

电力现货市场出清价格机制选择系统边际电价、分区边际电价或节点边际电价，主要考虑电网阻塞情况，在分区内部不存在阻塞的情况下，分区内各节点边际电价等于分区边际电价；在分区间不存在阻塞的情况下，分区边际电价等于系统边际电价。如果将整个电网简化为一个节点，这个节点的节点边际电价就是系统边际电价，如果将整个电网按分区简化为几个节点，每个节点的节点电价就是分区边际电价（见图 7-12）。

从国内外电力现货市场建设经验来看，系统边际电价、分区边际电价和节点边际电价机制均有成功的应用，不同市场价格机制的优缺点和典型市场应用见表 7-1。

因为电力现货市场的系统边际电价、分区边际电价和节点边际电价形成机制和影响因素类似，节点边际电价的形成机制最为复杂，理解节点边际电价形成和影响因素也可类似理解分区边际电价和系统边际电价的形成和影响因素。下面以一个简单的三节点输电网络案例来说明节点电价的形成及影响价格的因素。

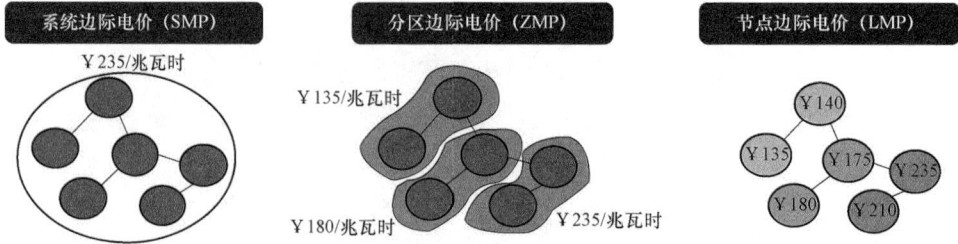

图 7-12 典型电力市场出清价格形成机制

表 7-1 电力市场出清价格形成机制比较

项目	优点	缺点	适用性
系统边际电价	模型简单，易于理解；出清价格透明度高，不必事先披露输电线路约束	未考虑输电线路和运行状态；存在阻塞区域间的交叉补贴；价格信号激励性不足	没有或偶有输电阻塞发生，而且阻塞程度不严重、阻塞成本较少的电力市场
分区边际电价	易于理解，出清价格透明度高；有分区的价格信号	分区方案是前提和关键	电网发展成熟、网络阻塞界面清晰的地区
节点边际电价	出清结果满足电网运行要求；明确的价格信号，自动实现阻塞成本分摊；为分配阻塞盈余的 FTR 市场提供了结算价格	相对复杂，调度过程的清晰性欠佳；对信息披露的要求较高；对金融市场成熟度的要求较高	电力市场基础环境较好、市场主体较为成熟、网络结构经常发生变化、阻塞较多的地区

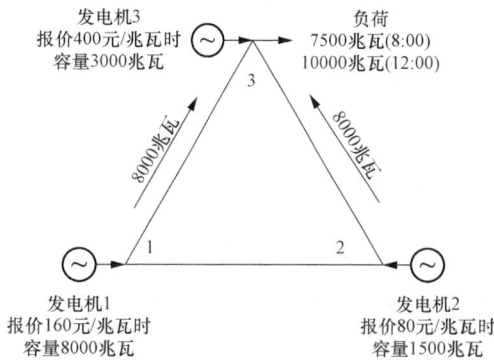

图 7-13 三节点输电网络示意图

具体参数如图 7-13 所示。节点 3 为负荷节点，上午 8:00 负荷需求为 7500 兆瓦，12:00 负荷需求为 10000 兆瓦。为便于计算，假设连接 3 个节点的 3 条输电线路容量限值均为 8000 兆瓦。

上午 8:00 负荷为 7500 兆瓦，市场出清按报价由低到高出清原则，发电机组 2 出力 1500 兆瓦，发电机组 1 出力 6000 兆瓦，发电机组 3 无需开机，并且 3 个节点间不存在阻塞，因此系统电能量价格由发电机组 1 的报价决定，即 160 元/兆瓦时。

中午 12:00 负荷上升至 10000 兆瓦，此时发电机组 1 出力达到上限 8000 兆瓦，发电机组 2 出力同样达到上限 1500 兆瓦，发电机组 3 需出力 500 兆瓦满足系统供需平衡约束。此时，系统电能量价格由发电机组 3 决定，即 400 元/兆瓦时，由此可见，系统负荷需求的变化对最终的市场价格可产生显著影响。

如图 7-14 所示，如果发电机组 3 的发电厂商将报价提高至 800 元/兆瓦时，上午 8:00 的系统电能量价格仍保持 160 元/兆瓦时不变，但中午 12:00 的系统电能量价格将上升至 800 元/兆瓦时，可见发电厂商报价行为对市场价格也有一定的影响，特别是具有较大市场力的发电厂商或发电厂商串谋可以明显地影响市场价格，因此电力现货市场需要建立市场力监测及缓解机制，对发电厂商超过合理成本和利润报价并影响市场出清价格的行为进行监测和处置，保障市场平稳运行。

假设节点之间存在传输容量约束如图 7-15 所示，连接 3 个节点的 3 条输电线路容量限值均为 3500 兆瓦。

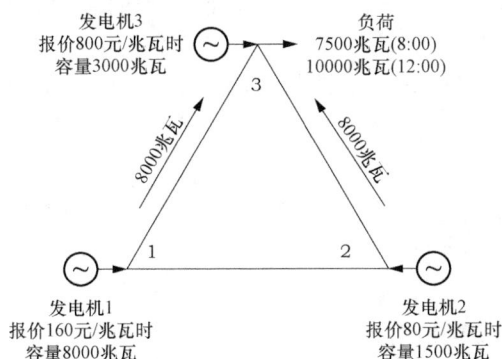

图 7-14　改变报价的三节点输电网络示意图

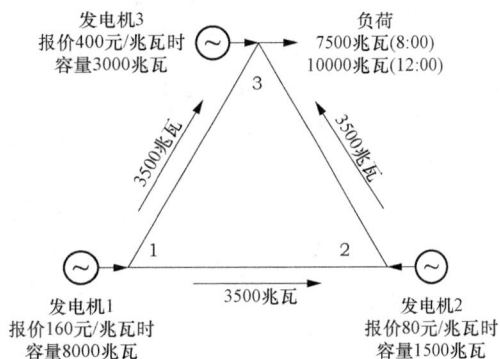

图 7-15　存在输电容量约束的三节点输电网络示意图

上午 8:00 发电机组 1 发电出力为 5500 兆瓦，发电机组 2 出力为 1500 兆瓦，发电机组 3 为 500 兆瓦，满足负荷需求。此时，系统电能价格由发电机组决定，为 400 元/兆瓦时，可见线路传输容量对市场出清价格有影响。此时，节点 1、节点 2 因增加负荷而引起的成本价格为 160 元/兆瓦时（可由发电机组 1 增加出力），节点 1 和节点 2 的节点电价为 160 元/兆瓦时；而节点 3 的负荷增加时，引起的成本增加为 400 元/兆瓦时，因此节点 3 的节点电价为 400 元/兆瓦时。因此，发生输电阻塞的节点，节点电价不再一致，这也充分反映了节点边际电价本身的物理意义。

7.3.3　辅助服务市场价格

根据《电力市场运行基本规则》，电力辅助服务分为基本电力辅助服务和有偿电力辅助服务。其中，基本电力辅助服务是经营主体应当无偿提供的电力辅助服务。有偿电力辅助服务是经营主体在基本电力辅助服务之外提供的其他电力辅助服务。根据《电力辅助服务管理办法》（国能发监管规〔2021〕61 号），电力辅助服务的种类分为有功平衡服务、无功平衡服务和事故应急及恢复服务，如图 7-16 所示。

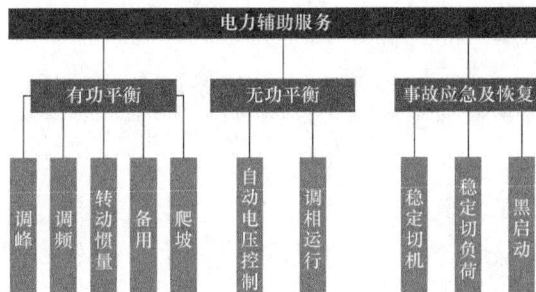

图 7-16　电力辅助服务分类

1. 有功平衡服务

有功平衡服务包括调频、调峰、备用、转动惯量、爬坡等电力辅助服务。

（1）调频。调频是指电力系统频率偏离目标频率时，并网主体通过调速系统、自动功率控制等方式，调整有功出力减少频率偏差所提供的服务。调频分为一次调频和二次调频。一次调频是指当电力系统频率偏离目标频率时，常规机组通过调速系统的自动反应、新能源和储能等并网主体通过快速频率响应，调整有功出力减少频率偏差所提供的服务。二次调频是指并网主体通过自动功率控制技术包括自动发电控制（AGC）、自动功率控制（APC）等，跟踪电力调度机构下达的指令，按照一定调节速率实时调整发用电功率，以满足电力系统频率、联络线功率控制要求的服务。

（2）调峰。调峰是指为跟踪系统负荷的峰谷变化及可再生能源出力变化，并网主体根据调度指令进行的发用电功率调整或设备启停所提供的服务。

（3）备用。备用是指为保证电力系统可靠供电，在调度需求指令下并网主体通过预留调节能力，并在规定的时间内响应调度指令所提供的服务。

（4）转动惯量。转动惯量是指在系统经受扰动时，并网主体根据自身惯量特性提供响应系统频率变化率的快速正阻尼，阻止系统频率突变所提供的服务。

（5）爬坡。爬坡是指为应对可再生能源发电波动等不确定因素带来的系统净负荷短时大幅变化，具备较强负荷调节速率的并网主体根据调度指令调整出力，以维持系统功率平衡所提供的服务。

2. 无功平衡服务

无功平衡服务即电压控制服务，电压控制服务是指为保障电力系统电压稳定，并网主体根据调度下达的电压、无功出力等控制调节指令，通过自动电压控制（AVC）、调相运行等方式，向电网注入、吸收无功功率，或调整无功功率分布所提供的服务。

（1）自动电压控制。自动电压控制是指利用计算机系统、通信网络和可调控设备，根据电网实时运行工况在线计算控制策略，自动闭环控制无功和电压调节设备，以实现合理的无功电压分布。

（2）调相运行。调相运行是指发电机不发出有功功率，只向电网输送感性无功功率的运行状态，起到调节系统无功、维持系统电压水平的作用。

3. 事故应急及恢复服务

事故应急及恢复服务包括稳定切机服务、稳定切负荷服务和黑启动服务。

（1）稳定切机服务。稳定切机服务是指电力系统发生故障时，稳控装置正确动作后，发电机组自动与电网解列所提供的服务。

（2）稳定切负荷服务。稳定切负荷（含抽水蓄能电站切泵）服务是指电网发生故障时，安全自动装置正确动作切除部分用户负荷，用户在规定响应时间及条件下以损失负荷来确保电力系统安全稳定所提供的服务。

（3）黑启动。黑启动是指电力系统大面积停电后，在无外界电源支持的情况下，由具备自启动能力的发电机组或抽水蓄能、新型储能等所提供的恢复系统供电的服务。

目前我国的辅助服务市场体系架构中，主要有备用、调频、调峰、灵活爬坡和黑启动等辅助服务种类。

（1）备用在现货市场或者调度计划中是一种"备而不用"的有功电力，当突发故障发生时，通过人工调度等形式执行备用的调用。备用有多种分类方式，按调整方向分为正备用、负备用；按响应备用事件分为负荷备用、事故备用、检修备用和国民经济备用；按备用存在形式可分为旋转备用和非旋转备用；按响应时间可分为 10 分钟备用、30 分钟备用等。

（2）调频侧重于处理实时调度计划与实时运行之间的小幅度净负荷不确定性。调频分为一次调频和二次调频。在现货市场或调度计划环节，预留调频容量空间；在实时运行阶段，通过自动控制设备在调频空间内进行出力的快速上下调节来调用调频。

（3）通常调峰是指调频之外的负荷跟踪。在现货市场运行地区，应逐步融合调峰市场功能。调峰按照调节方向可分为向上调峰和向下调峰，按照是否接受补偿可分为基本调峰和有偿调峰。在我国大多数地区的电厂入网协议和辅助服务管理细则中，一般都对发电企业应该承担的辅助服务进行了规定，并区分了"基本辅助服务"和"有偿辅助服务"。

（4）灵活爬坡是一种新型的辅助服务品种，主要作用是增强实时调度出力计划应对净负荷强不确定性的鲁棒性。灵活爬坡与现货市场出清紧密耦合，其作用机理是在实时市场的当前出清时刻为下一时刻预留计及净负荷不确定性的爬坡容量，该爬坡容量不仅覆盖了时段之间可预测的负荷值变化，而且考虑了因新能源不确定性等因素引起的负荷预测偏差值变化。不同于调频、备用是在出清时预留在实时运行中因发生负荷波动或设备故障等事件后被调用，灵活性爬坡产品的调用实质上是蕴含在实时市场出清的过程中，并非在实时运行阶段。

（5）黑启动模式是由黑启动电源的类型决定的包括水轮机组启动模式、燃气轮机启动模式、孤岛启动模式和联络线启动模式等。

基于不同辅助服务品种的物理特性以及与现货市场的耦合关系、调用频次等，不同的辅助服务市场适合在不同时间维度上建立市场。一是备用、调频、灵活爬坡电力辅助服务市场与现货市场耦合紧密，调用频繁，适合建立"现货+中长期"市场。二是黑启动、无功平衡等辅助服务品种适合建立"中长期"市场，一般在年、月等时间维度上进行采购。

在我国电力工业垂直一体化阶段，电力系统需要的辅助服务均由相关调度人员指定机组提供，最后与发电量一起进行结算，没有单独的补偿机制。在 2002 年"厂网分开"后，发电企业和电网企业分开，市场主体多元化发展，发电企业提供的辅助服务成本没有得到补偿，一定程度上影响了提供辅助服务的积极性。此外，辅助服务没有市场主体认可的统一分配标准，各区域原有的并网运行管理办法也逐步不适用于电力行业的发展需要。在此背景下，国家出台相关政策，辅助服务补偿机制开始在发电侧进行分摊，即按照"补偿成本和合理收益"的原则对提供有偿辅助服务的并网发电厂进行补偿，补偿费用主要来源于辅助服务考核费用，不足或者富余部分按照统一标准在发电侧进行分摊，同时该阶段我国火电企业拥有"基数电量"和"标杆电价"两大边界条件，标杆电价中也隐含部分辅助服务成本。

随后，由于新能源的快速发展，在 2015 年新一轮电力体制改革中，正式提出以市场化原则建立辅助服务分摊共享新机制，按照"谁服务、谁获利、谁受益、谁承担"的总体原则，以市场化的手段形成辅助服务价格，推动规范有序传导分担，充分调动灵活性资源积极性。

目前，我国已形成以调峰、调频、备用等交易品种为核心的区域、省级辅助服务市场体系，基本实现省级和区域全覆盖。区域辅助服务市场主要开展区域调峰、区域备用辅助服务，省级辅助服务市场主要开展调峰、调频辅助服务。

电力辅助服务价格是为补偿回收"维持电力系统安全稳定运行、保证电能质量、促进清洁能源消纳"所形成的，提供有偿电力辅助服务所对应的价格。辅助服务市场是电力市场中不可或缺的组成部分，需要建立专门的针对性机制来确保辅助服务的有效供应和成本回收。与一般的电能量商品相比，辅助服务的构成复杂，不同服务品种间较大的差异性导致不同辅助服务品种以及不同主体提供相同的辅助服务，其成本的系统价值均有所变化。

《电力辅助服务管理办法》中规定，有偿电力辅助服务可通过固定补偿或市场化方式提供补偿，固定补偿方式下的补偿标准综合考虑电力辅助服务成本、性能表现及合理收益等因素，按"补偿成本、合理收益"原则确定；市场化补偿形成机制遵循考虑电力辅助服务成本、合理确定价格区间、通过市场化竞争形成价格的原则制定，具体方式包括集中竞价、公开招标/挂牌/拍卖、双边协商等。《电力辅助服务管理办法》中指出，在制定电力辅助服务管理实施细则和市场交易规则时，应合理确定电力辅助服务品种，建立相应补偿、分摊和考核机制。电力辅助服务管理实施细则原则上主要明确通过义务提供、固定补偿方式获取的电力辅助服务品种的相关机制；电力辅助服务市场交易规则主要明确通过市场化竞争方式获取的电力辅助服务品种的相关机制。

各类电力辅助服务品种的补偿机制如表7-2所示。固定补偿方式确定补偿标准时应综合考虑电力辅助服务成本、性能表现及合理收益等因素，按"补偿成本、合理收益"的原则确定补偿力度；市场化补偿形成机制应遵循考虑电力辅助服务成本、合理确定价格区间、通过市场化竞争形成价格的原则。

表 7-2　　　　　　　　　　　各类电力辅助服务品种补偿机制

电力辅助服务分类		补偿方式	固定补偿考虑因素
有功平衡服务	一次调频	义务提供、固定补偿、市场化方式（集中竞价、公开招标/挂牌/拍卖、双边协商）	电网转动惯量需求和单体惯量大小
	二次调频		常规机组：维持电网频率稳定过程中实际贡献量；其他并网主体：改造成本和维持电网频率稳定过程中实际贡献量
	调峰		社会平均容量成本、提供有偿辅助服务的投资成本和由于提供电力辅助服务而减少的有功发电量损失
	备用		
	转动惯量		
	爬坡		
无功平衡辅助服务	自动电压控制	义务提供、固定补偿、市场化方式（公开招标/挂牌/拍卖、双边协商）	按低于电网投资新建无功补偿装置和运行维护的成本的原则
	调相		
事故应急及恢复服务	稳定切机	义务提供、固定补偿、市场化方式（公开招标/挂牌/拍卖、双边协商）	稳控投资成本、错失参与其他市场的机会成本和机组启动成本
	稳定切负荷		用户损失负荷成本
	黑启动		投资成本、维护费用、黑启动期间运行费用、每年用于黑启动测试和人员培训费用等因素

为电力系统运行整体服务的电力辅助服务，补偿费用由发电企业、市场化电力用户等所有并网主体共同分摊，逐步将非市场化电力用户纳入补偿费用分摊范围。原则上，为特

定发电侧并网主体服务的电力辅助服务，补偿费用由相关发电侧并网主体分摊。为特定电力用户服务的电力辅助服务，补偿费用由相关电力用户分摊。

2024 年 2 月 8 日，国家发展改革委、国家能源局联合印发《关于建立健全电力辅助服务市场价格机制的通知》（发改价格〔2024〕196 号），自同年 3 月 1 日起实施。重点针对与现货电能量市场紧密相关的调峰、调频、备用三个有功平衡类辅助服务市场的价格上限、费用结算、费用传导等关键计价要素进行了规范，旨在不断完善辅助服务价格形成机制，推动辅助服务费用规范有序传导分担，充分调动灵活调节资源主动参与系统调节的积极性。

1. 确定辅助服务价格上限

（1）调峰。按照新能源项目消纳成本不高于发电价值的原则，合理确定调峰服务价格上限，调峰服务价格上限原则上不高于当地平价新能源项目的上网电价。

（2）调频。调频性能系数由调节速率、调节精度、响应时间三个分项参数乘积或加权平均确定，分项参数以当地性能最优煤电机组主机（不含火储联合机组）对应的设计参数为基准折算。原则上性能系数最大不超过 2，调频里程出清价格上限不超过每千瓦 0.015 元。

（3）备用。统筹考虑提供备用服务的机会成本（因预留备用容量、不发电而产生的损失）等因素，合理确定备用服务价格上限，原则上备用服务价格上限不超过当地电能量市场价格上限。

2. 辅助服务费用传导和结算

各地由用户侧承担的辅助服务成本，应当为电能量市场无法补偿的发电侧因提供辅助服务而未能发电带来的损失。电力现货市场未连续运行的地区，原则上不向用户侧疏导辅助服务费用。电力现货市场连续运行的地区，符合要求的调频、备用辅助服务费用（不含提供辅助服务过程中产生的电量费用），原则上由用户用电量和未参与电能量市场交易的上网电量共同分担，分担比例由省级价格主管部门确定。其他需由经营主体承担的辅助服务费用，按程序报批。

由用户承担的辅助服务费用纳入系统运行费用，随电费一同结算，电力现货市场连续运行的地区采用"日清月结"模式。各品种辅助服务补偿、分摊、考核费用应单独计算，并在结算单中单独列示。

3. 健全辅助服务价格管理工作机制

国家发展改革委会同国家能源局加强顶层设计和工作指导，制定辅助服务价格相关政策;电力辅助服务市场规则由国家能源局会同国家发展改革委另行制定。国家能源局派出机构会同省级价格主管部门按照国家有关规定，提出辖区内辅助服务品种、需求确定机制、价格机制、市场限价标准、费用指导方式等实施方案，征求当地能源、电力运行等部门意见后，据国家能源局，经国家发展改革委同意后实施。

7.4　电力零售市场价格

随着我国电力市场化改革的不断深入，用户侧选择权逐步放开，很多用户的零售电价不再受政府管制。未进入市场的电力用户仍按照目录电价购电，而进入市场的用户以市场化的方式确定其购电价格，该模式称为计划和市场双轨制。国家发展改革委《关于进一步深化燃煤发电上网电价市场化改革的通知》要求各地有序推动工商业用户全部进入电力市场，按照市场价格购电，取消工商业目录销售电价。目前尚未进入市场的用户，10 千伏及以上的用户要全部进入，其他用户也要尽快进入。对暂未直接从电力市场购电的用户由电网企业代理购电。保持居民、农业用电价格稳定。居民（含执行居民电价的学校、社会福利机构、社区服务中心等公益性事业用户）、农业用电由电网企业保障供应，执行现行目录销售电价政策。各地要优先将低价电源用于保障居民、农业用电。

7.4.1　大用户直接交易

我国自 2013 年开始进行大用户直接交易试点，供需直接见面形成市场化电价。多个省份相继制定了大用户直接交易的具体操作办法。总体而言，这些办法均系对国家层面规定框架的细化。在保持基本原则不变的前提下，各省份根据自身实际情况和发展需求，制定了具体的实施规则，出台的办法呈现出一定的共性和特色。根据各省通知，具体情况总结如下。

1. 准入条件

用户：各省对于参与直接交易用户的要求基本一致。参与用户应符合国家产业政策和环保相关文件，如《产业结构调整指导目录》要求，鼓励战略性新兴产业和能效标杆企业参与，限制高污染、落后产能以及过剩产能企业的参与。各省主要区别在于对用户接入电压等级的要求。在试点初期，大多数省份将用户的电压等级开放至 110 千伏，但山东和福建已将电压等级开放至 10 千伏。

发电企业：各省对参与直接交易的发电企业均要求符合国家基本建设审批程序并持有发电业务许可证，同时需要满足相应的环保要求。主要的差别在于机组类型和容量的限制。根据目前收集到的直接交易实施办法，绝大多数参与直接交易的发电企业都是火力发电企业。绝大多数省份对火电机组容量门槛与《关于完善电力用户与发电企业直接交易》（电监市场〔2009〕20 号）规定的要求一致，即 30 万千瓦。但也存在一些特殊情况。例如，江苏要求火电机组容量为 60 万千瓦及以上，浙江允许燃气机组参与交易且没有容量限制，而甘肃在 2015 年取消了对火电单机容量的限制，所有火电企业（不包括自备电厂）均可参与直接交易。

2. 电量限制

各省份在确定直接交易电量总规模时，采用了按照用（发）电量比重进行规定的方式。例如，湖北省规定直接交易电量总量不得超过全省大工业用电量的 10%。江苏省和山东省则规定年度直接交易电量总量初步按照全社会用电量的 2% 进行安排。而广东省则根据上年发电量的比重进行安排，并在逐年递增。尽管这些省份都使用了按比重规定的方式，但具体的规定方式在不同地方存在一定的差异。这些规定旨在合理安排直接交易电量规模，确保电力市场的稳定运行和供需平衡。

除了交易总量控制外，一些省份还对单一市场主体施加了一些限制。例如，山东省规定每个用户的交易电量不得超过全部直接交易电量的 10%，且不得超过该用户上年度实际用电量。每台机组的交易电量折算成利用小时数，不得超过全部直接交易电量折算平均利用小时数的 2 倍。而在浙江省，参与试点的发电企业的直接交易发电量由市场交易确定，但原则上不得超过该发电企业同类机组年度发电计划总量的 30%。这些措施旨在维护市场秩序和稳定，确保电力交易的合理性和可持续性。

3. 交易方式

目前，各省提出的直接交易方式主要包括双边交易和集中交易两种模式。双边交易模式是指符合准入条件的电力用户与发电企业独立寻找交易对象，并通过自主协商达成交易意向。而集中交易模式是指符合准入条件的电力用户和发电企业通过信息平台申报电量和电价，寻找交易对象，并最终达成交易合同。在集中交易模式下，具体可分为集中撮合交易、集中竞价交易和集中挂牌交易三种模式。这些直接交易方式的提出，旨在提升电力市场的透明度、公平性和效率，促进电力交易的顺畅进行。

4. 交易电价

大多数省份规定，直接交易电价（也就是市场化销售电价）由直接交易价格、电网输配电价以及政府性基金和附加费用三部分组成。尽管国家规定未来电网企业可以收取辅助服务费，但目前各省的规定中并未涉及该项费用。

（1）直接交易价格：双边交易中，直接交易价格由电力用户与发电企业通过协商自主确定。集中交易中，不同交易模式均有相应的价格形成机制。

（2）电网输配电价：按照国家规定的标准执行。

（3）关于政府性基金及附加费：根据国家规定标准，电力用户需要缴纳相应的政府性基金及附加费用，而这些费用由电网企业代为收取并代为缴纳。

5. 违约补偿

偏差率规定：根据电监市场第 50 号文规定，直接交易中实际执行电量与合同电量的偏差需要进行余缺电量调剂。允许的偏差范围暂定为 3%。在各省规定中，允许实际直接交易电量与合同约定电量之间存在一定范围的偏差。对于违约电量的补偿方法有两种可选择的方式。其中一种补偿方式是以购电价格的 110% 执行目录电价，以售电价格的 90% 执行政府核定的上网电价。另一种方式是通过违约金进行补偿，具体执行方式因省份而异，有些省份在直接交易办法中明确规定了违约金的金额，而其他省份则按照合同约定执行。

6. 容量扣减

各省份都规定了在计划电量分配时，要先减去直接交易电量，然后再进行分配。参与试点的发电企业的直接交易发电容量会从其装机容量中剔除，以便安排年度全省电力生产计划。扣减容量的计算方法大体上有两种。一种是根据直接交易合同电量和相应合同用户的用电利用小时数进行计算（例如甘肃省、安徽省）。另一种是根据发电企业年度的直接交易发电量和同类机组计划发电利用小时数进行计算（例如浙江省、福建省）。此外，一些省份直接从计划电量中扣减大用户的直接交易电量（例如湖北省）。

随着电力体制改革的深入推进，"大用户直接交易"的概念已经较少被人提及，取而代之的是更完善的中长期交易，相关交易机制也有优化。

7.4.2 市场化用户的零售电价组成

（1）电力批发市场购电费。电力批发价格指的是电力零售商从批发市场购买电力时所支付的价格，该价格反映了电力生产过程所涉及的燃料成本和管理成本。

（2）代理费。代理费是用户为售电公司提供的费用，以获得电力供应服务。用户可根据需求选择电力生产商、售电公司提供服务。在这个过程中，至少存在三种不同的合同：电力生产商与零售用户之间的合同、输电网与零售用户之间的合同，以及电力服务商与零售用户之间的合同。

（3）输配电费。这部分费用是指在电能从电力生产商通过输配电网传输到零售用户所属的电力供应服务商电表计量处的过程中产生的费用。详见第5章。

7.4.3 售电公司

随着售电侧改革的不断推进，我国各地都成立了售电公司代理用户购电。与大用户直接交易相比，这些售电公司可以为各种规模的用户代理购电，并提供更专业的服务。截至2022年底，我国各电力交易平台累计注册售电公司4708家。国家电网公司经营区域内售电公司3660家，较2021年底减少409家。2022年，国家电网公司经营区域内共有1704家售电公司参与市场化交易，完成结算电量22645亿千瓦时，占市场化电量的71.5%。

在激烈的市场竞争中，经营代购电业务的售电企业面临中长期交易价格波动较大、用户负荷预测不准确、利润空间小等挑战。为了在售电市场中生存和发展，必须对售电合同进行设计。优化售电策略，在激烈的价格战中提高竞争力。在售电改革初期，售电公司积极推出个性化售电合同抢占市场份额，有利于吸引优质用户，提高用户满意度和用户黏性，为在现货市场经营售电业务做好准备。

零售市场为电力公司与电力用户之间以合同约定（即绑定）的形式进行交易。交易价格以自然月为单位，采用套餐方式（类似移动资费套餐）约定。所有交易均在电力交易平台上形成合同关系。

（1）零售市场交易主体。目前国内电力零售市场的交易主体主要是售电公司和电力用户，他们之间的交易方式通常是双边交易。目前，我国的大多数售电公司并没有配电网经营权，其主要盈利模式是代理用户参与电能量市场交易，从购销价差中获利，只有少数售电公司已开始尝试提供增值服务业务。而拥有配电网经营权的售电公司盈利方式除了代理用户参与电能量市场交易外，还向用户提供供电服务业务。

（2）零售市场交易流程。零售市场交易流程主要涵盖零售合同签订、售电公司代理购电以及零售结算等环节。尽管整个流程相对简单明了，但与批发市场相比涉及的市场主体数量更多。为提高市场效率，建议将整个流程转为电子化形式，并在集中的电力交易平台上进行，采用"批发+零售"市场模式，由交易机构统一进行市场运营。

（3）零售市场与批发市场的衔接。电力零售市场的发展需要建立在成熟的电力批发市场基础之上。在仅有年度、月度等中长期交易的市场中，零售市场的交易颗粒度通常为自然月，定价机制相对简单。随着中长期交易灵活性的增加和现货市场建设的不断深化，零售市场的交易标的需要更细致，价格机制也需要更加灵活。

由于电力零售市场缺乏发电侧主体，独立的电能量市场难以形成，售电公司需要参与批发市场交易，以为其用户购买充足的电力。对于没有配电网经营权的售电公司，交易的电力直接由发电端经过电网传送至最终的零售用户，售电公司并不参与供电过程。

就价格而言，一方面，用户通过零售市场将需求传递至批发市场；另一方面，批发市场以带曲线的中长期市场与现货市场连接，市场中的分时电能量价格会透过零售市场传递到用户端，用户对市场价格的响应也将对供需形势造成变化。

在结算方面，售电公司的市场交易收益是指零售市场的售电费用与批发市场的购电费用之差。零售用户和发电主体之间并不存在直接的结算关系，不同零售用户之间可能会发生一定程度的交叉补贴，这取决于售电公司的零售定价机制。

自开放售电侧竞争、培育更多售电主体以来，全国各省市相继颁布了电力市场的相关交易规则，具体内容不尽相同，但基本都采用了偏离电量考核制度，不同地区的实施方式也有所不同，普遍对偏离电量采取一定的惩罚措施。对于需求端，有的地区规定连续一段时间内的偏差用电将取消大用户一段时间内参与直接交易的资格或强制终止购电合同；有的地区采用"月结月清"的方式收取偏差评价费；目前部分地区偏差评估成本采用滚动沉降法计算，不同地区用户允许偏差范围也不同。

2021 年 11 月，国家发改委和能源局发布了《售电公司管理办法》（发改体改规〔2021〕1595 号），对售电公司的运营流程进行规范管理，具体管理办法如下。

（1）准入条件。电力交易机构负责售电公司注册服务，政府部门不得直接办理售电公司注册业务或干预电力交易机构正常办理售电公司注册业务。符合注册条件的售电公司自主选择电力交易机构办理注册，获取交易资格，无需重复注册。已完成注册售电公司按相关交易规则公平参与交易。各电力交易机构按照"一地注册，信息共享"原则，统一售电公司注册服务流程、服务规范、要件清单、审验标准等，明确受理期限、接待日、公示日。其他地区推送的售电公司在售电业务所在行政区域须具备相应的经营场所、技术支持系统后，平等参与当地电力市场化交易。

（2）售电权利与义务。

1）可以采取多种方式通过电力市场购售电，可通过电力交易平台开展双边协商交易或集中交易。

2）售电公司自主选择各级电力交易机构进行跨省跨区购电和省内购电。

3）多个售电公司可以在同一配电区域内售电。同一售电公司可在多个配电区域内售电。

4）可向用户提供包括但不限于合同能源管理、综合节能、合理用能咨询和用电设备运行维护等增值服务，并收取相应费用。

5）按照可再生能源电力消纳责任权重有关规定，承担与年售电量相对应的可再生能源电力消纳量。

（3）运营管理。

1）电力用户在同一合同周期内仅可与一家售电公司确立零售服务关系，双方在电力交易平台绑定确认后，电力交易机构不再受理新的绑定申请，电力用户全部电量通过该售电公司购买。

2）售电公司与电力用户零售服务关系在电力交易平台中确认后，即视同不从电网企业购电，电网企业与电力用户的供用电合同中电量、电价等结算相关的条款失效，两者的供用电关系不变，电力用户、售电公司与电网企业应签订三方电费结算补充协议，无需再签订售电公司、电力用户、电网企业三方合同，电力交易机构将电力用户与售电公司零售服务关系信息统一推送给向电力用户供电的电网企业。

3）售电公司与电力用户按照月为最小单位签订合同，其中新注册用户的合同生效时间为当月实际签订时间。合同应包括但不限于以下内容：电力用户企业名称、电压等级、户号、合同期限、电量及分月计划、费用结算、违约责任、电力用户偏差电量处理方式等内容。售电公司在批发市场与零售市场应考虑电力辅助服务费用和阻塞费用等费用，相关盈亏由售电公司承担。

4）电力交易机构负责出具售电公司以及零售电力用户等零售侧结算依据，电网企业根据结算依据对零售电力用户进行零售交易资金结算，对售电公司批发、零售价差收益、偏差考核进行资金结算。

5）售电公司参与批发和（或）零售市场交易前，应通过以下额度的最大值向电力交易机构提交履约保函或者履约保险等履约保障凭证：1. 过去 12 个月批发市场交易总电量，按标准不低于 0.8 分/千瓦时；2. 过去 2 个月内参与批发、零售两个市场交易电量的大值，按标准不低于 5 分/千瓦时。现货市场地区，地方主管部门可以根据市场风险状况，适当提高标准，具体标准由各地自行确定。

（4）保底售电。

保底售电服务由电力交易机构报地方主管部门和能源监管机构同意后，方可启动。

1）启动条件。

①存在售电公司未在截止期限前缴清结算费用。

②存在售电公司不符合市场履约风险有关要求。

③存在售电公司自愿或强制退出市场，其购售电合同经自主协商、整体转让未处理完成。

2）服务内容。确认启动保底售电服务后，电力交易机构书面通知保底售电公司、拟退出售电公司，以及拟退出售电公司的批发合同各方、电力用户。保底售电公司从发出通知的次月起承接批发合同及电力用户服务，其保底服务对应的市场化交易单独结算。电力用户执行保底零售价格，不再另行签订协议。中长期模式下，保底零售价格按照电网企业代理购电价格的 1.5 倍执行，具体价格水平由省级价格主管部门确定。现货结算试运行或正式运行期间，由地方主管部门根据电力市场实际价格及保底成本确定分时保底零售价格，并定期调整。保底成本包括因用户数量不确定导致的成本上升、极端因素导致的风险成本等。原则上，保底电价不得低于实际现货市场均价的 2 倍。

3）兜底原则。若全部保底售电公司由于经营困难等原因，无法承接保底售电服务，由电网企业提供保底售电服务。

4）保底售电业务监管。保底售电公司须将保底售电业务单独记账、独立核算，并定期将相关价格水平、盈亏情况上报地方主管部门。

7.4.4　电网企业代理购电

根据国家发改委发布的文件《关于进一步深化燃煤发电上网电价市场化改革的通知》（发改价格〔2021〕1439 号）和国家发展改革委办公厅《关于组织开展电网企业代理购电工作有关事项的通知》（发改办价格〔2021〕809 号）的要求，代理购电是指电网企业以代理方式从电力市场为尚未直接从电力市场购电的工商业用户采购电力。取消了工商业目录销售电价，推动工商业用户参与电力市场；由电网企业代理购电，为尚未直接从电力市场购电的工商业用户提供电力；明确了电网企业代购电的具体要求、方法、流程和保障措施。电网企业代理购电作为引导用户从计划电向市场电过渡的重要举措，受到社会各界的广泛关注。

（1）电网企业代理购电方式流程。

1）明确代理购电用户范围。取消工商业目录销售电价后，10 千伏及以上用户原则上要直接参与市场交易（直接向发电企业或售电公司购电，下同），暂无法直接参与市场交易的可由电网企业代理购电；鼓励其他工商业用户直接参与市场交易，未直接参与市场交易的由电网企业代理购电。已直接参与市场交易又退出的用户，可暂由电网企业代理购电。各地要结合当地电力市场发展情况，不断缩小电网企业代理购电范围。

2）预测代理工商业用户用电规模。电网企业要定期预测代理购电工商业用户用电量及典型负荷曲线，现货市场运行或开展中长期分时段交易的地方，应考虑季节变更、节假日安排等因素分别预测分时段用电量。保障居民（含执行居民电价的学校、社会福利机构、社区服务中心等公益性事业用户，下同）、农业用户的用电量规模单独预测。

3）确定电网企业市场化购电规模。各地执行保量保价的优先发电（不含燃煤发电，下同）电量继续按现行价格机制由电网企业收购，用于保障居民、农业用户用电，有剩余电量且暂时无法放开的地方，可将剩余电量暂作为电网企业代理工商业用户购电电量来源。各地保量保价的优先发电电量，不应超过当地电网企业保障居民、农业用户用电和代理工商业用户购电规模，不足部分由电网企业通过市场化方式采购。电网企业要综合考虑代理购电工商业用户和居民、农业用户预测用电量以及上年度省级电网综合线损率、当地执行保量保价的优先发电电量等因素，合理确定市场化采购电量规模。各地要推进放开发电计划，推动更多工商业用户直接参与电力市场交易。

4）建立健全电网企业市场化购电方式。为确保代理购电机制平稳实施，2021 年 12 月底前，电网企业通过挂牌交易方式代理购电，挂牌购电价格按当月月度集中竞价交易加权平均价格确定，挂牌成交电量不足部分由市场化机组按剩余容量等比例承担，价格按挂牌价格执行，无挂牌交易价格时，可通过双边协商方式形成购电价格；2022 年 1 月起，电网企业通过参与场内集中交易方式（不含撮合交易）代理购电，以报量不报价方式、作为价格接受者参与市场出清，其中采取挂牌交易方式的，价格继续按当月月度集中竞价交易加权平均价格确定。

5）明确代理购电用户电价形成方式。电网企业代理购电用户电价由代理购电价格（含平均上网电价、辅助服务费用等，下同）、输配电价（含线损及政策性交叉补贴，下同）、政府性基金及附加组成。其中，代理购电价格基于电网企业代理工商业用户购电费（含偏差电费）、代理工商业用户购电量等确定。代理购电产生的偏差电量，现货市场运行的地方按照现货市场价格结算，其他地方按照发电侧上下调预挂牌价格结算，暂未开展上下调预挂牌交易的按当地最近一次、最短周期的场内集中竞价出清价格结算。

已直接参与市场交易（不含已在电力交易平台注册但未曾参与电力市场交易，仍按目录销售电价执行的用户）在无正当理由情况下改由电网企业代理购电的用户，拥有燃煤发电自备电厂、由电网企业代理购电的用户，用电价格由电网企业代理购电价格的 1.5 倍、输配电价、政府性基金及附加组成。已直接参与市场交易的高耗能用户，不得退出市场交易；尚未直接参与市场交易的高耗能用户原则上要直接参与市场交易，暂不能直接参与市场交易的由电网企业代理购电，用电价格由电网企业代理购电价格的 1.5 倍、输配电价、政府性基金及附加组成。电网企业代理上述用户购电形成的增收收入，纳入其为保障居民、农业用电价格稳定产生的新增损益统筹考虑。

电网企业代理购电价格、代理购电用户电价应按月测算，并提前 3 日通过营业厅等线上线下渠道公布，于次月执行，并按用户实际用电量全额结算电费。未实现自然月购售同期抄表结算的地区，暂按电网企业抄表结算周期执行。

6）规范代理购电关系变更。电网企业首次代理工商业用户购电时，应至少提前1个月通知用户，期间应积极履行告知义务，与电力用户签订代理购电合同。在规定时限内，未直接参与市场交易、也未与电网企业签订代理购电合同的用户，默认由电网企业代理购电。已直接参与市场交易又退出的电力用户，默认由电网企业代理购电。由电网企业代理购电的工商业用户，可在每季度最后15日前选择下一季度起直接参与市场交易，电网企业代理购电相应终止，由此产生的偏差责任原则上不予考核，能够单独统计的偏差电量由与电网企业成交的市场化机组合同电量等比例调减。电力交易机构应将上述变更信息于2日内告知电网企业。

（2）电网企业代理购电价格。

1）第一阶段。根据2021年国家发展改革委办公厅印发的《关于组织开展电网企业代理购电工作有关事项的通知》，电网企业代理工商业用户电价由代理购电价格、输配电价、政府性基金及附加组成。

代理购电价格根据该地区电力市场交易价格情况按月波动，电网企业通过挂牌交易方式代理购电，挂牌购电价格按当月月度集中竞价交易加权平均价格确定。因我国居民、农业销售电价采用目录电价，且价格较低，电网企业代理购电成本可能高于居民、农业售电价，由此产生新增损益。代理购电价格包含保障居民农业用电价格稳定的新增损益。

2）第二阶段。2023年5月，国家发展改革委印发《关于第三监管周期省级电网输配电价及有关事项的通知》（发改价格〔2023〕526号），明确工商业用户用电价格由上网电价、上网环节线损费用、输配电价、系统运行费用、政府性基金及附加组成。系统运行费用包括辅助服务费用、抽水蓄能容量电费等，上网环节线损费用按实际购电上网电价和综合线损率计算。因此，电网企业代理购电工商业用户电价由代理购电价格、上网环节线损电价、电度输配电价、系统运行费、政府性基金及附加组成。

7.4.5 电力零售套餐

在电力市场中，零售套餐是指电力供应商为终端用户提供的电力购买方案。这些方案通常包括固定的电价、电力质量、服务内容和期限等要素，旨在满足不同用户的用电需求和预算要求。与传统的电力供应模式相比，零售套餐更加灵活、多样化，能够更好地适应电力市场的变化和用户需求的多样性。

零售套餐的价格是由电力供应商根据市场情况、电力成本、用户需求等多种因素综合确定的。在竞争激烈的电力市场中，供应商需要通过合理的定价策略来吸引用户，提高市场份额。因此，零售套餐的价格通常具有一定的市场竞争力，能够反映电力市场的实际供需情况。

零售套餐按照公开零售套餐按照出售对象以及公开范围，分为标准套餐和定制套餐。标准套餐是由售电公司明确各项交易的参数，直接在交易平台上发布，供电力用户自主选择的固定资费的套餐。定制套餐是售电公司和电力用户协商确定各项交易参数并提交交易平台的资费套餐。

零售电价主要与电能量价格机制、电量偏差处理机制、零售结算等相关。

1. 电能量价格机制

电能量价格机制是零售交易的关键问题，可通过不同维度对定价机制进行分类，以满足灵活的零售定价需求，实现批发和零售市场之间的价格机制衔接。根据价格是否变化的不同，可以将定价机制分为三类：静态定价、动态定价和混合定价。静态定价包括设计固定类和阶梯类等价格机制；动态定价机制主要以现货市场价格为参考；混合定价则是前两者的结合，即一部分电量采用静态定价，其余电量采用动态定价。这三类定价机制均可根据不同的粒度选择按照分时价格或月度（日）价格进行定价。

（1）静态定价类。静态定价能够给予用户稳定的预期，比较典型的有固定价格类、阶梯价格类等。此类套餐比较适用于用电弹性不大的用户，能够保障较为平稳的用电价格。售电公司在签订静态定价类套餐后，承担了批发市场价格波动的风险。现货市场模式下，固定价格套餐也可以根据时段不同，设置不同的价格。例如：

全周期固定价格。所有交易日、所有时段均执行相同的零售价格，"一口价"形式，比较简单，用户容易接受。

分时段固定价格。所有交易日统一划分为 n（$2 \leqslant n \leqslant 24$）个时段，每个时段内执行相同的零售价格，此种定价方式能够起到峰谷电价机制的作用。

分月分时段固定价格。时间按月度划分为 m（$2 \leqslant m \leqslant 12$）个分月段，再将每个交易日统一划分为 n（$2 \leqslant n \leqslant 24$）个时段，每个月段中的每个时段执行相同的零售价格，适用于批发市场价格随季节变动较大的地区。

（2）动态定价类。动态定价可以根据现货市场的价格浮动，但以中长期为基准浮动可能会降低售电公司在中长期双边交易中获取低价的积极性。在市场早期，可以首先按照现货价格的月度算术平均值作为基准价格来执行，以降低风险；而市场成熟后，则可将分时价格作为基准。

第一类方法是以现货市场的用户端实时结算价格的月度算术平均值作为基准价格，售电公司再设定价格调整系数；或者取现货市场的用户端日前结算价格的月度算术平均值作为基准价格。这两种定价方式都以月度平均价格作为基准，适用于在现货价格较高的月份用电较少，而在现货价格较低的月份用电较多的用户情况。从现货市场试运行情况来看，日前价格与实时市场价格趋势总体一致，但也有一些时段出现较大偏离，实时市场更直接地反映了市场的供求情况。

第二类方法是以现货市场用户侧时段实时结算价格或者日前结算价格作为基准价格，通过这两种定价方式直接将现货价格传递到零售端。这种定价方式适用于电力用户负荷弹性大的情况。如果批发市场价格形成了较大且相对稳定的峰谷价差，这种定价方式可以引导用户主动响应，在高价时段减少用电或停止用电，而在低价时段增加用电，从而降低用电成本。

由于动态定价的价格波动性更大，电力用户需要承担相对更大的市场风险。目前国内现货市场价格通常设有最高限价，而不采用稀缺定价机制，这也间接确定了动态定价类零售电价的上限，因此风险相对可控。

（3）混合定价类。对于不以全电量参与同一个市场用户来讲，可以设计电量分块类的套餐，以更好地实现零售市场与批发市场的衔接。按电量分割方式的不同有按固定电量分块和按比例分块两种形式。

第一种按固定电量分块。可以参考居民用电，设计阶梯价格类套餐。按照月度用电量或分时电量设置多个阶梯的价格，每级阶梯内设置电量价格或动态价格形成机制，用户月度或时段用电量按照分级标准从第一级开始依次执行阶梯电价。

第二种是按电量比例分块。可以将电量分成若干块，确定各块所对应电量比例，每块对应于前面所述的一种定价机制，互不影响。各部分电价加权平均即为混合类套餐各时段电能量价格。若要对应交易品种比较复杂的批发市场，可以适当增加混合的种类数。

混合定价机制可以有效地与需求响应市场和可再生能源交易市场相衔接。在已经建立市场化需求响应机制的市场中，可以设计包含需求响应内容的零售价格套餐。这种套餐适用于售电公司作为负荷聚合商代表用户参与需求响应的情况，我们将其称为含需求响应套餐。在这种套餐中，售电公司可以明确代表用户参与需求响应，包括收益分配方式等。

在可再生能源交易方面，可以在零售套餐中明确可再生能源电力的比例或固定电量数值，使用户更直观地感受到通过绿色电力交易所做出的节能减排贡献和承担的社会责任。发布可再生能源套餐的售电公司需要确保在批发市场购买到足够的可再生能源电量。

总之，零售交易的价格机制可以有多种灵活的设计方式，可从批发市场的交易机制、售电公司的技术能力、市场主体的接受度等多方面考虑，在市场初期以较为简洁的模式起步，逐步丰富完善。

我国电力零售套餐的发展是随着电力市场化改革的不断推进而逐步演变的，从单一的固定价格套餐发展到多种类型的套餐并存，市场不断规范，为用户提供了更多的选择和更好的服务。以山东为例，零售套餐主要有价格联动类、分时价格类、市场费率类、混合模式类、绿电套餐类和灵活调节类，如表7-3所示。

表7-3　　　　　　　　　　　　　山东电力零售套餐

套餐类型	套餐子类	套餐说明
价格联动类	用户部分电量（具体比例可灵活设置）的交易价格与中长期市场价格联动，剩余部分电量的交易价格与现货市场价格联动，叠加固定价格后形成各时段交易电价	中长期市场价格联动基准为当月中长期合约均价，现货市场价格联动基准可选择日前或实时市场价格
分时价格类	①统一分时段（仅适用于电气化铁路牵引用电）；②分月分时段	①统一分时段：各时段可执行相同价格；②分月分时段：按照零售套餐分时约束设置每天24小时的峰谷时段及价格
市场费率类	①以现货市场日前（实时）价格月度算术平均值为基准；②以现货市场用户侧各时段日前（实时）价格为基准	以现货价格为基准，以现货日前或实时市场价格联动，叠加固定价格
混合模式类	分时价格类与市场费率类按照一定电量比例结合	分时价格类电量比例范围为1%～99
绿电套餐类	套餐价格由电能量价格和溢价部分组成	电能量价格可选择按照分时价格类、市场费率类或混合模式类等模式结算
灵活调节类	在分时价格类、市场费率类、混合模式类、价格联动类套餐的基础上，约定收益分配方式	由虚拟电厂运营商与聚合资源签订

2. 电量偏差处理机制

针对电量偏差问题，可以引入偏差考核机制，需要明确考核的基准、偏差计算周期、偏差电量计算方法以及考核电价确定方式等具体细节。

在确定偏差考核的基准时，可以采用两种方式。第一种是以用户申报的电量为基准，旨在反映用户在交易周期内的实际购电意愿，但对于许多中小用户来说，难以准确掌握自身用电计划，容易出现较大偏差；第二种方法是售电公司根据用户的历史用电量曲线、交易意愿等提前确定基准曲线和考核时段，包括免考核比例、考核费率等，经用户确认同意后执行。

在考核对象方面，如果是对用电曲线进行考核而不包含电量方面的考核，当全天稳定生产的用户突然减产甚至停产时，其用电曲线虽然不发生变化，但会导致售电公司在批发市场上出现负偏差从而产生亏损。因此，应允许售电公司同时采用曲线和电量两种考核方式。当电量考核计算周期为时段电量时，实际上也是对用电曲线进行考核，建议这种情况下不再叠加使用基于曲线的偏差考核。

在现货市场模式下，应允许售电公司将交易周期细化到全天的 24 个时段，与现货市场交易相匹配，实际操作中可能大多数用户用电弹性不大，可以用基于交易日、交易月的考核或不考核。应允许售电公司自行确定免考核的比例、考核费率以及事后免考核条件等。

3. 零售结算

零售结算包括售电公司结算和零售用户结算两部分。根据国家发改委、国家能源局发布的《电力中长期交易基本规则》，在市场交易结算中，电网企业负责计量、抄表、收费等业务，电力交易机构提供交易结算依据。在这一原则下，售电公司只需要结算购销差价，从而减轻了电费回收的压力。对于具有配电网的售电公司，其承担售电和供电的双重职责，在结算中可将这两部分业务分开处理，一方面与上级供电的电网企业结算售电收益，另一方面负责经营配电网区域内的计量、抄表、收费责任。为提高市场效率，交易机构技术支持系统需要与电网企业、具有配电网的售电公司建立线上数据接口，以满足业务交互需求。

在现货市场模式下，对用户电量需要进行分时计量。随着市场的逐步放开，中小用户数量激增，而部分中小用户可能缺乏分时计量条件。针对这种情况，建议制定完善的用户电量数据拟合方法，并确保用户理解和接受这一拟合方法。建议每月对用户进行抄表，获取各时段的月度总用电量，并按照不同比例分配到各工作日、周六、周日和节假日，形成每日各时段的总用电量，最后将每日各时段的总用电量均匀分配到各个小时，生成拟合曲线。此外，针对因计量等原因导致的结算差错，应重新计算电费。为确保用户权益，需要建立与现货市场相适应的结算退补机制，并适当延长追溯期。

7.4.6　典型国家电力零售市场

1. 美国电力零售市场

2002 年 1 月 1 日，美国得克萨斯州的电力零售市场正式开放，所有电力市场中的用户都有自主选择电力零售商的权利。对于尚未选择零售商的用户，电力市场将这些用户自动转移到他们所在地区配电商的附属零售商供电，这些零售商被称为义务零售商。针对未选择零售商的用户，会执行受监管的标准电价，以吸引新零售商进入市场。标准电价的执行使得义务零售商的电价保持不变，而其他与义务零售商竞争的零售商的电价可能低于标准电价，使新零售商具有价格优势（即标准电价与竞争市场价格之间的价差）。标准电价是一种受监管的价格，为用户比较不同零售商的电价水平提供了参考。

美国电力零售市场在传统受监管的零售电力市场中，消费者无法选择发电方，并且需要从该地区的公用事业公司购买电力。而在竞争性零售电力市场中，电力消费者可以在竞争性零售供应商之间自行选择。这些电力市场已经开放供电，以便与其他州的独立电力生产商进行竞争，如加利福尼亚州、得克萨斯州和东北部的大多数州。此外，有 18 个州和华盛顿特区引入了零售选择，允许住宅和/或工业消费者选择他们自己的电力供应商和发电选项，包括可再生能源。零售供应合同的结构、项目位置和所选择可再生能源的规模具有更大的灵活性。

因为电力零售市场的建设比较分散，美国没有统一的电力零售平台，各州往往由公用事业委员会负责建立电力零售网站。例如，得克萨斯州公用事业委员会建立的 power to choose 网站，只要输入邮编即可得到该地区可选的所有零售套餐。用户只要给出自己的月估计用电量，网站自动将所有套餐按对应的单价标签排序，以便用户找到最便宜的套餐。居民用户可以在线完成购电，非居民用户线下与售电公司进行交易。零售套餐主要分为固定电价和可变电价两类。其中，固定电价（fixed-rate plan）最为常见，合同期限可长达 36个月，同时也可以设计分时电价机制（time-of-use plan）；可变电价（variable-rate plan）一般约定首月的电价，一个月之后电价的波动由售电公司决定，用户可以查看该套餐的历史电价水平，可变电价套餐可与市场参数如现货电价挂钩（index plan）。也可将固定电价与可变电价结合（block & index plan），大部分电量采用固定电价，超出部分电量采用变动电价。此外，根据绿色电力需求，有不同绿电比例套餐；根据付费方式特点还可以选择预付款套餐或免押金套餐。

2. 英国电力零售市场

英国的电力零售市场是一个开放和竞争性的市场，消费者可以自由选择供电公司。市场上有多个供应商提供不同的电力套餐和价格，鼓励通过价格竞争和服务创新来提高效率。市场由 Ofgem（office of gas and electricity markets，即天然气和电力市场办公室）监管，确保市场的公平运行和消费者保护。Ofgem 还负责制定市场规则，包括供应商的许可、计费和投诉处理等标准。

英国的电力市场呈现多家公司共同竞争的态势，谁能提供更低的价格曲线，谁能在电力市场上购买到更低的电力价格，谁就能获得稳定的收益。在英国，普通居民用户一般可以选择三种电价：①全天固定的全包套餐，包括每度电的单位电价与每日固定费率，费率大约为 0.24 英镑每度电，每日固定费率约为每天 0.6 英镑；②英国特有的 Economy 7 或者 Economy 10，即用电低谷时的 7 个小时或 10 个小时的电价会较低，一般为夜间，其他时间会比套餐 1 费率更高，Economy 7 或者 Economy 10 需要特殊的电表，但目前英国已经较少新增该类型电表；③仅有少部分供应商（octopus 等）会推出动态电价，动态电价会在前一天给出，其日内变化幅度非常大，尤其是在英国电力系统普遍高峰期（16：00—19：00）段，该类型服务需要上半小时采集一次的智能电表。

3. 德国电力零售市场

德国电力市场进行了一次全面的改革，采取了"一步到位"的方式，实现了发电、输电和配电的分开，同时全面放开了电力零售侧，使终端用户可以自由选择售电商。这一改革最终形成了四大发电集团和四大输电网络运营商的基本格局。其中，四大电力集团是莱茵能源公司（RWE）、意昂集团（E.ON）、大瀑布电力公司（Vattenfall）、巴登—符腾堡州能源公司（EnBW）。四大电力集团作为德国最大的电力零售商，在终端用户售电的占比超

70%，其余主要是由城市售电公司和独立售电公司提供。德国售电公司针对不同的客户，对客户的用电习惯进行分析，提供不同的用电套餐。

7.5　本　章　小　结

本章深入探讨了市场环境下电力定价的理论与方法，涵盖了电力市场的结构、运营模式、价格形成机制等多个方面。自 2015 年电力体制改革以来，我国电力市场逐步实现了多周期多品种的市场体系，形成了以中长期交易为主、现货交易为补充的市场模式。电力市场结构包括市场组织机构、交易类型和市场集中度，这些因素共同决定了市场的运行效率和公平性。电力中长期市场和现货市场是市场定价的主要形式，其中现货市场通过日前市场和实时市场实现电力系统的平衡和调节。辅助服务市场和期货、期权市场则为市场主体提供了风险管理和投资的机会。电力市场的构成要素包括市场主体、市场客体、市场载体、市场价格、市场规则和市场监管，这些要素共同保障了市场的正常运行。此外，电力市场的建设条件和运营模式也是本章讨论的重点，不同的运营模式反映了电力市场在不同阶段的发展特点和市场需求。

电力市场的价格形成机制是本章的核心内容之一。典型电力市场价格机制包括统一市场出清价格机制、拍卖定价协商定价、集中撮合定价等。其中，统一市场出清价格机制通过市场出清价格统一结算，实现了资源的优化配置，但也存在策略性竞价行为等问题；拍卖定价则通过不同的拍卖形式，如英国式拍卖、荷兰式拍卖、密封第一价格拍卖和密封第二价格拍卖，实现了电力价格的形成和资源的合理分配。此外，本章阐述了电力批发市场价格及电力零售市场价格，有助于更好理解电力市场下的电价，有助于理解和掌握电力市场定价的复杂性和多样性。

思　考　题

（1）电力市场按照时间可分为哪些市场？按照产品类型可分为哪些市场？

（2）国内外典型电力现货市场出清价格机制有哪些？

（3）售电公司应如何设计电力零售套餐以提高市场竞争力？

第8章 面向"双碳"目标的绿色电力市场与需求侧资源发展

8.1 "双碳"目标下绿色电力市场

8.1.1 新能源市场化交易

新一轮电力市场化改革前，我国可再生能源实施全额保障性收购制度，以支撑新能源发展初期的持续发展。2006年《可再生能源法》出台，对加快推动我国可再生能源开发利用产生了非常重要的作用；2009年颁布了《可再生能源法（修正案）》，进一步明确了可再生能源发电全额保障性收购制度。

"十三五"初期我国新能源消纳矛盾突出，推动新能源市场化交易成为提升利用水平的重要路径，新能源参与市场进入发展期。2015年《关于进一步深化电力体制改革的若干意见》（中发9号）配套文件《关于推进电力市场建设的实施意见》，明确提出要形成促进可再生能源利用的市场机制，鼓励可再生能源参与电力市场。2016年，国家发展改革委关于印发《可再生能源发电全额保障性收购管理办法》（发改能源〔2016〕625号），将可再生能源并网发电项目年发电量分为保障性收购电量部分和市场交易电量部分。其中，保障性收购电量部分通过优先安排年度发电计划、与电网公司签订优先发电合同（实物合同或差价合同）保障全额按标杆上网电价收购；市场交易电量部分由可再生能源发电企业通过参与市场竞争方式获得发电合同，电网企业按照优先调度原则执行发电合同。

为适应"十四五"新能源发展利用新形势，国家相关文件对新能源参与电力市场提出了新的要求。《"十四五"可再生能源发展规划》指出，完善可再生能源全额保障性收购制度。落实可再生能源法，进一步完善全额保障性收购制度，做好可再生能源电力保障性收购与市场化交易的衔接。逐步扩大可再生能源参与市场化交易比重，对保障小时数以外电量，鼓励参与市场实现充分消纳。《"十四五"现代能源体系规划》指出，创新有利于非化石能源发电消纳的电力调度和交易机制，推动非化石能源发电有序参与电力市场交易，通过市场化方式拓展消纳空间，试点开展绿色电力交易。《关于加快建设全国统一电力市场体系的指导意见》（发改体改〔2022〕118号）指出，提升电力市场对高比例新能源的适应性。严格落实支持新能源发展的法律法规和政策措施，完善适应高比例新能源的市场机制，有序推动新能源参与电力市场交易，以市场化收益吸引社会资本，促进新能源可持续投资。建立与新能源特性相适应的中长期电力交易机制，引导新能源签订较长期限的中长期合同。鼓励新能源报量报价参与现货市场，对报价未中标电量不纳入弃风弃光电量考核。在现货市场内推动调峰服务，新能源比例较高的地区可探索引入爬坡等新型辅助服务。

目前，我国新能源以"保量保价"的保障性收购为主，部分新能源电量参与市场，由市场形成价格。新能源发电量仍以优先发电的形式保留在电量计划中。保障小时数内对应的电量执行按资源区的标杆上网电价，保障小时数以外部分采用市场化方式形成价格。2023 年，我国新能源市场化交易电量达到 6845 亿千瓦时，占新能源总发电量的 47.3%，较 2022 年提高 8.9 个百分点。

8.1.2　绿色电力证书交易

2017 年，国家发展改革委、财政部、国家能源局联合印发《关于试行可再生能源绿色电力证书核发及自愿认购交易制度的通知》（发改能源〔2017〕132 号），在全国范围内试行可再生能源绿色电力证书核发和自愿认购。通知中明确，绿色电力证书（简称"绿证"）是指国家对发电企业每兆瓦时非水可再生能源上网电量颁发的具有独特标识代码的电子证书，是非水可再生能源发电量的确认和属性证明以及消费绿色电力的唯一凭证；绿证的核发范围为陆上风电、光伏发电企业（不含分布式光伏发电，下同）所生产的可再生能源发电量；绿证的认购价格按照不高于证书对应电量的可再生能源电价附加资金补贴金额由买卖双方自行协商或者通过竞价确定认购价格；风电、光伏发电企业出售可再生能源绿色电力证书后，相应的电量不再享受国家可再生能源电价附加资金的补贴。

为贯彻落实党的二十大精神，完善支持绿色发展政策，积极稳妥推进碳达峰碳中和，做好可再生能源绿色电力证书全覆盖工作，2023 年，国家发展改革委、财政部、国家能源局联合印发《关于做好可再生能源绿色电力证书全覆盖工作促进可再生能源电力消费的通知》（发改能源〔2023〕1044 号），进一步明确绿证的适用范围、规范绿证核发、完善绿证交易、有序做好绿证应用工作、鼓励绿色电力消费。

1. 绿证的适用范围

（1）绿证是我国可再生能源电量环境属性的唯一证明，是认定可再生能源电力生产、消费的唯一凭证。

（2）国家对符合条件的可再生能源电量核发绿证，1 个绿证单位对应 1000 千瓦时可再生能源电量。

（3）绿证作为可再生能源电力消费凭证，用于可再生能源电力消费量核算、可再生能源电力消费认证等，其中：可交易绿证除用作可再生能源电力消费凭证外，还可通过参与绿证绿电交易等方式在发电企业和用户间有偿转让。国家发展改革委、国家能源局负责确定核发可交易绿证的范围，并根据可再生能源电力生产消费情况动态调整。

2. 规范绿证核发

（1）国家能源局负责绿证相关管理工作。绿证核发原则上以电网企业、电力交易机构提供的数据为基础，与发电企业或项目业主提供数据相核对。绿证对应电量不得重复申领电力领域其他同属性凭证。

（2）对全国风电（含分散式风电和海上风电）、太阳能发电（含分布式光伏发电和光热发电）、常规水电、生物质发电、地热能发电、海洋能发电等已建档立卡的可再生能源发电项目所生产的全部电量核发绿证，实现绿证核发全覆盖。其中：

对集中式风电（含海上风电）、集中式太阳能发电（含光热发电）项目的上网电量，核发可交易绿证。

对分散式风电、分布式光伏发电项目的上网电量，核发可交易绿证。

对生物质发电、地热能发电、海洋能发电等可再生能源发电项目的上网电量，核发可交易绿证。

对存量常规水电项目，暂不核发可交易绿证，相应的绿证随电量直接无偿划转。对2023年1月1日（含）以后新投产的完全市场化常规水电项目，核发可交易绿证。

3. 完善绿证交易

（1）绿证依托中国绿色电力证书交易平台，以及北京电力交易中心、广州电力交易中心开展交易，适时拓展至国家认可的其他交易平台，绿证交易信息应实时同步至核发机构。现阶段可交易绿证仅可交易一次。

（2）绿证交易采取双边协商、挂牌、集中竞价等方式进行。其中，双边协商交易由市场主体双方自主协商绿证交易数量和价格；挂牌交易中绿证数量和价格信息在交易平台发布；集中竞价交易按需适时组织开展，按照相关规则明确交易数量和价格。

（3）对享受中央财政补贴的项目绿证，初期采用双边协商和挂牌方式为主，创造条件推动尽快采用集中竞价方式进行交易，绿证收益按相关规定执行。平价（低价）项目、自愿放弃中央财政补贴和中央财政补贴已到期项目，绿证交易方式不限，绿证收益归发电企业或项目业主所有。

4. 有序做好绿证应用工作

（1）支撑绿色电力交易。在电力交易机构参加绿色电力交易的，相应绿证由核发机构批量推送至电力交易机构，电力交易机构按交易合同或双边协商约定将绿证随绿色电力一同交易，交易合同中应分别明确绿证和物理电量的交易量、交易价格。

（2）核算可再生能源消费。落实可再生能源消费不纳入能源消耗总量和强度控制，国家统计局会同国家能源局核定全国和各地区可再生能源电力消费数据。

（3）认证绿色电力消费。以绿证作为电力用户绿色电力消费和绿电属性标识认证的唯一凭证，建立基于绿证的绿色电力消费认证标准、制度和标识体系。认证机构通过两年内的绿证开展绿色电力消费认证，时间自电量生产自然月（含）起，认证信息应及时同步至核发机构。

（4）衔接碳市场。研究推进绿证与全国碳排放权交易机制、温室气体自愿减排交易机制的衔接协调，更好发挥制度合力。

（5）推动绿证国际互认。我国可再生能源电量原则上只能申领核发国内绿证，在不影响国家自主贡献目标实现的前提下，积极推动国际组织的绿色消费、碳减排体系与国内绿证衔接。加强绿证核发、计量、交易等国际标准研究制定，提高绿证的国际影响力。

5. 鼓励绿色电力消费

深入开展绿证宣传和推广工作，在全社会营造可再生能源电力消费氛围，鼓励社会各用能单位主动承担可再生能源电力消费社会责任。鼓励跨国公司及其产业链企业、外向型企业、行业龙头企业购买绿证、使用绿电，发挥示范带动作用。推动中央企业、地方国有企业、机关和事业单位发挥先行带头作用，稳步提升绿电消费比例。强化高耗能企业绿电消费责任，按要求提升绿电消费水平。支持重点企业、园区、城市等高比例消费绿色电力，打造绿色电力企业、绿色电力园区、绿色电力城市。

国家能源局数据显示，2024年10月，核发绿证12.32亿个。其中，风电5.30亿个，占43.01%；太阳能发电1.97亿个，占16.02%；常规水电3.92亿个，占31.84%；生物质发电1.09亿个，占8.83%；其他可再生能源发电378万个，占0.31%。截至2024年10月底，全国累计核发绿证35.51亿个。其中，风电13.23亿个，占37.25%；太阳能发电6.81亿个，占 19.18%；常规水电 12.77 亿个，占 35.97%；生物质发电 2.64 亿个，占 7.44%；其他可再生能源发电 567 万个，占 0.16%。2024 年 10 月，全国交易绿证 2542 万个（其中随绿电交易绿证 980 万个）；截至 2024 年 10 月底，全国累计交易绿证 3.84 亿个（其中随绿电交易绿证 1.95 亿个）。

8.1.3　绿色电力交易

2024 年 7 月，国家发展改革委、国家能源局印发《电力中长期交易基本规则——绿色电力交易专章》的通知（发改能源〔2024〕1123 号），明确了绿色电力和绿色电力交易的定义。绿色电力是指符合国家有关政策要求的风电（含分散式风电和海上风电）、太阳能发电（含分布式光伏发电和光热发电）、常规水电、生物质发电、地热能发电、海洋能发电等已建档立卡的可再生能源发电项目所生产的全部电量。绿色电力交易是指以绿色电力和对应绿色电力环境价值为标的物的电力交易品种，交易电力同时提供国家核发的绿证，用以满足发电企业、售电公司、电力用户等出售、购买绿色电力的需求。绿色电力交易是电力中长期交易的组成部分，执行电力中长期交易规则，由电力交易机构在电力交易平台按照年（多年）、月（多月）、月内（旬、周、日滚动）等周期组织开展。电力交易平台依托区块链技术可靠记录绿色电力交易全业务环节信息，为交易主体提供绿色电力交易申报、交易结果查看、结算结果查看及确认等服务。

1. 交易组织

绿色电力交易主要包括省内绿色电力交易和跨省区绿色电力交易。省内绿色电力交易由各省（区、市）电力交易中心组织开展，跨省区绿色电力交易由北京、广州、内蒙古电力交易中心组织开展。

（1）省内绿色电力交易是指由电力用户或售电公司通过电力直接交易的方式向计入本省网控制区的发电企业购买绿色电力。

（2）跨省区绿色电力交易是指电力用户或售电公司向非本省网控制区的发电企业购买绿色电力。初期可按省份汇总并确认省内绿色电力购买需求，跨省区购买绿色电力。北京、广州、内蒙古电力交易中心应为有绿电消费需求的用户提供便捷有利条件，鼓励发电企业与用户直接签订绿色电力交易合同。

2. 交易方式

绿色电力交易的组织方式主要包括双边协商、挂牌交易等。可根据市场需要进一步拓展交易方式，鼓励发用双方签订多年期绿色电力购买协议。常态化开展中长期分时段交易的地区应按照相关规则，开展分时段或带电力曲线的绿色电力交易。鼓励各地通过绿电交易方式落实跨省跨区优先发电规模计划，扩大跨省区绿色电力供给，满足跨省区绿色电力消费需求。

3. 价格机制

绿色电力交易中，电能量价格与绿证价格应分别明确。除国家有明确规定的情况外不得对交易进行限价或指定价格。

4. 合同签订与执行

（1）电力用户或售电公司与发电企业签订绿色电力交易合同，应明确交易电量、价格（包括电能量价格、绿证价格）等事项。售电公司与电力用户签订的零售合同中应明确上述事项。

（2）绿色电力交易可根据电力中长期交易基本规则、各省级电力中长期交易实施细则、跨省跨区电力中长期交易实施细则等相关规定，在合同各方协商一致、并确保绿色电力交易可追踪溯源的前提下，建立灵活的合同调整机制，按月或更短周期开展合同转让等交易。

5．交易结算及偏差处理

（1）电力交易机构向交易主体出具的绿色电力交易结算依据包含以下内容：①电能量部分结算电量、价格、结算费用；②绿证部分结算数量、价格、结算费用；③电能量部分偏差结算费用。

（2）绿色电力交易电能量部分与绿证部分分开结算：①电能量部分按照跨省区、省内市场交易规则开展结算；②绿证部分按当月合同电量、发电企业上网电量、电力用户用电量三者取小的原则确定结算数量（以兆瓦时为单位取整数，尾差滚动到次月核算），以绿证价格结算。其中，同一电力用户/售电公司与多个发电企业签约，总用电量低于总合同电量的，该电力用户/售电公司对应于各发电企业的用电量按总用电量占总合同电量比重等比例调减；同一发电企业与多个电力用户/售电公司签约的，总上网电量低于总合同电量时，该发电企业对应于各电力用户/售电公司的上网电量按总上网电量占总合同电量比重等比例调减。

6．绿证核发划转

（1）国家能源局负责绿证相关管理工作，国家能源局电力业务资质管理中心负责绿证核发。

（2）绿证根据可再生能源发电项目每月度结算电量，经审核后统一核发，按规定将相应绿证划转至发电企业或项目业主的绿证账户，并随绿色电力交易划转至买方账户。

（3）应确保绿色电力环境价值的唯一性，不得重复计算或出售。

自 2021 年 9 月绿电交易开市以来，截至 2023 年年底，全国累计绿电交易 954 亿千瓦时。2024 年 1～8 月，我国绿色电力交易电量达到 1775 亿千瓦时，同比增长 223%，绿证交易超过 2 亿张，同比增长近 5 倍。绿电、绿证市场进一步活跃，绿色电力需求快速增长。2024 年，北京电力交易中心绿证交易平台单日最大交易量为 563.9 万个，成交金额超 4156.8 万元，绿电交易已覆盖全国 30 个地区，已达成的绿电合约最长为 10 年，体现了市场主体绿色电力消费意识显著提升，绿电消费潜力进一步释放。当前，使用绿色电力已经成为企业实现绿色发展的重要途径，绿色电力交易规模快速增长，为经济社会高质量发展和加快形成新质生产力提供绿色动能。

8.2 面向"双碳"目标的电力需求侧资源发展

在我国新发展格局与高质量发展战略以及"双碳"目标的指导下，电力行业面临着保障安全、低碳发展和经济运行的多维度目标。一方面，供给侧资源的调控特性呈现出较强的随机性、波动性，亟待提高新型电力系统灵活调节能力；另一方面，需求侧空调、电动汽车、工商业用户等灵活资源，具备一定的灵活调节能力，需求侧存在海量"沉睡"资源，亟待唤醒调动，拓展资源边界。

8.2.1 需求响应

需求响应属于负荷管理的范畴，随着电力系统的发展，负荷管理不断发生变化，需求响应也应运而生。在原先垂直一体化的电力工业时代，我国负荷管理以行政方式为主，20世纪 80、90 年代往往采取拉闸限电、有计划停电等措施。进入 21 世纪以来，政府有关部门先后出台《节约用电管理办法》《电力需求侧管理实施办法》《有序用电管理办法》等政策文件，有效指导各地开展负荷管理，在降低高峰时期用电负荷、保障民生及重要用户用电、确保电网安全稳定运行和供用电秩序平稳等方面发挥了积极作用。

随着新型电力系统的不断建设完善，仅依靠电源侧调节出力以维持电力系统安全稳定运行的手段越发显得乏力，在多个地区出现系统备用紧张的局面。自新一轮电改以来，电力市场改革稳步推进，需求响应资源也逐渐受到有关政府机构的重视，先后出台了多份文件引导需求响应资源发展。

2023 年，国家发展改革委等部门印发《电力负荷管理办法（2023 年版）》（发改运行规〔2023〕1261 号）、《电力需求侧管理办法（2023 年版）》（发改运行规〔2023〕1283 号）。电力需求侧管理，是指加强全社会用电管理，综合采取合理可行的技术、经济和管理措施，优化配置电力资源，在用电环节实施节约用电、需求响应、绿色用电、电能替代、智能用电、有序用电，推动电力系统安全降碳、提效降耗。其中，需求响应（Demand Response，DR）是指应对短时的电力供需紧张、可再生能源电力消纳困难等情况，通过经济激励为主的措施，引导电力用户根据电力系统运行的需求自愿调整用电行为，实现削峰填谷，提高电力系统灵活性，保障电力系统安全稳定运行，促进可再生能源电力消纳。

文件指出，积极拓宽需求响应主体范围。各类经营性电力用户均可参与需求响应，有序引导具备响应能力的非经营性电力用户参与需求响应。鼓励推广新型储能、分布式电源、电动汽车、空调负荷等主体参与需求响应。建立并完善与电力市场衔接的需求响应价格机制。根据"谁提供、谁获利，谁受益、谁承担"的原则，支持具备条件的地区，通过实施尖峰电价、拉大现货市场限价区间等手段提高经济激励水平。鼓励需求响应主体参与相应电能量市场、辅助服务市场、容量市场等，按市场规则获取经济收益。

各地需求响应的定价方式、补偿标准及资金来源各不相同，具体如下所述。

1. 定价方式及补偿标准

大部分地区为固定补偿标准，或根据削峰填谷需求邀约主体报价出清来定价，各地政策不尽相同。重庆在《2023 年电力需求响应实施方案》中明确，对参与需求响应的工商业用户，按照工业用户（含临时用电）20 元/千瓦/次、商业及其他用户 25 元/千瓦/次的标准进行补贴；广东在印发的《广东省市场化需求响应实施细则（试行稿）》中明确，主体应邀参与需求响应申报，申报自身可响应容量、可响应时段、响应价格等信息，参与市场出清，报价上下限分别为 3500 元/兆瓦时和 70 元/兆瓦时；江苏需求响应方式分为约定需求响应和实时需求响应，约定需求响应补贴标准最高可达 15 元/千瓦；云南在《2023 年云南省电力需求响应方案》中明确，实时响应补贴标准为统一价格 2.5 元/千瓦时，邀约型削峰补贴申报区间为 0～5 元/千瓦时。

2. 资金来源

需求响应的开展尚未确定一致的成本分摊原则，当前各个省份电力需求侧响应的补贴资金疏导机制不一，总体仍处于探索阶段。如需求响应的补贴资金来源以政府为主，受筹集资金规模限制，电力需求响应难以实现规模化、常态化发展。部分省份需求响应资金来源如表 8-1 所示。

表 8-1 部分省份需求响应资金来源

省份	需求响应品种	资金来源
浙江	日前响应、日内响应	省级补贴优先通过分时盈余支出，同时与电力保供兜底经济责任挂钩，由延期投产的电力项目业主承担相应的费用，不足部分纳入系统运行费，由全体工商业用户分摊
江苏	约定需求响应、快上快下需求响应	尖峰电费资金增收
山东	削峰需求响应	由全省工商业用户在需求响应执行时段的用电量进行分摊
山东	填谷需求响应	由省内核电机组、集中式新能源场站（风电、光伏，不含扶贫机组）、分布式新能源（风电、光伏，不含扶贫项目）、燃煤火电机组在需求响应执行时段的上网电量进行分摊
广东	日前需求响应邀约交易、可中断负荷交易、直控型可调节负荷竞争性配置交易	电力用户分摊、现货市场发电侧市场考核及返还费用（不含中长期偏差考核和南方区域"两个细则"考核）等资金
云南	削峰需求响应	由直接参与市场化交易的用户按月度冻结用电量分摊
云南	填谷需求响应	先由云南电网地调及以上调管的集中式风电、光伏电厂分摊，剩余填谷响应费用由直接参与市场化交易的用户分摊

8.2.2 虚拟电厂

需求侧资源潜在类型多，但受价格、激励机制、基础设施约束，实施规模偏小，实现方式主要以需求响应方式，相对单一。此外，市场化机制不完善，依赖政府补贴的需求侧响应难以实现灵活资源的可持续发展。缺乏有效的价格机制，灵活性资源难以实现电源侧的多能互补、负荷侧的灵活互动，对电网提供调峰、调频、备用等辅助服务存在困难。

随着电力市场化改革的逐步推进、信息通信技术的飞速发展，工业可调节负荷、楼宇空调负荷、大数据中心负荷、用户侧储能、新能源汽车与电网（V2G）能量互动等各类需求侧分布式能源资源（Distributed Energy Resources, DERs）可聚合为虚拟电厂（Virtual Power Plant, VPP），以参加需求响应、辅助服务市场等方式参与电网运行。

根据国家标准《虚拟电厂管理规范》（GB/T 44241—2024），虚拟电厂指通过先进的信息通信技术、智能计量以及优化控制技术，将分布式电源、分布式储能、可调节负荷等分布式资源进行集成，构成能响应电网需求、参与电力市场运行或接受电网调度的系统。

自 2019 年起，上海、冀北两地作为虚拟电厂第一批试点单位，开始了系统运行、市场建设、新兴市场主体培育、虚拟电厂管控运营等方面的探索。随后，虚拟电厂在国内多点开花，逐步构建起虚拟电厂参与多类型市场的运营体系。2024 年 5 月，国家发改委发布《电力市场运行基本规则》（2024 年第 20 号令），明确将虚拟电厂列入新型经营主体，纳入电力市场成员范围。2024 年 9 月，国家能源局印发《电力市场注册基本规则》（国能发监管规〔2024〕76 号），进一步明确了虚拟电厂（含负荷聚合商）的注册基本规则。

1. 面向超大城市的上海虚拟电厂实践

上海电网作为支撑社会主义现代化国际大都市的典型超大城市电网，随着第三产业用电比重逐步上升、负荷峰谷差不断拉大,对能源安全清洁和优化配置资源提出了高标准和高要求。上海电网作为典型的超大城市电网,负荷峰谷波动剧烈,负荷"尖峰"特征显著,且用电负荷与温度关联性很强,夏、冬季空调负荷占比可达 50% 和 43%。然而,城市电网中空调、电动汽车、储能等需求侧资源丰富,且未得到充分挖掘,亟待挖掘需求侧潜力,提高电网韧性,实现超大型城市的能源安全保障和绿色低碳发展。因此,由建筑楼宇、分布式能源、电动汽车、三联供等资源构成的各类虚拟电厂,可以有效提升需求侧响应能力,提高电力供应安全与应急保障水平。

上海虚拟电厂建设迄今经历了三个阶段。2014—2018 年是以需求侧响应为主;2019 年至 2022 年是运营实践阶段;2023 年启动深化运营阶段。截至 2024 年 8 月,上海市虚拟电厂运营管理平台已接入虚拟电厂运营商 24 家、申报可调节能力 96.98 万千瓦,涉及用户 1678 户。

2024 年上海虚拟电厂参与长三角省间互济交易,为虚拟电厂参与省间交易提供了有益探索。长三角省间互济交易共计开展 2 次试点。7 月 23 日 20:00—21:00 参与全网首次省间互济交易(上海—安徽),上海 9 家经营主体参与,最大响应负荷 2.02 万千瓦(20:15),平均响应负荷 1.47 万千瓦,实现了省间交易全链路技术贯通。8 月 1 日 13:00—14:00 参与了第二次省间互济交易(上海、江苏—浙江),上海 6 家经营主体参与,最大响应负荷 4.99 万千瓦(13:30),平均响应负荷 4.25 万千瓦。

2. 面向绿色冬奥的冀北虚拟电厂实践

聚焦于绿色低碳冬奥、清洁能源消纳、智慧能源服务等应用场景,以解决实际业务痛点、服务盲点为导向,从 2019 年开始,冀北地区开展虚拟电厂试点,将张家口风电、蓄热式电锅炉、储能资源、承德分布式光伏资源、秦皇岛抽水蓄能、热泵资源、唐山工业柔性负荷资源、廊坊商业柔性负荷资源等连接起来,形成一个集群的、能效优化互补的、能与电网进行良性互动的、能产生商业效益和平台价值的虚拟电厂综合示范。

2019 年年底,经国家能源局批复,华北能源监管局印发了《第三方独立主体参与华北电力调峰辅助服务市场规则(试行)》,冀北虚拟电厂作为中国首个以市场化方式运营的虚拟电厂示范工程投运。冀北虚拟电厂典型日运行曲线如图 8-1 所示。

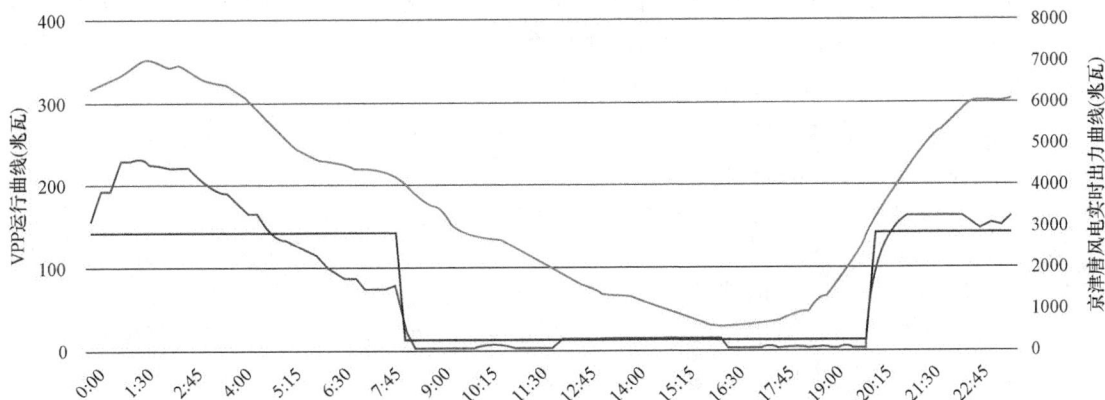

图例:——冀北 VPP 基准功率;——冀北 VPP 实际用电功率;——京津唐风电实时出力

图 8-1　冀北虚拟电厂典型日运行曲线

3. 面向现货市场的山西虚拟电厂实践

2022 年，山西省能源局印发《虚拟电厂建设与运营管理实施方案》，按照虚拟电厂聚合优化的资源类别不同，将虚拟电厂分为"负荷类"虚拟电厂、和"源网荷储一体化"虚拟电厂。

（1）"负荷类"虚拟电厂：指虚拟电厂运营商聚合其绑定的具备负荷调节能力的市场化电力用户（包括电动汽车、可调节负荷、可中断负荷等），作为一个整体（呈现为负荷状态）组建成虚拟电厂，对外提供负荷侧灵活响应调节服务。

（2）"源网荷储一体化"虚拟电厂（以下简称"'一体化'虚拟电厂"）：指列入"源网荷储一体化"试点项目，建成后新能源、用户及配套储能项目通过虚拟电厂一体化聚合，作为独立市场主体参与电力市场，原则上不占用系统调峰能力，具备自主调峰、调节能力，并可以为公共电网提供调节服务。

山西电力现货市场是全国首个转入正式运行的现货市场，已形成"全电力优化、新能源优先"的省级现货市场，支撑"中长期+现货+辅助服务+零售市场+绿电绿证""省内+省间"协同运行的电力市场体系。山西虚拟电厂以报量报价方式每日参与现货交易，利用新能源汽车的移动储能属性，制订以"新能源汽车+可调工业负荷"为特色的虚拟电厂建设方案。在用电高峰时段，该虚拟电厂通过降低充电功率等方式削减用电负荷峰值；在用电低谷时段，该虚拟电厂接入的客户可享受较低的谷时电价，降低新能源汽车车主的充电成本，提高电能消纳能力。

截至 2024 年 6 月，山西已完成 23 家虚拟电厂的建设方案评审，14 家虚拟电厂接入虚拟电厂管理服务平台，其中 3 家支持现货结算。平台已为运营商累计结算盈利 500 多万，共聚合资源容量 1509.9 万千瓦，填谷响应能力达到 32.6 万千瓦，削峰响应能力达到 23.8 万千瓦，累计消纳新能源 43 万千瓦，减少碳排 612 吨，开辟了"双碳"目标实现的全新路径。

8.2.3　电力需求侧资源的价值传导

当前电力市场建设面临着"保供应、促转型、稳价格"等多重目标，即需要实现电力商品的安全保供、绿色转型及经济稳价。多重目标对应电力商品的多维价值，包括安全价值、绿色价值以及电能量价值。按照多维价值划分对应成分的电能成本，包括电能量采购成本、安全成本及绿色成本，这些成本分别形成电力商品价格、调节贡献价格以及绿色溢价，共同构成电能价格。电能价格进而反映电能价值，对应实现当前电力市场建设的多重目标。在明确电能成本的功能定位基础上，按照"谁受益，谁承担"的原则，发电侧、电网企业、电力用户等市场主体应公平分摊电能成本，明确利益关系，维持电力市场的资金流动秩序，保证各方主体的合理收益。

需求侧资源从是否响应方面来看主要包括传统纯负荷用户和灵活性响应用户。传统纯负荷用户，不提供调节服务供电调度，没有提供安全价值，但享受了灵活性响应用户提供的安全调度服务，秉持着"谁获益，谁承担"的原则，传统纯负荷用户需要参与安全调度成本的分摊。此外，在绿电市场上，用户需要根据需求买卖绿电，以满足可再生能源消纳责任权重的考核指标，碳市场上碳配额制度尚不完善只有火电参加，只对八大行业有考核，对于东部缺电省份增加能耗总量/能耗强度/用能权考核，各类考核实质上是对用户增加强制性约束，促使用户采取措施避免绿色安全成本的增加。对于传统纯负荷用户，其购电成本包括电能量采购成本+安全成本+绿色成本，从鼓励需求侧资源参与电网互动响应的角度来看,传统纯负荷用户的电能成本是最高的(见图 8-2)。

灵活性响应用户,提供调节服务供电网调度,既提供安全价值也能提供绿色价值,但用户参与响应需要投入初始投资对生产设备、数据采集终端设备等进行改造,给生产设备增加灵活性赋能,支撑其在电能量市场上自主削峰填谷,在负荷低谷时段按照低电价交易能够降低自身电能量采购成本,通过参与电网响应能够减少安全分摊成本,提供辅助服务获取补偿,减少绿色成本支出,增加绿色收益。

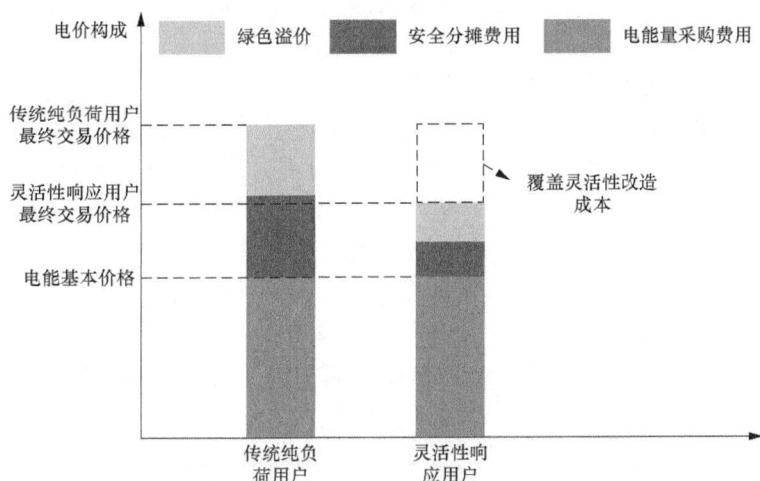

图 8-2　传统纯负荷用户与灵活性响应用户购电成本对比

8.3　本　章　小　结

"双碳"目标下,随着新能源大规模接入,电力系统将加快向清洁化、低碳化方向发展,绿色能源将作为满足能源需求增量的主体,逐步成为电力供应和市场交易的主要成分。绿色电力交易的开展,是我国电力市场体制机制的重大创新,有助于促进绿色能源的可持续发展,引导全社会形成主动消费绿色电力的共识,推动产业结构调整,服务构建新发展格局,助力"双碳"目标的实现。本章从双碳目标下的绿色电力市场以及电力需求侧资源发展两个方面来阐述在双碳目标下新型电力系统的变化。展望未来,绿色电力交易将开启我国电力市场建设的新篇章,为电力行业的绿色发展带来新气象,并将进一步推动全社会绿色用能消费模式的转变。

思　考　题

(1)简述绿电交易的含义。
(2)随着新能源的大规模接入,应该如何完善新能源参与电力市场的机制?
(3)电力需求侧资源如何参与电力市场?

第9章 电力市场与电价发展展望

党的二十届三中全会提出，深化能源管理体制改革，建设全国统一电力市场。自 2015 年新一轮电力体制改革以来，电力统一大市场体系建设取得积极成效，市场化交易电量持续上升，电力现货市场建设进入"加速期"。

一是电力市场交易规模快速扩大。全国市场交易电量由 2016 年的 1.1 万亿千瓦时增长至 2023 年的 5.67 万亿千瓦时，占全社会用电量比重提升至 61.4%。中长期交易电量占比超过 90%，有效稳定了总体市场规模和交易价格。截至 2023 年底，全国电力市场累计注册经营主体 74.3 万家，同比增长 23.9%，市场活力进一步激发。

2024 年一季度，全国电力市场运行总体平稳，各电力交易中心累计组织完成市场化交易电量 14248.4 亿千瓦时，同比增长 7.7%，占全社会用电量的 61.0%。从交易范围看，省内交易电量 11379.5 亿千瓦时，同比增长 6.8%；跨省跨区交易电量 2868.9 亿千瓦时，同比增长 11.4%，市场大范围优化配置资源效果持续显现。从经营区域看，国家电网经营区域市场化交易电量 11324.5 亿千瓦时，同比增长 7.0%；南方电网经营区域市场化交易电量 2162.6 亿千瓦时，同比增长 7.2%；内蒙古电网经营区域市场化交易电量 761.3 亿千瓦时，同比增长 20.0%。

二是电力市场交易机制不断完善。2023 年，电力中长期交易已在全国范围内常态化运行并持续增长，充分发挥了保供稳价基础作用。电力现货市场建设稳步推进，山西、广东、山东、甘肃现货市场正式运行，20 余个省份启动电力现货市场试运行，2024 年 10 月 15 日省间电力现货市场转入正式运行，反映实时电力供需的价格机制基本建立。辅助服务市场实现全覆盖，形成以调峰、调频、备用等交易品种为核心的区域、省级辅助服务体系，对保障电力系统安全稳定运行、促进新能源消纳、降低系统调节成本发挥了积极作用。

三是电力市场化改革深入推进。2024 年以来，进一步加快制定出台全国统一电力市场基础规则。1 月 4 日，《电力企业信息披露规定》印发，更好满足经营主体信息需求；4 月 12 日，《电力市场监管办法》印发，着力保障电力市场统一、开放、竞争、有序。11 月 8 日，《国家能源局综合司关于进一步规范电力市场交易行为有关事项的通知》，持续推动经营主体合规交易。

9.1 我国电力市场建设展望

1. 建设全国统一电力市场

2022 年 1 月，《关于加快建设全国统一电力市场体系的指导意见》（以下简称指导意见）正式发布，对我国多层次、一体化的电力市场体系进行了初步探讨，鼓励在承接国家区域重大战略的地区建设区域电力市场。我国电力市场化改革的目标是建成开放统一的、竞争有序的电力市场。

为了实现电力市场的高效运作，需要不断改进电力现货市场的竞价规则和电力辅助服务价格机制。在未来的研究中，应重点关注我国统一电力市场的定义与特点以及建立统一电力市场与建设电力现货市场、期货市场之间存在怎样的关系等问题，这些问题的研究将有助于更好地理解和促进我国电力市场的发展。

建设全国统一电力市场，可以有效保障电力安全生产与管理。统一电力市场中存在市场成员成本信息不对称的问题，这会导致能源资源的错配。为了解决这一问题，信息披露可以被有效应用，从而缓解电力市场的价格风险。在当前迅速发展的信息化时代，大数据、云计算等信息技术的引入为建设统一电力市场内的信息披露平台提供了技术支持，这对于保障电力安全生产与管理具有重要意义。

建设全国统一电力市场，有助于加快电力市场的拓展与融合。鉴于电能产品的独特性，建立一个一体化的电力市场必须建立在紧密的电力网络联系基础之上，并充分利用相邻地区的资源互补性。当前，我国正处于深化电力市场改革的关键阶段，迫切需要构建一个覆盖范围广泛且能优化资源配置的电力市场，以应对因弃风弃光问题而带来的挑战，并打破跨省区交易壁垒。此外，在售电侧开放的前提下，一旦建立起统一电力市场模式，电能消费者将得以在更广阔的范围内选择电能供应商，从而实现能源资源配置的优化。

在电力体制改革中，建立全国范围内的统一电力市场被认为是至关重要的措施之一。这种措施有助于有效地规范市场中的定价规则，确保电力行业以科学、公正的方式运作。其中，电价改革作为电力体制改革的核心内容，更是直接影响到市场的运行和发展。如何有计划地推进电价改革，是促进电力市场化改革的一个重要前提。科学准确地预测负荷是电力系统规划、计划和用电的基础工作，同时也是确保电力系统运行的重要保障。目前，关于电价预测、电价补贴和定价策略等研究主题和内容众多。然而，在我国输配电价改革和售电侧竞争开放的背景下，以及可再生能源快速发展的时代要求下，未来一段时间内，学者们仍然将关注多元化能源和多时间尺度下的电价形成机制。

2. 双碳背景下对我国电力市场的展望

在实现双碳目标的背景下，我国电力市场将面临广阔的发展前景和重大的转型挑战。双碳目标旨在减少温室气体排放和推动可持续发展，将对电力行业的转型、创新和升级提出更高要求。

首先，双碳目标的实施将促使我国电力市场深化清洁能源的利用和推广。在建立全国统一的电力市场的基础上，加大可再生能源的开发和利用，如风能、太阳能和水能等，将成为重要的发展方向。通过加大清洁能源装机容量的投资和建设，实现清洁能源在电力供应中的占比提升，有助于降低碳排放，并实现能源结构的转型升级。

其次，双碳目标的实现将推动电力市场的智能化和数字化发展。通过引入先进的电力技术和信息系统，如智能电网、能源互联网和大数据分析等，可以实现对电力生产、传输和消费的精细化管理和监控。智能化的电力系统将提高能源利用的效率，降低能源浪费，并为用户提供更加可靠、高质量的电力服务。

此外，双碳目标也将促进电力市场的能源多元化。在推动清洁能源的同时，我国还需注重多能互补和能源混合利用，以确保电力供应的安全性和可靠性。发展多种能源，如核能、天然气等，能够提供更多选择，降低依赖程度，同时也为电力市场提供更大的灵活性和韧性。

综上所述，双碳目标下对我国电力市场展望广阔且充满挑战。通过深化清洁能源利用、推动智能化和数字化发展以及实现能源多元化，我国电力市场将逐步实现可持续发展，为实现双碳目标贡献力量，并为未来能源转型提供示范和引领。

3. 新型电力系统下对电力市场的展望

2023 年 7 月，中央深改委会议审议通过的《关于深化电力体制改革加快构建新型电力系统的指导意见》指出，在推进电力体制改革的过程中，要以新能源的安全、可靠替代为前提，有计划、分步骤地减少传统能源所占比例，从而促进新能源的生产与消费变革，确保国家的能源安全。同时还要建立与之相适应的制度体系，大力推进电力技术、市场机制和商业模式的创新。要将有效市场与有为政府更好地结合起来，持续改进政策体系，做好电力基础公共服务的供给。

高比例新能源发电并网运行是新型电力系统的一个主要特征。近年来，我国的新能源的发展势头迅猛。截至 2024 年 9 月，全国风电、太阳能发电装机合计达到 12.5 亿千瓦。在电力市场的积极推动下，新能源已实现平价上网，同时凭借其较低的边际成本优势获得了优先上网的地位，进一步显示出新能源发电企业在市场竞争中的优势。在未来新能源很有可能成为新型电力系统的主要电量来源。这一趋势标志着电力市场的深化和转型，同时也体现了新能源在能源转型中的重要地位和前景。随着时间推移，新能源的装机容量和发电量在系统中所占比例将会大幅提升。然而，由于新能源容量替代率较低，电源装机规模将以数倍于电力需求增长的速度。预计到 2030 年，我国风电和光伏发电装机容量将达到 15～17 亿千瓦，发电量将超过 2.7 万亿千瓦时，约占总发电量的 25%。到 2060 年，我国风电、光伏等新能源发电装机容量占比将超过 70%，发电量占比将超过 60%，成为电力系统的主要电源。

未来随着新能源大范围进入电力系统，新能源逐渐成为电量与电力供应的主要来源。对此，亟须建立健全新能源参与市场机制，凸显新能源对电力市场的支配地位。

要解决新能源可持续发展问题，必须重视政策延续性，逐步减少可再生能源保障利用小时数，超过此小时数的部分应并入电力市场交易。另外还可探讨可再生能源发电商和大型用户之间订立长期购电协议来保证可再生能源发电企业的稳定现金流及经济收益。

考虑到新能源出力的波动性与不确定性，要促进中长期交易在较短周期内扩展，同时也要向更精细的时间段内过渡。从而缩短交易周期、增加交易频次、使电量交易变为有曲线形式。同时要鼓励新能源介入现货市场，提供报量报价等方式，发挥新能源变动成本低、优先调度等特点。

对于新能源参与市场后系统成本疏导，可通过设立可再生能源附加费和电网升级专项资金对其使用成本进行疏导。另外，调频、调峰、容量、备用、爬坡和转动惯量系统成本可由市场机制量化，并按"谁受益、谁负担"原则予以合理疏导。

通过以上措施的实施，逐步完善新能源参与电力市场的机制，为其成为电量和电力供应的主体提供有力支持，同时高效解决可持续发展、出力波动性和系统成本疏导等关键问题。

9.2　电价发展展望

制定科学合理的电价机制是推进新型电力系统建设，实现新能源安全、可靠地替代传统能源的重要途径。2015 年新一轮电力体制改革以来，我国的发用电计划逐步放开，输配电价透明合理，上网电价和销售电价逐步向市场过渡，电价改革在电力改革和发展过程中发挥了关键作用。

我国上网电价实行计划与市场平行双轨制，近年来市场交易电量的规模增长迅速。输配电价改革制度已经率先、有条不紊地推进，且已取得显著的成效。为了确保省级电网、区域电网和专项输电工程的输配电价格得到有效监管，国家陆续制定了一系列专项核价办法，并按照法律法规进行成本监审工作，同时定期公开核价结果。

随着新能源逐渐崭露头角，成为电力电量的主力军，这是新型电力系统相对于传统电力系统最为重要的变革之一。在此背景下，我国电力系统正在经历着一场深刻变革，其核心是由单一的电能转换向电能转化与传输并重转变，即"以电为主"发展模式。为了确保电力系统的稳定性和安全性，并持续推进能源转型，电力需求将从单纯考虑电量价值向综合考虑多维价值的方向转变。在此背景下，电价作为影响电能价值的因素，其结构及定价模式必然发生相应改变。因此，在构建电价体系时，必须逐步考虑电力的多元价值，以确保其在各个方面都得到充分体现。

电价改革将继续聚焦促转型、稳价格、保供应、建市场四个目标，把握政府定价和市场竞价两条主线，持续完善市场价格规格和源网荷储各环节价格机制。

1. 市场侧

通过市场价格机制进一步畅通能源转型成本传导途径，实现新能源公平分摊火电等调节资源成本、用户公平承担新能源绿色环保溢价，促进电力资源在全国范围配置、电力成本在全国范围分摊。一是完善跨省跨区送电价格形成机制。以送受双方风险共担、利益共享为原则，健全省间交易价格市场化协商机制，促进省间交易达成。二是完善新能源电价形成机制。统筹考虑现行保障性收购制度、绿电市场、绿证制度、强制责任消纳机制，研究推动新能源全面参与电力市场、公平承担消纳责任。三是完善新能源就近消纳价格机制。结合电力现货市场建设，精准反映真实的就近消纳电量和消纳成本，针对性制定价格政策，促进源网荷储一体化、分布式就近交易等规范发展。

2. 电源侧

坚持先立后破能源转型战略，健全火电成本回收机制，完善新能源电价退坡机制，促进常规电源与新能源协同发展，保障电力系统有效容量充裕性。一是落实煤电容量电价机制。着眼推动煤电机组建设、更好保障电力安全，全面落实容量电价政策，对"缺失的钱"进行合理补偿，促进煤电投资规划加快落地。二是推广燃气发电两部制电价机制。通过系统运行费用回收燃气容量成本，相应降低电度电价，为燃气发电参与市场交易创造条件。三是完善新能源指导价。在已全面取消中央财政补贴、实现平价上网的基础上，结合新能源技术进步情况，及时降低风电、光伏指导价。

3. 电网侧

进一步完善输配电价定价和监管体系，促进电价监管和电网经营双向趋同，充分发挥电网在能源转型和市场建设中的枢纽平台作用。一是完善输配电价监管规则。修订输配电成本监审办法及定价办法，进一步细化固化监管规则。二是健全准许收入清算机制。定期评估电网投资及准许收入实现情况，建立省级电网、区域电网准许收入及输配电价清算调整机制。三是强化电网代理购电监管。完善代理购电制度，健全代理购电监管体系，促进代理购电用户与直接交易用户公平参与电力市场。

4. 负荷侧

通过价格信号充分挖掘需求侧调节潜力，引导电力用户、电动汽车、虚拟电厂等主动参与调峰，促进高耗能行业节能降耗。一是进一步完善分时电价机制。组织各地结合电力供需特性动态调整分时电价规则，充分挖掘需求侧调峰潜力。二是完善居民阶梯电价制度。研究推动居民电价由"年阶梯"改为"月阶梯"，加强居民阶梯电价与居民分时电价协同，引导居民节约用电。三是健全高耗能阶梯电价机制。整合现行差别化电价机制，研究建立统一的高耗能行业阶梯电价制度。

5. 储能侧

健全储能价格机制，引导社会资本加快储能设施投资，促进抽水蓄能、新型储能在电力市场中同台竞技、高效利用，增强电力系统调节资源充裕度。一是完善抽水蓄能电价机制。对新建电站容量电费引入竞价招标机制，引导抽蓄行业健康发展。二是建立新型储能价格机制。探索在市场尚不完善的地区建立新型储能两部制电价机制，在市场较为完善地区推动新型储能全面参与电力市场，助力提升电力系统调节能力。三是明确储能电站应急调用价格规则。以新型储能独立参与市场为基础，明确电力调度机构应急调用储能设施、改变储能运行方式时的价格规则，促进储能设施高效利用。

参 考 文 献

［1］ 叶泽，陈晓，蔡建刚. 电价理论与方法 ［M］. 北京：中国电力出版社，2014.

［2］ 李才华，冯来法，朱明龙. 电价管理实务 ［M］. 北京：中国电力出版社，2014.

［3］ 杜松怀，温步瀛，蒋传文，苏娟. 电力市场（第四版）［M］. 北京：中国电力出版社，2023.

［4］ 胡德宝. 政府管制绩效研究 ［M］. 北京：光明日报出版社，2013.

［5］ 张利. 电力市场概论 ［M］. 北京：机械工业出版社，2014.

［6］ 高鸿业. 西方经济学 ［M］. 北京：中国人民大学出版社，2017.

［7］ 皮波·兰奇，圭多·切尔维尼. 电力市场经济学 ［M］. 北京：中国电力出版社，2017.

［8］ 时璟丽. 电力体制改革形势下的可再生能源电价机制研究 ［M］. 北京：中国经济出版社，2017.

［9］ 林伯强. 中国能源发展报告 ［M］. 北京：北京大学出版社，2019.

［10］ 崔锦瑞，何川，杨莉. 走进电力市场 ［M］. 浙江：浙江大学出版社，2021.